基于利益衡平的广告法治研究

闫海　王洋　主编

知识产权出版社

全国百佳图书出版单位

——北京——

图书在版编目（CIP）数据

基于利益衡平的广告法治研究/闫海，王洋主编．— 北京：知识产权出版社，2019.12
ISBN 978-7-5130-6641-9

Ⅰ.①基… Ⅱ.①闫… ②王… Ⅲ.①广告法—研究—中国 Ⅳ.① D922.294.4

中国版本图书馆 CIP 数据核字 (2019) 第 272186 号

内容提要

本书立足于利益衡平对广告的法治规制与保障进行研究。广告的法治规制依循广告内容、广告媒介两条主线开展：（1）广告内容的法治规制重点分析比较广告、广告绝对化用语、自然人荐证广告及用于矫正虚假广告的更正广告，并且探讨对药品广告、律师广告、漂绿广告、垃圾食品广告等特种广告的法治规制；（2）广告媒介的法治规制择要对植入式广告、户外广告、互联网广告等予以探讨，其中互联网广告的法治规制聚焦社交媒体广告、互联网定向广告、互联网付费搜索等热点问题。广告的法治保障则对广告语的法治保障和互联网广告屏蔽的竞争法规制予以研究。

责任编辑：王　辉　　　　　　　责任印制：孙婷婷

基于利益衡平的广告法治研究
JIYU LIYI HENGPING DE GUANGGAO FAZHI YANJIU

闫海　王洋　主编

出版发行：知识产权出版社有限责任公司　　　网　　址：http://www.ipph.cn
电　　话：010-82004826　　　　　　　　　　　　　　　http://www.laichushu.com
社　　址：北京市海淀区气象路 50 号院　　　邮　　编：100081
责编电话：010-82000860 转 8381　　　　　责编邮箱：laichushu@cnipr.com
发行电话：010-82000860 转 8101　　　　　发行传真：010-82000893
印　　刷：北京中献拓方科技发展有限公司　经　　销：新华书店及相关销售网点
开　　本：720 mm×1000 mm　1/16　　　印　　张：13.5
版　　次：2019 年 12 月第 1 版　　　　　　印　　次：2019 年 12 月第 1 次印刷
总 字 数：210 千字　　　　　　　　　　　定　　价：58.00 元

ISBN 978-7-5130-6641-9

目　录

绪　论

第一节　广告的利益结构及其法治衡平

"广告"一词，源于古拉丁文 adverture，指注意、诱导。在约公元1300—1475 年的中古英语时代，变为 advertise，衍化为"使某人注意到某件事"或"通知别人某件事，以引起他人的注意"。直到 17 世纪末，随着商品经济的发展，"广告"开始广泛地流行，并且不单指一则广告，而是指向一系列广告活动，概念名词 advertise 因而被赋予现代意义，转化为 advertising，指向广告的系列活动。[1]我国古代没有"广告"一词，以"告白"或"广而告之"代之，直到 20 世纪初期，"广告"才从日本引入我国，因而"广告"也是个舶来品。[2]

随着我国经济社会不断发展，市场选择的日益多样化，必然孕育出对于广告的更多需求。广告本身也发挥着多方面影响：一方面，它为相关行业提供就业机会；承载人类创意和艺术表达；支持媒体发展；创造消费需求，为消费者传递有价值的信息，帮助消费者做出选择；促进竞争，激励创新，降低价格并提高质量。另一方面，它可能诱使大众传媒过度商业化而忽视公益职能；被经营者用于误导欺诈消费者，损害同业竞争者的合法权益；甚至成为损害公众健康和环境的诱导因素。

鉴于广告的多样性，须以广阔视角和多向维度增进对广告的理性认识。自 19 世纪下半叶起，对广告现象和广告行为的研究已成为一门独立学科——

---

[1] 刘茜.应用广告学［M］.北京：北京理工大学出版社，2016：4.
[2] 李东进，秦勇.现代广告学［M］.4 版.北京：中国发展出版社，2015：4.

广告学，其研究范围涵盖广告的定义、地位、作用、历史和广告行业结构等广告基本理论，以及广告设计理论、广告营销理论和广告管理理论的广泛领域。❶ 对广告行为的管理乃是广告学和法学的共同研究对象，体现为以《中华人民共和国广告法》（简称《广告法》）为核心的法治规范体系。广告或广告行为的多样性决定了其关涉广泛的市场主体，包括广告产业内的主体（"三方架构"）和广告主的同业生产经营者、消费者，甚至不特定的公众群体，形成错综复杂的利益结构网络。法治的价值基础和取向的最低要求之一是"法律承认利益的多元化，对一切正当利益施以无差别的保护"❷。因此，广告法治应当均衡保护各方主体的利益，超越单纯的管理性公法规制模式，构建私法自治与公法规制、传统规制与激励性规制相结合的制度体系。

一、广告的利益结构

（一）广告业的"三方架构"

在广告制作和投放市场的过程中形成了广告业的"三方架构"（Tripartite Structure）：广告主（生产经营者）、广告经营者（广告代理机构）和广告发布者（媒体）。三者处于相互依存的关系：一般情况下，广告主和广告发布者位于两端，广告主是广告业的推动力和付费方，广告发布者作为广告的载体负责播放和出版广告；广告经营者作为代理机构处于中间位置，既为广告主提供营销代理服务，制定营销策略和制作广告，并代表广告主在向广告发布者购买媒体的界面，同时广告经营者又代理广告发布者在市场上寻找恰当的广告主，销售广告发布者的界面。由此形成以广告经营者为中心的双向代理关系。现代广告业在主体角色和运行方式上不断革新，产生荐证广告中的荐证者、互联网广告中互联网平台等具有混合性乃至新特征的主体，但广告业的"三方架构"仍处于主流形态。

广告的"三方架构"是伴随商品经济和市场经济的发展而自然形成的，对其利益关系的调整和建构发挥"自发性"的作用：广告从业者和商业实体

---

❶ 温斯顿·弗莱彻. 广告 [M]. 张罗, 陆赟, 译. 南京: 译林出版社, 2014: 1-4.
❷ 张文显. 法哲学范畴研究 [M]. 北京: 中国政法大学出版社, 2001: 156.

建立了广告行业的自律组织，后者通过制定自治性规则来规范和引导广告行为；三方主体在交往实践中形成了稳定的商业习惯，❶为相关主体所遵守，往往直接被纳入成文法中，运用于纠纷解决。尽管当今世界大部分国家都出台了各种形式的广告法规来规范广告行业的主体行为，但广告业内部三方主体之间的法律关系仍以合同法等私法构建的秩序为基础。

我国广告业自身实践相对匮乏，与之类似，自治规范和商业习惯尚处于初创阶段。在计划经济时代，我国不存在广告的生存空间，由计划经济转向市场经济的过程中，对广告的治理带有明显的行政监督管理色彩，注重对广告业的干预和立法规范。在法律结构上，《中华人民共和国合同法》《中华人民共和国广告法》为我国广告行业提供了基础性的私法工具和行为准则，并且形成诸多行政法规和部门规章等规制性规范，如《广告管理条例》《广告发布登记管理规定》《互联网广告管理暂行办法》《广告语言文字管理暂行规定》等一般性广告管理规范，亦有食品、药品、医疗、医疗器械、房地产、农药、兽药等特殊商品或服务广告规范，以及户外、校园、铁路车站等特殊空间的广告规范。此外，中国广告协会等行业自治组织制定的《行业自律规则》《自律劝诫办法》《自律公约》《奶粉广告自律规则》等自律规范也对其会员行为发挥指引作用。

（二）广告的市场利益结构

广告投放于市场后，受公共影响的利益主体遍及目标消费者群体、其他同业生产经营者和社会公众。广告行为既是一种自益行为，也是一种他益行为，但亦可能是侵权或者其他损害行为。广告行为面向错综复杂的市场主体及其利益结构网络，法律正是支撑起这张网络的衡平器，其作用在于实现利益网络的均衡稳定。

---

❶　例如，曾经长期存在固定比例佣金制度，广告投放者向广告代理机构和媒体支付的固定比例佣金制度，20 世纪上半叶，15% 的佣金水平几乎在所有国家都成为广告代理机构拿到的固定比率。作为拿到高额佣金的条件，媒体要求广告代理充当法定代理人，广告代理不仅要像媒体支付费用，还要对此承担法律责任，即使在客户没有付款的情况下。广告代理被禁止将任何部分佣金退还给客户，并且广告代理要负责制作和向媒体交付客户所需的广告。温斯顿·弗莱彻.广告［M］.张罗，陆赟，译.南京：译林出版社，2014：25-30.

1. 广告主与消费者

广告是商品生产者或服务提供者（或称生产经营者、广告主）与消费者之间的一种经营活动。广告在市场经济中乃是商品生产者或服务提供者的主要营销宣传方式之一，以实现迅速盈利和长期销售；同时，广告为消费者提供了解不同消费品的信息，大大减少了消费者对于适宜商品或服务的搜寻成本，帮助其做出消费选择。因此，广告成为沟通商品生产者或服务提供者同消费者之间的桥梁，是市场交易顺利进行的"润滑剂"。但是，广告主在利益驱使下可能在广告宣传中进行虚假陈述，误导消费者，使消费者支付过高对价或做出不符合真实需求的消费选择，损害消费者的知情权、选择权和公平交易权等消费者权利，广告在此种情况下反而成为市场交易顺利进行的障碍，缺乏有效治理的市场信息环境为虚假广告蔓延提供了空间，长此以往会打击消费者信心，阻碍商品或服务的可持续性增长。

广告主与消费者之间的矛盾症结主要是信息的不平衡，此乃广告法治需要关注和解决的主要问题。广告主的信息优势在于其掌握着商品或服务的真实、完整的信息，可以选取、加工这些信息后，再以广告形式传递给消费者。广告在很大程度上是广告主的信息意志表达。法律允许广告主以正当方式利用此种信息优势，但禁止其以不正当方式滥用信息优势，损害消费者的合法权益，要求广告主确保广告内容真实，强制披露可能影响人身财产安全的特定信息，并且对于某些特殊商品或服务予以禁限，例如药品广告、律师广告等，对于儿童等特殊群体的广告内容予以限定，例如垃圾食品广告。同时，为实现广告的精准投放，广告主运用互联网等信息技术手段大量获取消费者的个人信息，互联网定向广告存在侵害个人信息之虞。因此，《广告法》第1条将"保护消费者的合法权益"作为立法宗旨，具有《中华人民共和国消费者权益保护法》（简称《消费者权益保护法》）的属性，《消费者权益保护法》《产品质量法》《食品安全法》《农产品质量安全法》《药品管理法》《旅游法》《电子商务法》等的某些条款亦属于保护消费者合法权益的广告法治规制。

2. 广告主与其他生产经营者

广告对于市场上广告主具有同业竞争关系及其他利益关系的生产经营者

亦具有重要的、广泛的影响。就同业竞争者而言，作为生产经营者参与市场竞争的重要手段，广告是市场竞争的产物。市场竞争越激烈，生产经营者越倾向于运用广告宣传自己的商品、服务或品牌形象，影响消费者的选择，扩大市场份额，获得竞争优势。广告主通过广告宣传的方式获得竞争利益的同时，也会产生挤占其他生产经营者市场份额的结果。若是广告的上述效果建立在以不正当方式损害其他生产经营者合法权益的基础上，例如商业诋毁、商业混淆性质的比较广告，应当予以法治规制。

合法的广告是广告主投入大量成本形成的民事权益客体，也是支持广告发布者生存和发展的重要基础，其他市场主体应当充分尊重并不得侵害广告主或广告发布者对广告享有的民事权益。广告对应的民事权益包括民事权利和民事利益，前者包括商标权、著作权等权利，后者如商业利益。广告主的广告权益受到侵犯时，例如发生广告语抄袭情况，可以依据《商标法》《著作权法》等私法请求予以保护，涉及不正当竞争行为或商业行为侵犯其竞争利益或商业利益的，可以依据《反不正当竞争法》请求保护其民事利益。又如，视频网站通过在线视频播放的片前广告获取商业利益，此合法商业模式产生的商业利益应当依法予以保护，对于上述广告的屏蔽行为构成对于生产经营者交易机会抑或营业自由的严重侵害，可以适用《反不正当竞争法》予以矫正。

3. 广告主与社会公众

市场和社会公共领域具有融合性特征，广告一经投放市场，将对社会公共利益产生影响。（1）广告信息可能产生负外部性和代际影响。例如垃圾食品广告影响消费者的饮食习惯，对消费者自身健康利益造成损害，这种损害可能提高社会医疗保险的负担并经代际传播影响后代人，尽管社会公众和后代人可能从来没有受到垃圾食品广告的影响，但仍为此支付高昂的成本。（2）广告影响大众传媒的发展。长久以来，广告收入是大众传媒的主要收入来源。作为公众获取知识和资讯的重要途径，大众传媒在有限的播出时段和界面中植入过高比例的商业广告，甚至以资讯、知识形式予以展示，将间接损害公众获取知识和资讯的权利。作为特定载体形式的户外广告还占用有限的城市公共空间，不当设置户外广告将破坏公众的安居生活和城市景观环境，需要引入特许经营模式以平衡各方利益。（3）某些商品、服务可能涉及特定的公共利益。例如，药品涉及公众健康利益，律师服务的市场竞争秩序事关法律公正，漂绿广告对于环境生态保护的负效应，基于保护社会公共利益，需要对相关商品或服务的广告行为做出法治规制。

二、广告利益的法治衡平

广告始于市场营销活动，与市场结构紧密关联，这决定了广告法治需要准确把握广告市场结构的关系，通过平衡多元主体的复杂利益结构实现市场信息充分准确、市场运行效率不断提高的目标。广告法治模式并非仅仅被动地反映市场结构，它也塑造着市场结构，单纯强调减少对广告的干预，或者单一维度、有限工具的广告法治模式都无法回应多样性的市场结构，难以构建起主体之间利益衡平的广告发展基础，还可能扭曲市场信息，损害市场竞争和创新。[1]我国应当在广告法治的道路上引入现代化的"治理"的理念，[2]在综合分析竞争程度、商品或服务特性、消费者的认知度等多种因素的基础上，由恰当的治理主体在多元化的工具箱中选取法治工具。

（一）多元化主体的合作治理

我国对广告业建立以政府机构为中心的规制，采取"命令—强制"的规制手段，力图在严密的广告行为规范和高压的运动式执法压力下来解决虚假广告等违法问题。但是，单一化强势规制主体不仅未能有效解决虚假广告的弊病，还导致了广告的信息传递、市场竞争功能缺失，以及生产经营者规避法律，寻求其他更具隐蔽性的营销方式。例如，各国早期对律师广告持严格禁止态度，以避免其滋生利益至上、过度夸大、法律服务成本增加等弊端，但近年来律师广告限制逐渐被放宽，以法律服务市场促进竞争、增进透明等

---

[1] 杨彪.广告法律规制的市场效应及其策略检讨——来自中国医药行业的经验证据［J］.法学家，2016（4）.

[2] "治理"指代各种导控（steer）行为的不同方式，导控主体包括国家和非政府主体（如公司、社会组织、国际组织等），导控工具更为多样化，尤其是运用一些较为缓和的工具.科林·斯科特.规制、治理与法律：前沿问题研究［M］.安永康，译.北京：清华大学出版社，2018：4.

要求。换言之，"命令—强制"的规制手段虽然不乏良好初衷，并在一定程度上减少了大众传媒上的虚假广告数量，表面上净化了市场信息环境，但严格限制广告传递的信息内容，却引发市场信息的扭曲和次生性弊端，这些意料之外的后果更加难以克服。广告领域的规制失灵表明规制机构的局限性，"不仅在于政府对其所规制的市场有多少了解，也在于特殊领域内规制机构有效纠正市场主体行为的能力和程度"❶现有广告规制体系下，并不是说广告主、广告发布者等主体本来就可以做得更好，而是严密的限制性规范和运动式执法具有可行性的假定本身即存在瑕疵。

有效的广告治理应当是规制空间内广告主、广告经营者、广告发布者、其他经营者和消费者等各主体所拥有的资源、价值观之间相互作用的产物。❷广告的法治改革和制度设计需要关注各个主体并发挥其潜力，塑造广告规制空间中多元化、相互交叠的权力结构和执行金字塔。❸具言之，应当充分发挥立法和司法的赋权功能，明确和发展生产经营者、消费者等个体以及行业协会、消费者组织等社会中介组织的权利（权力），包括诉讼请求权、对规制机构和虚假广告的监督权、参与广告规制决策的权利以及广告协会、商品或服务业协会的自治权和调处权等，同时完善保障权利的程序和机制。唯如此，才能激励其充分利用各自资源促进"自发性"的广告法治秩序。

广告合作治理应当进一步发掘广告行业自律组织、特定领域的行业协会等社会中介组织的潜在作用。广告行为体现了生产经营者的竞争利益的冲突，通过政府治理下的行业自治将各方利益整合进广告法治过程，可以使多方主体利益在决定政策内容时发挥更大的作用，将经济利益冲突和竞争转化为一

---

❶　科林·斯科特.规制、治理与法律：前沿问题研究［M］.安永康，译.北京：清华大学出版社，2018：12.

❷　"规制空间"的理念是指将政府视为规制的来源之一，并关注规制框架下诸多主体能发挥的作用。

❸　执行金字塔的理论背景在于多数规制领域中，规制机构很少采用正式的执行机制，而是在教育、劝说无效的情况下逐步升级执行到警告、民事、行政和刑事程序。执行金字塔的理论进一步发展认为其他主体（包括企业和非政府组织）也有采取执行措施的能力，构成金字塔的其他两面，与规制机构组合为混合策略。科林·斯科特.规制、治理与法律：前沿问题研究［M］.安永康，译.北京：清华大学出版社，2018：160.

个新的合作氛围，在对话协商和相互监督中促进主体利益的衡平。

多元主体参与广告治理并不意味着规制机构无所作为或者主体间的分权制衡，规制机构除了发挥既有职能外，还应当更好地发挥其督导、代表和协调的功能。无论行业自治还是生产经营者的自我规制都离不开规制机构的监督，规制机构可以通过制定示范性规制、自治规范备案等多种方式，保障社会中介组织和生产经营者内部制定和执行规则不偏离《广告法》等法律的立法目标和强制性规定。同时，规制机构始终是公共利益的代表者和执行者。环境、公众健康和未成年人保护等公共利益相关主体可能结成一定代表团体，但较生产经营者及其利益代表组织而言，前者的组织能力和占有的资源处于相对弱势一方，规制机构是代表和支持这些主体的重要力量。此外，在多元主体合作框架下，需要广告规制机构发挥组织协调的功能，包括为多方主体提供对话的场所和程序，在涉及利益主体之间的纠纷中承担居中调解人的角色。

（二）私法自治与公法规制

多主体参与的广告合作规制可以理解为传统规制机构的权力分散，需要法律规制模式的革新。"经济生活只能通过两条道路进行法律规制：通过平权个人的私法自治，以及通过经过了民主合法化的国家权力"❶，这两条路径分别对应私人的司法诉讼和公共规制机构的公权力行使，构成了民法和经济法的二元规制范式。❷ 在广告治理领域，前者重在保护私人的财产性信赖利益，后者主要维护市场交易中的信息秩序。20世纪以来，虽然英美法系和大陆法系国家在私法自治和公法规制的选择上各有侧重，但鉴于两种路径的各自优势和瑕疵，各国都在使用两者解决经济社会问题，并呈现功能定位上的交互替代和彼此互补的趋势，在适用方法上一般将公法规制的基准设定在低于其单独适用时的社会最优水平，并由事后责任的私法自治来

---

❶ 弗里茨·里特纳，麦因哈德·德雷埃尔.欧洲与德国经济法［M］.张学哲，译.北京：法律出版社，2016：128–132.

❷ 刘水林，芦波.消费者权益保护法范式转化的经济学解释［J］.上海财经大学学报，2016（6）.

补充。❶

　　我国广告法治一直重公法规制而轻私法自治。广告立法始于改革开放初期，于 1982 年、1987 年制定了《广告管理暂行条例》和《广告管理条例》，可见我国对广告在经济社会中的作用及其规制的重视程度。这两部条例制定的历史背景乃是计划经济向商品经济和市场经济过渡时期，决定了立法内容具有鲜明的规制色彩。此后，尽管 1994 年制定的《广告法》及其 2015 年修订、2018 年修正在很大程度上反映了市场经济环境下广告行业运行的一般规律，但仍倚重政府职能部门的强力规制，例如，"命令——强制"的规制手段、"主体——行为——责任"的规范逻辑以及"事前审查——过程控制——事后监督"的规制工具，以及在《刑法》第 222 条规定虚假广告罪。❷广告领域的公法规制存在一些不足：（1）规制机构不可避免的局限性决定了单一的公法规制模式不可能有效解决虚假广告的市场痼疾，反而产生更加严重的副作用；（2）在互联网广告等新兴领域中，以传统广告主体为规范逻辑具有一定的僵化性，《广告法》《互联网广告管理暂行办法》在应对社交媒体广告、互联网付费搜索等问题时欠缺适应性和灵活性；（3）规制机构对虚假广告的监管和执法活动消耗大量的行政成本，人力物力资源难以满足广告治理的需求。我们认为，广告领域公法规制的改革方向应当更好地发挥规制机构的作用，实现多元化的主体合作规制，同时应当建构法治工具的范围和选择标准。

　　与公法规制具有限定权力和行为边界的作用相比，私法自治则具有确认和发展市场主体利益的功能，完善广告领域的私法秩序建构可以弥补公法规制的不足之处，切实保护市场主体的权益。私法对受广告行为影响的利益保护可以体现在对受损害利益的救济。救济对象既包括主体、内容和范围已经成熟稳定的权利，如财产权、人身健康权、商标权、著作权等，也包括尚未成熟稳定、尚未权利化的利益，如受反不正当竞争行为侵害的竞争利益或商业利益。《广告法》第 56 条和第 69 条规定了虚假违法广告的民事赔偿责任，

---

❶　Charles D. Kolstad, Thomas S. Ulen, Gary V. Johnson, Ex Post Liability for Harm vs. Ex Ante Safety Regulation: Substitutes or Complements [J]. *The American Economic Review*, 1990, 80（4）.

❷　宋亚辉. 互联网广告规制模式的转型 [J]. 中国市场监管研究, 2019（2）.

为权益损害的消费者提供了直接的法律救济依据。在涉及商业混淆等侵犯商业利益等不正当竞争纠纷和商标权等纠纷中，权益受侵害的经营者可以依据《反不正当竞争法》《商标法》等法律起诉。

依靠或改变侵权责任规则，来减少广告相关的市场失灵所造成的一些危害，是对公法规制体系的可能替代或补充。❶从目前的司法实践上看，消费者诉讼请求获得法院支持的虚假广告纠纷中，涉案虚假广告一般具有明显夸大商品功能的特点，而且集中于药品等损害个人健康领域。现实社会生活中，其他品类的虚假广告并不少见，但消费者诉讼请求难以获得法院支持。这一现象产生的主要原因在于：广告的虚假成分、程度以及损害与虚假广告之间的因果关系证明困难；相比私下协商解决，消费者通过诉讼方式解决纠纷的成本过高；一些日常消费品的虚假广告对整个市场消费者群体造成的损害范围较广，但对消费者个人造成的损害却不大，所获赔偿数额较小且易产生其他消费者"搭便车"现象。因此，消费者宁愿在虚假广告损害中保持沉默，也不愿意通过诉讼途径寻求救济。我国广告领域私法自治的主要问题仍是激励不足，解决方案除了帮助消费者提高参加诉讼的能力，发挥消费者组织支持诉讼和代表消费者进行公益诉讼，以及提高赔偿数额之外，应当重点改革虚假广告的证明标准和方式，统一虚假违法广告的裁量尺度，以及采取更正广告等更为有效的手段。

（三）广告的法治工具及其选择

我国广告治理以"命令—强制"的干预手段为主，在干预谱系中兼用准入审批、内容和行为标准以及信息工具等：（1）广告经营资格审批是我国一项重要的广告事前管理制度。2015 年修订《广告法》第 29 条删除原第 26 条第 1 款，"从事广告经营的，应当具有必要的专业技术人员、制作设备，并依法办理公司或者广告经营登记，方可从事广告活动"，同时修改原第 26 条第 2 款，"广播电台、电视台、报刊出版单位从事广告发布业务的，应当设有专门从事广告业务的机构，配备必要的人员，具有与发布广告相适应的场所、设

---

❶ 史蒂芬·布雷耶.规制及其改革［M］.宋华琳，译.北京：北京大学出版社，2008：260.

备，并向县级以上地方工商行政管理部门办理广告发布登记"。换言之，广告经营者资格审批限定于广播电台、电视台、报刊出版单位，这符合对新闻媒体作为宣传党的路线、方针、政策，传播社会主义核心价值观重要渠道的职能定位，也可以从发布环节遏制虚假违法广告，有助监管部门开展后续的日常监管工作。（2）《广告法》及其相关立法为广告确立了内容准则。《广告法》第二章规定的广告内容准则以及食品、药品、房地产等特种广告发布规则，为广告确立了性能（产出）标准，要求投放市场的广告必须满足特定的内容条件，不得含有特定内容。《广告法》总则关于广告的一般性规定为广告设立了目标标准，所有广告在出现特定损害后果应当承担法律责任。例如，"广告应当真实"，"不得含有虚假或引人误解的内容，不得欺骗、误导消费者"，"广告主、广告经营者、广告发布者从事公共活动……应当诚实信用，公平竞争"，对于欺骗、误导消费者或者构成不正当竞争行为的广告，相关主体需要承担法律责任。（3）信息披露、信息管理等信息工具被广泛应用于对广告内容和广告行为的规制中。例如，《广告法》第8条第3款规定，"法律、行政法规规定广告中应当明示的内容，应当显著、清晰表示"；第11条规定，"广告使用数据、统计资料、调查结果、文摘、引用语等引证内容的，应当真实、准确，并表明出处。引证内容有适用范围和有效期限的，应当明确表示"；第34条第1款规定，"广告经营者、广告发布者应当按照国家有关规定，建立、健全广告业务的承接登记、审核、档案管理制度"。

在政府干预市场的工具谱系中，事前的准入审批是最严格的规制措施，信息工具则属于干预强度较弱的规制工具，标准则处于两者之间。❶2015年修订《广告法》减少了对事前准入审批的适用范围，提高了信息工具的使用要求，规定广告主体履行更严格的信息披露和管理义务，并充实和细化了广告内容的标准。由此可见，我国在广告法治工具选择上正朝向干预强度较弱和非强制的方向发展，治理重心由事前准入转向事后责任。这一立法价值取向与鼓励市场自由竞争基本一致，除少数关系到生命健康的重要商品或服务

---

❶ 安东尼·奥格斯.规制：法律形式与经济学理论［M］.骆梅英，译.北京：中国人民大学出版社，2008：5.

外，逐步降低并保持适度的广告业准入门槛，让更多主体参与广告业的市场竞争，并且对自己投入市场中的广告负责，让消费者和其他生产经营者参与广告的合法性检验，以矫正虚假广告造成的利益失衡。

我们认为，未来广告法治建构的重点是优化信息工具的运用。首先在规制工具谱系中更加侧重信息工具的运用。一方面，广告的本质是一种市场信息，更适宜运用管理信息方法规制广告。信息工具的中的强制信息披露以及控制错误或误导性信息，与作为被规制对象的广告具有天然的契合性。另一方面，正如哈耶克所言，市场最为关键的优势不并不在于它的分配效率，而在于信息的自由流动。❶广告治理的目标效果是促进市场信息的自由流动，塑造良性的市场信息环境。为此，应当将对信息的限制降到社会可接受的最低程度，而信息规制工具的市场干预程度较低，恰好符合这一治理目标。

其次，拓展信息工具的内容。目前《广告法》中信息工具的适用局限于广告本身，包括强制广告披露某些特定信息和禁止广告存在虚假信息。事实上，广告规制中的"广告"不仅是载体上的、单个意义的信息，还可以理解为某类商品或服务的或者影响某类权益的、集合体意义的信息，以及作为影响公共利益、应当接受公众评价意义的信息。信息工具应当覆盖后两种意义上的信息规制。例如，垃圾食品广告本身可能不存在虚假信息，但潜在地影响公众的健康饮食选择，进而损害公众的健康权利。规制机构应对这类负面化却不侵权的广告信息，应当积极履行教育和宣传的义务，在全社会中推广针对性的健康饮食信息，提高公众对垃圾食品的认识，以正面信息抵消广告负面信息的影响。此外，可以引导公众和社会中介组织设立非正式的负面广告评价机制，对这些广告形成一种社会压力。

再次，从消费者角度评价工具的适用性。《广告法》规定的强制披露目的是提醒消费者对特定广告信息的识别和判断，可是消费者的能力未必能够达到充分利用这些披露信息的程度。信息工具对于改善和保障信息自由流动、维护消费者权益固然重要，但除非消费者意识到规制对象或者被规制信息所

---

❶ Hayek. F. A. The Use of Knowledge in Society［J］. *New York University Journal of Law & Liberty*, 2005（1）.

存在的问题，并采取行动，否则信息工具就没有实际意义，规制机构就应当及时调适或换用其他工具，避免广告规制的过度"披露主义"。此外，在关注信息工具的适用性同时，还需要改善消费者对信息工具的适用能力。消费者并不一定是被保护的主体，制度可以通过消减信息不对称等多种路径实现消费者的自立，❶路径之一是消费者教育，通过对《广告法》规定的强制披露信息和常见虚假广告信息的教育，提高消费者对广告信息的识别、筛选和处理能力，帮助消费者做出正确的选择，同时提高广告规制信息工具的适用性。

最后，强化声誉罚在虚假广告中的运用。通过建立声誉激励机制和重复博弈结构来改进市场效率，是转型中国走出治理困境的重要路径。❷对责令虚假广告主体分部更正广告，是一种执行成本相对较低的信息工具，这一制度具有形成信息信号和信息传递的功能。更正广告可以及时减少和消除负面广告信息对消费选择的影响，降低消费者对相关经营者和品牌的认可度，经营者不仅没有通过广告实现营销效果，反而由此遭受人格上的负面评价。由此，强化生产经营者对广告信息的自我合规审查，激励其在广告质量上增加投入，从而形成法律的威慑和激励作用。

第二节　研究的基本思路和主要内容

一、研究的基本思路

本书立足利益衡平对广告法治的规制与保障进行研究。广告的法治规制按照广告内容、广告媒介两条主线开展：（1）广告内容的法治规制重点分析比较广告、广告绝对化用语、自然人荐证广告以及用于矫正虚假广告的更正广

---

❶ 应飞虎.消费者立法中的信息工具［J］.现代法学，2019（2）.

❷ 张维迎.博弈与社会［M］.北京：北京大学出版社，2013：127–179；吴元元.信息基础、声誉机制与执法优化——食品安全治理的新视野［J］.中国社会科学，2012（6）；段礼乐.羞辱性执法的信息经济学阐释——以企业负面信息发布制度为分析对象［J］.政法论丛，2018（1）.

告，并且探讨对药品广告、律师广告、漂绿广告、垃圾食品广告等特种广告的法治规制；（2）广告媒介的法治规制择要对植入式广告、户外广告、互联网广告等予以探讨，其中互联网广告的法治规制聚焦社交媒体广告、互联网定向广告、互联网付费搜索等热点问题。广告的法治保障则对广告语的法治保障和互联网广告屏蔽的竞争法规制予以研究。

二、研究的主要内容

本书除绪论外，共分五章。

第一章是广告内容的法治规制。无信息、无广告，广告内容是广告所传达的信息，主要为推销商品或服务的直接或间接介绍。作为广告的基本要素，广告内容是法治规制的两大重点之一。（1）比较广告具有对象多元性、内容可比性、目的竞争性、形式公开性，产生正负双面效果。我国应当明确比较广告的合法性评价标准，针对批评性比较广告的商业诋毁、攀附性比较广告的商业混淆等不正当竞争行为予以认定，完善比较广告的商标侵权规则。（2）广告绝对化用语是一种间接比较广告，我国对其持严格禁止态度。借鉴美国、日本等域外立法经验，我国应当对广告绝对化用语的规制，以理性消费者视角予以分类规制，相关处罚应当符合过罚相当且控制裁量权。（3）自然人荐证广告具有担保或近似担保的性质，《食品安全法》《消费者权益保护法》《广告法》等均有所规定。我国应当对名人型、专家型、一般消费者型予以明确界定，放宽对儿童荐证者的限制，规范自然荐证者的注意义务和实际使用义务并强化其民事和行政责任。（4）更正广告是破除虚假广告延续性影响的有效手段，具有行政命令性质。为发挥更正广告的信息披露、处罚与激励功能，我国应当明确更正广告的适用情形、对象、内容、方式，并且规范行政程序，引入行政代履行机制。

第二章是特种广告的法治规制。某些商品或服务具有特殊性，有关特种广告对于广告内容亦须予以特别规范，例如药品广告、律师广告、漂绿广告、垃圾食品广告。（1）药品具有信息不对称性、疗效双重性、需求刚性及其对生命健康的严重性，因而药品广告的法治规制具有重要意义。我国应当进一步完善药品广告发布的消极性和积极性准则，亟待健全审监分离的药品广告监管体制，加大违法药品广告的法律责任追究。（2）律师广告的正当性长期存在争议，但国内外对于律师广告的法治规制均呈现禁止向限制的转变。我国对律师广告的法治规制应当遵循真实性、合法性和健康性原则要求，进一步明确积极性和消极性准则的规定。（3）漂绿广告以虚假的绿色宣传获取市场竞争优势，具有诉求虚伪性、欺诈隐蔽性、受众普遍性的特征，严重侵害消费者合法权益，破坏市场竞争秩序。我国应当加强漂绿广告的自律机制，强化广告主体的环境社会责任意识，健全环境信息共享机制，并且通过绿色认证监管、公众参与及完善执法依据等，健全漂绿广告的法治规制。（4）垃圾食品引发非传染病的健康问题呈现爆炸式流行，产生高昂的社会成本，是经济社会持续性发展的严重障碍，广告规制应当成为垃圾食品规制的着力点。鉴于食品消费者的有限理性、行为化市场失灵，应当对垃圾食品广告适用以助推为硬核的促进性规制。垃圾食品广告的助推式规制应当以良性食品市场信息环境为目标，加强规制机构及其能力的建设，依据有效性、高效性、公平性的标准，选择适宜的助推式规制工具。

第三章是广告媒介的法治规制。无媒介、无广告，广告的实质是传递信息，媒介是信息传播者与接受者之间的桥梁，广告与媒介相互依赖、彼此作用。作为广告的基本要素，广告媒介亦是广告法治规制的两大重点之一。（1）植入式广告以内容隐蔽性、传播渗透性、媒介限制性，开创新的广告媒介，但对消费者权益、市场秩序及广告业可持续发展构成挑战。我国应当综合整体主观标准和可控性标准明确植入式广告的认定，以显著性作为植入式广告信息披露的基本要求，依据合理使用要求确立植入式广的禁限范围。（2）户外广告是现存最早的广告形式之一，并且成为类型丰富、形式多样、发展迅猛的广告媒介，但占用有限的城市公共空间资源，在我国往往采取特许经营模式。我国应当合理配置户外特许经营中的空间权、空间资源管理权、特许经营权，完善户外广告设置规划的基本要求和公众参与，建立竞争性为主的户外广告特许经营权授予机制，规范户外广告特许经营的收益分配。

第四章是互联网广告的法治规制。互联网正在深刻地改变经济社会，作为新型广告媒介，互联网对广告业产生革命性影响，互联网广告法治规制成为广告法治的重要议题。（1）社交媒体广告具有即时性、裂变性、交互性、多样性，是广告业的新宠儿。我国应当强化社交媒体平台对广告主体准入、广告内容的审查义务，加强社交媒体广告的行政监管。（2）互联网定向广告实现广告的精准投放，但引发严重的个人信息安全风险，诸如对个人信息的不当收集、使用、泄露等。我国应当进一步明确互联网定向广告用户对个人信息事前授权、事后退出的自我控制，规范互联网定向广告经营者对个人信息的安全维护义务，以及违反此项义务所应当承担的责任。（3）互联网付费搜索具有广告性质，又兼具一定信息搜索技术特点，受到不同领域法治的规制。我国应当明确互联网付费搜索服务提供者的法律地位，规范付费搜索服务者的合理人工干预、广告标示义务及广告审查义务与责任。

第五章是广告的法治保障。各类广告主体对广告享有不同财产权，对广告活动亦具有经营自由，乃至广告属于典型的商业表达自由，因此广告法治除了规制面外，还存在保障面，即广告的法治保障。（1）广告语的法治保障有助于促进消费者福利、保护生产经营者合法权益、维护市场健康有效竞争。广告语符合作品要件的，应当受到著作权法保障，对于广告语抄袭应当采取"接触+实质性相似"的认定标准，广告经营者和发布者有义务审查广告语是否存在侵犯著作权的情形。广告语具有商业标识属性，可以被申请注册为商标，或者符合注册驰名商标要件，从而获得商标法保障。同时，作为商业标识的广告语可以获得反不正当竞争法的兜底、补充性保障。（2）互联网广告屏蔽的竞争法规制可以保护经营者、消费者的合法权益及维护市场竞争秩序。我国应当明确构成不正当竞争行为的互联网广告屏蔽的主体要件、行为要件、结果要件及因果关系要件，并且对其适用诉前禁令、民事赔偿责任乃至惩罚性赔偿。

第一章　广告内容的法治规制

第一节　比较广告

一、比较广告概述

（一）比较广告的概念

我国缺乏关于比较广告的法律概念，各国对于比较广告的概念亦不尽相同。美国是最早对比较广告予以法律规制的国家，在 1979 年美国联邦贸易委员会《比较广告政策声明》中，比较广告被界定为："对产品某些客观属性，如价格、效用等，与其他可指明品牌进行比较，并描述彼此间区别性信息的广告"❶。因此，美国法中的比较广告具有两个构成要件：（1）明确的被比较产品的品牌名称，（2）比较内容具有客观性。相较美国法，欧盟法则扩大比较广告的范畴，在 1997 年《欧洲联盟理事会关于误导广告和比较广告的指令》（第 84/450/EEC 号）中，比较广告被界定为，"任何以直接或间接方式提及竞争者或竞争者商品的广告"。欧盟法中的比较广告无须与其他商品展开某些具体方面的比较，仅须提及竞争者或竞争者商品即构成比较广告。在德国法上，对于比较广告的态度经历了由禁止转向认可的过程，比较广告是指通过直接或间接方式将自身产品与一个或者多个竞争对手的产品进行比较的广告。在加拿大法中，比较广告是指将自身产品与同竞争领域的竞争者产品进行比较的广告，即比较广告的比较主体被限定为同业竞争者。❷

---

❶ 范志国.中外广告监管比较研究［M］.北京：中国社会科学出版社，2008：56.
❷ 安青虎.国外广告法规选译［M］.北京：中国工商出版社，2003：103.

综合世界各国立法对比较广告的概念，关于比较广告的概念存在以下两方面争议：（1）是否应当具有竞争性，即比较是否仅限于具有竞争关系的生产经营者或商品；（2）应当采用客观标准，抑或兼顾主观标准，即除比较商品或服务的客观特征外，广告受众的主观感受能否予以考虑。我们认为，比较广告的特殊之处在于其产生的比较效果，正是经由比较，广告主的商品和服务的优势被放大，从而达到吸引消费者的目的。因此，从比较广告效果和消费者权益保障的角度出发，比较广告的概念应当注意以下要点：（1）比较应当具有竞争性，此乃比较行为的价值所在；（2）比较方式不应当限于直接比较，凡是产生比较的效果的广告，即属于比较广告；（3）比较广告的衡量标准应当考虑主观标准，即兼顾客观标准和主观标准。总之，我们认为，比较广告是指广告主通过直接或间接方式将自身商品或服务与同业竞争者的商品或服务进行全面或某一方面的比较，以彰显自身商品或服务的优势，从而影响消费者决策的广告。

（二）比较广告的法律特征

1. 对象的多元性

比较广告的对象多元性包括以下两方面含义：（1）就比较广告的主体而言，存在两个或两个以上的竞争主体，例如高露洁公司研发一种美白牙齿产品——捷齿白美白液，而后宝洁公司也研发一种美白牙齿产品——佳洁士深层洁白牙贴，并在广告中声称其牙贴的美白效果是涂抹式美白牙齿液的3倍，高露洁公司对此广告向法院提起诉讼，❶ 此案中，具有竞争关系的高露洁公司和宝洁公司是比较广告的主体；（2）就比较广告的客体而言，比较广告即使提及某一种类商品或服务，但会对商品或服务的原料构成、产品性能等不同方面予以比较。在以上案例中，被比较的均是美白牙齿的产品，具有相同或类似的功能，比较的是产品的原料构成和美白效果。

2. 内容的可比性

比较广告的内容可比性体现为两个方面：（1）比较广告中被比较的对象

---

❶ 李毅，戴林莉.论我国比较广告的法律规制——以立法衔接与补足为视角［J］.新闻界，2018（8）.

是两种或两种以上的商品或服务，仅存在一种商品或服务则无法进行比较；（2）比较的对象是具有替代性的商品或服务，不要求功能和效用上的完全相同，只要普通消费者以通常掌握的信息、注意力和理解能力认为两者可以相互替代即可。此外，法律上往往明确规定，一些特殊品类商品或服务不得进行比较广告宣传，例如《广告法》第16条第1款规定，"药品、医疗、器械广告不得含有下列内容……（三）与其他药品、医疗器械的功效和安全性或者其他医疗机构进行比较"。

3. 目的的竞争性

广告主发布比较广告，往往基于抢占市场份额、替代被比较的生产经营者及其商品或服务的意图。广告主和被比较的生产经营者一般处于相同或类似的行业，其商品或服务具有相同或相类似的功能，因而其产品对于消费者而言具有可替代性。广告主选择比较广告的宣传形式，主要原因是比较广告和其他形式广告相比，能够产生更大的市场营销效果，更能充分彰显自身商品或服务的优势，并同时打压竞争对象的商品或服务。

4. 形式的公开性

为了突出自身商品或服务相较竞争者商品或服务的优势，产生更为广泛的营销效果，比较广告在媒介选择上倾向于报纸、广播、电视、网络等公共媒介，这与植入性广告的隐蔽性形成鲜明差别。公开性特征导致不正当竞争、商标侵权的比较广告较之其他违法比较广告所造成的市场影响范围更加广泛。

（三）比较广告的类型

1. 直接比较广告与间接比较广告

根据是否指明被比较的生产经营者，比较广告可以分为直接比较广告和间接比较广告。在直接比较广告中，广告主将自身商品或服务的特定效能与其他生产经营者的商品或服务展开对比，并且指明此生产经营者的身份。直接比较广告较强的针对性产生竞争的"火药味儿"，能够直接削弱特定生产经营者及其商品或服务的市场形象，直接比较广告因此更可能侵犯被比较的生产经营者合法利益。直接比较广告因此存在较大的合法性争议，一些国家或地区明确禁止发布直接比较广告。反之，间接比较广告不直接指明被比较生产经营者的身份，但具有"暗指"的特点，即消费者根据广告信息会联想到被比较的生产经营者。间接比较广告没有直接"点名"被比较的生产经营者，相较直接比较广告，表面上不易引起纠纷。一般情况下，消费者面对间接比较广告往往首先联想到相关市场中具有领先地位的市场经营者，但此种不明确性也可能引发相关市场中若干经营者的不满。

2. 批评性比较广告与攀附性比较广告

以广告宣传的主要目的和对被比较对象的基本态度为标准，比较广告可以分为批评性比较广告与攀附性比较广告。批评性比较广告是指通过批判、指责被比较商品或服务的缺陷来凸显自身商品或服务的优势。❶批评性比较广告独特的表现形式要求比较内容应当具备高度的客观真实性。《广告法》第69条规定，"广告主、广告经营者、广告发布者违反本法规定，有下列侵权行为之一的，依法承担民事责任……（三）贬低其他生产经营者的商品、服务的"。"贬低"是指故意降低应有的评价。批评性比较广告必然影响被比较的生产经营者及其商品或服务的市场认可度，但依据客观事实做出的批评仍有《广告法》上的"贬低"之嫌。

攀附性比较广告是指广告主为攀附商誉良好的品牌效应，利用被比较生产经营者较高的知名度，刻意建立两者之间的联系，从而提高自身商品或服务的市场竞争力。攀附性比较广告通常以正面评价的方式来宣传自身和对方商品或服务，消费者由此产生"原来 A 和 B 一样好"的心理认知，这被视为一种"搭便车"的行为。按照比较参照物的分类标准，攀附性比较广告又可分为同类攀附性比较广告和异类攀附性比较广告：前者限于同种商品或服务领域的比较，较易产生误导性影响；后者是对不同的商品或服务领域进行比较，可能会借助被比较商品或服务品牌的优势地位来顺势提高自己的竞争力。与后者相关的是异类攀附性比拟广告，即一种比喻型广告，将自身商品或服务比喻成不同类别的具有优异特质的某些商品或服务，一般不会产生损害后果。

---

❶ 邵建东.德国竞争法如何评价比较广告［J］.南京大学法律评论，2001（1）.

3. 主观比较广告与客观比较广告

根据比较的事实依据不同，比较广告可以分为主观比较广告和客观比较广告。主观比较广告基于广告受体的主观感受与主观评价，在食品或饮料广告中经常被运用，因为公众对此类商品的认识主要来自于主观感受。主观比较广告因其缺乏客观统一评判标准而难以衡量，在现实中存在较大争议。客观比较广告则主要基于客观事实，使用范围更加广泛，在广告市场中较为常见。

（四）比较广告的双重性

1. 比较广告的正面性

比较广告能够为消费者提供更多的商品或服务信息，有助于消费者知情权的实现。消费者有权利知悉、掌握将购商品或服务的基本属性、特征等，从而进行理性选择，消费者知情权是消费者的一项根本性权利。比较广告通过对不同品牌商品或服务之间的比较，为消费者提供了作为选择基础的商品或服务信息。一般而言，消费者的购物成本由"商品或服务价格"和"消费者的搜索成本"两部分构成。消费者在挑选出最适合自己的商品或服务之前，需要全面了解商品或服务的价格、功能，试图找到性价比最高的，即所谓"货比三家"。公众媒体的快速发展极大地拓宽了广告的宣传途径，但广告信息爆发式增长反而导致了消费者选择困难。伴随国际贸易日益深入公众日常消费领域，以及商品和服务的科技含量不断提高，消费者了解和掌握商品或服务信息难度不断加大。比较广告是一种性价比相对较高的信息传递方式，可以简单明了地展现某种商品或服务的优势特征，为消费者提供评价相似商品或服务的信息基础，有利于其精准定位需求，从而更好地做出消费决策。

比较广告亦增强了生产经营者之间的竞争，潜移默化地鼓励生产经营者不断进行创新，促进市场的自由竞争。新进入的生产经营者面临不同程度的市场壁垒，为建立自身商品或服务的品牌商誉往往需要投入大量营销资金。生产经营者通过比较广告的宣传方式，借助与市场知名品牌商品或服务的对比，为消费者评价新商品或服务提供了恰当的标尺，达到快速提高市场知名度的目的。比较广告促使新的品牌更容易地进入市场，激励旧的品牌不断创新发展，提升商品性能或服务水平。

2. 比较广告的负面性

比较广告是"双刃剑"，即可以发挥积极作用，亦存在负面影响。在比较广告的广告主、被比较的生产经营者和消费者之间存在严重的利益冲突：（1）比较广告构成不正当竞争行为的可能性比较大。一般而言，广告主为了提高自身商品或服务的竞争力而直接或间接提及被比较的生产经营者，比较广告内容往往对后者有弊无利，例如利用市场知名度较高的品牌，刻意将自身商品或服务与之联系，造成混淆；或者将自身商品或服务的优势与对方的劣势做不公平的比较；或者偏离商品或服务的客观属性而过分夸大自身优点，欺骗消费者。（2）比较广告构成商标侵权的可能性比较大。比较广告往往提及竞争对手的商标等商业标识，容易造成消费者混淆。在攀附式比较广告中，被比较的品牌多为驰名商标，即使比较广告不足以造成消费者对商品或服务及其来源的混淆，也会降低此项驰名商标的显著性，造成驰名商标的淡化，从而影响其商誉价值。（3）不合理的比较广告可能损害消费者权益。一些比较广告故意夸大自身优点，隐瞒客观事实，侵犯消费者知情权。❶

（五）我国比较广告的法治规制现状

我国未针对比较广告予以专门立法，与之有关的法律规定散见于《广告法》《反不正当竞争法》《商标法》等法律。

1.《广告法》关于比较广告的规定

1993 年，国家工商行政管理局颁布《广告审查标准（试行）》，专设第四章比较广告，第31~36 条对比较广告原则、对象、依据、内容、语言等做出专门规定，但此部门规章已于 2004 年被废止。

2018 年修正《广告法》没有对比较广告做出明确规定，但与之相关联的法律条文包括：第 3 条和第 4 条规定，"广告应当真实、合法"，"广告不得含有虚假或者引人误解的内容，不得欺骗、误导消费者"；第 9 条规定，广告不得使用"国家级""最高级""最佳"等用语；第 13 条规定，"广告不得贬损

---

❶ 李毅，戴林莉.论我国比较广告的法律规制——以立法衔接与补足为视角［J］.新闻界，2018（8）.

其他生产经营者的商品或者服务";第 16 条第 1 款规定,"医疗、药品、医疗器械广告不得含有下列内容……(三)与其他药品、医疗器械的功效和安全性或者其他医疗机构比较";第 18 条第 1 款规定,"保健食品广告不得含有下列内容……(四)与药品、其他保健食品进行比较";第 28 条规定,"广告以虚假或者引人误解的内容欺骗、误导消费者的,构成虚假广告。广告有下列情形之一的,为虚假广告:(一)商品或者服务不存在的;(二)商品的性能、功能、产地、用途、质量、规格、成分、价格、生产者、有效期限、销售状况、曾获荣誉等信息,或者服务的内容、提供者、形式、质量、价格、销售状况、曾获荣誉等信息,以及与商品或者服务有关的允诺等信息与实际情况不符,对购买行为有实质性影响的;(三)使用虚构、伪造或者无法验证的科研成果、统计资料、调查结果、文摘、引用语等信息作证明材料的;(四)虚构使用商品或者接受服务的效果的;(五)以虚假或者引人误解的内容欺骗、误导消费者的其他情形";第 31 条规定,"广告主、广告经营者、广告发布者不得在广告活动中进行任何形式的不正当竞争"。

2.《反不正当竞争法》关于比较广告的规定

比较广告的不当内容会造成商业混淆、商业诋毁的后果,损害被比较的生产经营者的竞争权益,因此竞争法对比较广告予以规制。2017 年修正《反不正当竞争法》有关规定构成比较广告规制的法律依据:第 2 条第 2 款规定,"本法所称的不正当竞争行为,是指经营者在生产经营活动中,违反本法规定,扰乱市场竞争秩序,损害其他经营者或者消费者合法权益的行为";第 6 条规定,"经营者不得实施下列混淆行为,引人误认为是他人商品或者与他人存在特定联系:(一)擅自使用与他人有一定影响的商品名称、包装、装潢等相同或者近似的标识;(二)擅自使用他人有一定影响的企业名称(包括简称、字号等)、社会组织名称(包括简称等)、姓名(包括笔名、艺名、译名等);(三)擅自使用他人有一定影响的域名主体部分、网站名称、网页等;(四)其他足以引人误认为是他人商品或者与他人存在特定联系的混淆行为";第 8 条第 1 款规定,"经营者不得对其商品的性能、功能、质量、销售状况、用户评价、曾获荣誉等作虚假或者引人误解的商业宣传,欺骗、误导消费者"；第11条规定，"经营者不得编造、传播虚假信息或者误导性信息，损害竞争对手的商业信誉、商品声誉"。

二、比较广告的合法性评价标准

美国法、欧盟法、英国法等虽总体上承认比较广告的合法地位，但态度并不完全一致。美国法采取"肯定说"，即如果从客观事实出发，未做虚假陈述，亦未误导消费者，比较广告便是合法，乃至具有贬低内容的比较广告若能满足以上条件也被允许。美国法还承认直接比较广告，虽然其针对性较强，但能最大限度地保障消费者权益，并且有助于商品或服务的更新换代、市场价格的逐步降低。欧盟法明确承认比较广告的合法地位，一些对比较广告持禁止态度的成员国不得不采取妥协态度。同时，基于对各成员国规制权力的尊重，欧盟法亦允许成员国对特定商品和服务的比较广告予以禁止。英国法对于比较广告在整体上持较为宽松的态度，但要求以客观证据加以佐证，否则视为违法行为，并且对于药品广告等予以完全禁止。

在我国，比较广告的合法地位并不明确，《广告法》既无比较广告的法律概念，亦缺乏较为详细的比较广告合法性评价标准。在一些特定领域，比较广告的法律条文零散分布且存在重复，往往是对特种广告的比较禁止，但缺乏合法性评判标准的指引，以致广告主无所适从。

为了给广告发布和纠纷解决提供便捷可行的法律依据，我们认为应当确立比较广告的合法性评价标准：（1）比较内容应当客观、真实、准确，对商品或服务的客观存在加以比较，不得进行虚假陈述。比较中若使用有关数据，数据应当有所依据且真实、准确；（2）比较对象及其比较之处须具有可比性，比较对象同属于一个行业，相关商品或服务一般应存在可替代性；（3）比较行为应当遵守商业道德、公序良俗和诚实信用原则，即比较的内容禁止虚假宣传，不片面截取观点，不误导消费者，不损害对手商誉，不恶意利用竞争对手，以保证比较广告的实用价值和现实意义；（4）比较的语言表达应当规范，以准确、清晰的用词表达其目的，不得模糊不清。

三、比较广告不正当竞争行为的认定

比较广告的广告主和被比较经营者往往处于市场竞争关系，不当的比较广告往往构成不正当竞争行为。

（一）批评性比较广告的商业诋毁认定

批评性比较广告可能造成被比较的生产经营者商誉的损害，从而构成商业诋毁行为。依据《反不正当竞争法》第11条规定，构成商业诋毁须满足两个条件：（1）行为人故意编造、传播虚假或者误导性信息，（2）导致损害竞争对手的商业信誉、商品声誉受损的后果。批评性比较广告是否构成商业诋毁，重点考量如下因素：（1）广告信息是否符合实际抑或存在虚假成分，不管虚假信息描述的对象是广告主的商品或服务，例如虚假夸大自身，还是被比较的生产经营者的商品或服务，例如虚假贬损对方产品，只要批评性广告存在虚假信息成分即属商业诋毁；（2）广告是否误导消费者，即使广告信息符合事实，但批评性比较广告存在对消费者的误导效果，仍属于商业诋毁。

把握"虚假"的认定尺度是广告实务的难点，毕竟广告宣传经常存在"虚"的成分，但完全脱离实际的"假"并不多见。我们认为，批评性比较广告容易造成被比较的生产经营者商誉的相对减损，表达信息稍存偏差，便可能损害被比较经营者的商誉。既然广告主采取如此"高风险"的广告形式，便须承担较高的注意义务，以保证广告信息的高度客观真实性。反之，若是批评性比较广告存在争议性的虚伪成分或者误导性信息，此商誉减损即具有不正当性，构成商业诋毁，通过对比较广告的"虚假"信息从宽解释，有助于引导广告主进行自我行为的约束。

（二）攀附性比较广告的商业混淆认定

世界各国对于攀附性比较广告的态度差异较大：德国、日本和韩国等对攀附性比较广告基本持否定态度，认为此种宣传手法容易给社会公众造成混淆，从而误导消费者的选择，故将其视为不正当竞争的行为予以禁止；美国、加拿大、英国和巴西等则持允许的态度，但须就个案予以进一步审查，以判断是否具有不正当竞争的效果。我国《反不正当竞争法》第6条禁止经营者

实施引人误认为是他人商品或者与他人存在特定联系的混淆行为。申言之，生产经营者不得利用比较广告将自身商品或服务与被比较的商品或服务进行某种联系，从而导致消费者的混淆。

鉴于攀附性比较广告存在故意借助他人品牌影响力而增加与他人品牌之间联系的特点，构成混淆的"嫌疑"较大。我们认为，判断攀附性比较广告是否构成商业混淆，应当着重考虑广告的比较效果：若是在尊重客观事实的前提下发布攀附性比较广告，以一般受众角度可以对被比较的商品或服务做出较为清楚的区分，当属合法；反之，若是攀附性比较广告造成广告主和其他生产经营者及其商品或服务之间的模糊乃至直接联系，存在误导消费者的选择倾向，有损其他生产经营者及其商品或服务在市场上原本的影响力，当属违法。

四、比较广告商标侵权的认定

在一般情况下，生产经营者不希望自身的商品或服务被其他生产经营者用于广告宣传活动，广告主在直接比较广告中提及的其他生产经营者信息，往往是无法获得许可，若是涉及被比较生产经营者的商标，则可能导致商标侵权纠纷。"商标性使用"及"混淆可能性"已经成为分析和认定某一使用商标行为是否构成侵权的两个独立要件，但两者对侵权行为的认定侧重方向有所不同："商标性使用"是从建立商品与商标的联系角度分析；"混淆可能性"则是从破坏商标功能的角度剖析，对前者的判定是认定后者的前提。《商标法》及《关于审理商标民事纠纷案件适用法律若干问题的解释》（法释〔2002〕32号）对此均有规定，认定比较广告的商标侵权亦应当围绕这两个独立要件而进行。

（一）"商标性使用"的判断标准

《商标法》第8条规定了可以申请注册的商标的条件，"任何能够将自然人、法人或者其他组织的商品与他人的商品区别开的标志，包括文字、图形、字母、数字、三维标志、颜色组合和声音等，以及上述要素的组合，均可以作为商标申请注册"。申言之，商标的实质条件或商标的价值在于其"区别性"，即市场主体能够借助商标标识区别不同生产经营者的商品或服务。《商标法》正是通过维护商标的"区别性"，保障商标发挥表彰特定生产经营者信誉及其商品或服务质量、保护消费者信赖利益和生产经营者市场利益的作用。广告作为一种主要的市场营销活动，也应当围绕"区别性"这一商标的本质特征及其反面解释——"混淆"来判定其是否存在商标侵权行为。

商标侵权发生在"商标性使用"过程中，《商标法》第57条虽然明确列举了6种侵犯注册商标权的行为，但均属于发生在商品或标识上的假冒，侵犯注册商标权的广告只能归属于此条第7项规定的"给他人的注册商标专用权造成其他损害的"行为。此项兜底性条款所指称的行为，应当理解为第48条规定的"商标性使用"，即"将商标用于商品、商品包装或者容器以及商品交易文书上，或者将商标用于广告宣传、展览以及其他商业活动中，用于识别商品来源的行为"。因此，正确理解"商标性使用"是判定比较广告是否构成商标侵权的关键。"商标性使用"是认定构成商标侵权行为的首要条件，虽然机械的文义解释十分容易理解，但具体运用却难以把握，理论上和实践上错误的主要原因在于没有准确掌握"商标性使用"的关键因素，未能明确区分"商标性使用"的表现形式与识别产品或服务来源的基本属性，产生了比较广告中出现被比较生产经营者的商标，即属商标侵权的认识。

事实上，商标的"商业性使用"仅是一个前提，商标用于推广商品或服务后能否产生区别作用才是判断"商标性使用"成立与否的实质要件。如果比较广告中出现的商标信息损害了商标的区别性，造成混淆或淡化的损害后果，当属侵权。关于商标使用行为的侵权评价，我们认为，若是以行为主体的主观状态为判断标准难免存在不确定，而选择客观标准，即关注商标在商品或服务中的使用方式，则较为直接明确。美国《兰哈姆法》第43条第C款第3项规定不构成淡化的例外情形："由其他人对驰名商标所作的，不是将它作为他自己商品或服务来源的指示，而是作为包括指示性合理使用或描述性合理使用在内的合理使用，或者为了便于作出这些合理使用而实施的行为，包括下列相关使用行为：（1）为消费者提供比较产品或服务机会的广告或促销；（2）验证和滑稽模仿、讽刺或评论驰名商标所有人或驰名商标所有人的商品或服务的行为"。换言之，比较广告中出现的被比较生产经营者的商标信息仅具有指示性使用或描述性使用，对商标的显著性的淡化影响较小，则应当被视为对商标的合理使用，不构成商标侵权。

所谓指示性使用，亦称为说明性使用，是指生产经营者在市场交易活动中利用他人商标向消费者详细地介绍自身商品或服务的诸多方面信息的行为，这是比较广告的常见宣传模式。一般而言，广告主利用他人商标想要说明的内容包括两个方面：（1）向社会公众表明其商品或服务的用途和服务对象，与商标所有人的商品或服务相关联，通常是搭配使用关系；（2）直接告知社会公众其经营的商品或服务是来自商标权主体，而非由自身提供。我们认为，尽管商标的指示性使用产生了识别商品或服务来源的功能，但使用行为本身却是保障市场主体从事与商标权人有关的生产经营业务持续运营的必要条件，仅是简单地陈述真实信息，并不会造成社会公众误解特定商品或服务的权属与真正权利人之间存在关联性。因此，广告主出于客观必要的说明目的，使用尺度在质和量的合理限定范围内，没有产生权利人商标利益的损害性，即便指示性使用的表现形式符合"商标性使用"要求，也不能从商标侵权法律意义上对其评价。

所谓描述性使用，亦称为叙述性使用，是指生产经营者对自身商品或服务必须利用他人商标而予以描述的行为，即《商标法》第 59 条第 1 款之中，"注册商标中含有的本商品的通用名称、图形、型号，或者直接表示商品的质量、主要原料、功能、用途、重量、数量及其他特点，或者含有的地名，注册商标专用权人无权禁止他人正当使用"。法律赋予的注册商标权是为了防止其他使用人暗示自己的商品或服务，与真正权利人存在许可、授权等关联关系，或者直接假冒商标权人的商品或服务，但若其他竞争者使用商标的目的仅仅在于告知消费者关于商品或服务的真实情况，则无须加以制止，此乃是描述性使用存在正当性的原因所在。❶通常而言，用来表达商品或服务名称、产地、性能等基本信息的普通词语可能属于描述性商标范围。这些词汇本应

---

❶ 李亮. 商标侵权认定［M］. 北京：中国检察出版社，2009：165.

作为社会公众的交流符号，但经过商标权人的反复应用，其便超越首要的沟通功能而具有承载商誉的"第二含义"，从而得以注册成为商标。由此可见，商标受到法律保护的基础是背后隐藏的知名度和商业价值。描述性商标不具有独创性、显著性等特点，可被大量不确定的市场主体所使用，但仅在"第一含义"的层面上使用他人的商标，不会产生识别商品或服务来源的功能，也就不属于"商标性使用"的行为方式。

（二）"混淆可能性"的判断标准

认定比较广告的商标侵权行为，"混淆可能性"标准也是重要的判断依据。所谓"混淆可能性"，是指为了让社会公众对自身宣传商品或服务的来源出现错误理解，或者误导消费者对商品或服务和实际商标权人之间产生存在特定关联的认识偏差，市场主体擅自将他人商标或者与该商标相近似的名称图形等符号用于其提供的商品或服务之中。《商标法》2013年修改，回应理论界和实务界的呼声，在第13条第2款、第42条第3款及第57条第2项分别将"容易导致混淆"列为保护驰名商标的不予注册并禁止使用、不核准注册商标转让及侵犯注册商标专用权的要件。

"混淆可能性"的具体判断标准，法律未明确规定，司法实践中存在不同的裁判观点。法官可以使用自由裁量权对"混淆可能性"予以判断，但并不意味着法官的判断享有绝对自由，法官的自由裁量权应当受到内部和外部的双重限制：所谓的内部限制，是指法官应当根据自己的生活经验和生活阅历自由地作出判断，不受他人影响；所谓的外部限制，是指法官要综合考虑各种可能会对案件造成影响的外部因素。❶1979年，美国联邦上诉法院第九巡回法院在 AMF 案中提出的混淆可能性"八要素"说：（1）商品的强度；（2）商品的近似程度；（3）商品的相似性；（4）实际混淆的证据；（5）使用的市场渠道；（6）商品的类型及购买者可能的谨慎程度；（7）被告选择商标的主观意图；（8）产品生产线扩展的可能性，产生较大影响。为避免上述标准对于主观判断的过度依赖，还可以结合主体、程度及类型三个角度展开较为客观

---

❶ 李雨峰.知识产权民事审判中的法官自由裁量权［J］.知识产权，2013（2）.

的考量：（1）主体是指对于具有特殊的商标标记商品或服务具备普通认知能力的潜在消费群体；（2）程度则指，如果多数不特定的普通公众对于相同或近似的商标产生混淆具有极高的可能性，那么商标侵权行为便可确立；（3）混淆类型包括来源混淆和关联关系混淆，即混淆范围从商品或服务的来源上混淆，扩至商标权人与侵权人之间存在的关联关系混淆。❶

比较广告的商标使用十分复杂、隐蔽，"混淆可能性"的判断困难重重。批评性比较广告立足被比较生产经营者的对立面，广告主的目的是将自身商品或服务与对方相区分，消费者对此不会出现误解；攀附性比较广告则与之相反，广告宣传正是攀附被比较生产经营者的良好品牌效应，利用其较高的知名度，从而增加消费者在内心确认广告主商品或服务与商标权人商品或服务之间具有特殊联系的程度，扩大消费者建立错误联想的可能性。我们认为，对于比较广告商标侵权的混淆可能性认定，应当参考以下因素予以判断：消费者的注意力水平、商标的强度、商品或服务的相似性、商品或服务的价值大小、商标的影响范围以及相关市场的集中度等。

第二节　广告绝对化用语

一、广告绝对化用语概述

（一）广告绝对化用语的界定

1994 年《广告法》第 7 条第 2 款规定，"广告不得有下列情形……（三）使用国家级、最高级、最佳等用语"。此法条所指向的对象一般被称为广告绝对化用语或广告极限词。2015 年《广告法》修订，第 9 条第 3 项沿袭旧规，只是对列举的 3 个广告绝对化用语分别添加双引号。值得注意的是，《广告法》

---

❶ 姚鹤徽.论商标侵权判定的混淆标准——对《商标法》第57条第2项的解释［J］.法学家，2015（6）.

列举广告绝对化用语之后采用"等"立法技术。❶

在广告执法实践中，原国家工商行政管理局又在《关于"顶级"两字在广告语中是否属于"最高级"等用语问题的答复》（工商广字〔1996〕第380号）、《关于"极品"两字在广告语中是否属于"最高级""最佳"等用语问题的答复》（工商广字〔1997〕第207号）、《关于立即停止发布含有"第一品牌"等内容广告的通知》（工商广字〔1997〕第225号）中，确认"顶级""极品""第一品牌"属于《广告法》所规定的绝对化用语。

基于广告立法与实践，广告绝对化用语的外延具有一定的开放性，不应局限于上述"国家级""最高级""最佳""极品""顶级""第一品牌"6个词语，因此须对广告绝对化用语予以法理界定。依据《现代汉语词典》，"绝对"一词作为形容词，与"相对"相对，"指没有任何条件的，不受任何限制的"或"只以某一条件为根据"；作为副词，指"完全；肯定"或"最；极"。❷因此，广告绝对化用语内涵的核心在于强调事物的"没有可比性"，即形容事物不受时空限制达到某种极限状态的广告语言。申言之，广告绝对化用语可以分为两种：（1）最高级的形容词，例如"最好""最强""最佳""最棒""第一"等；（2）以一定的地域、整体作为形容词，例如"国家级""世界级"等。

（二）广告绝对化用语的认定标准

1. 对象的相关性

广告绝对化用语认定的前提是符合《广告法》的调整范围。《广告法》第2条第1款规定，"在境内，商品经营者或者服务提供者通过一定媒介和形式直接或间接地介绍自己所推销的商品和服务的商业广告活动，适用本法"，因此绝对化用语广告应当直接或间接地指向生产经营者自己所推销的商品或服

---

❶ 最高人民法院印发的《关于审理行政案件适用法律规范问题的座谈会纪要》（法〔2004〕96号）中明确指出："法律规范在列举其适用的典型事项后，又以'等''其他'等词语进行表述的，属于不完全列举的例示性规定。以'等''其他'等概括性用语表示的事项，均为明文列举的事项以外的事项，且其所概括的情形应为与列举事项类似的事项。"
❷ 中国社会科学院语言研究所词典编辑室.现代汉语词典［M］.7版.北京：商务印书馆，2016：713.

务，即广告内容与该商品的质量、成分、材质等核心要素有关，或与该服务的功能、性能、品质等实质性内容相关时，才能被认定为广告绝对化用语。

2. 内容的比较性

广告绝对化用语是为了突出自己商品或服务的优越性，因此广告绝对化用语须与除了自己之外的他人商品或服务存在比较的意图；相反地，对经营者自己商品或服务的内部比较则不构成广告绝对化用语，例如"企业最新研发技术""企业最核心技术"等不属于广告绝对化用语。

3. 描述的客观性

广告绝对化用语针对的是商品或服务的既成状态和事实情况，须描述已存在的客观状况，而不是表达尚未实现的未来目标。诸如"最先进科技""最高质量"等均是对客观状况的描述，可能被认定为广告绝对化用语；但是，诸如"开拓进取，力争第一"等表达生产经营者的经营理念、目标追求及发展愿景的将来时态或主观愿望的用语则不属于广告绝对化用语。

4. 词性的形容性

广告绝对化用语通常用来描述某种商品或服务的品质和功能，唯有作为形容词使用时才会产生相应的描述效果，例如"顶级""最好的"等形容词可以对商品或服务性能产生绝对化描述效果。但是，某些名词或动词，例如"首款""首推""国内首家"等具有相关的事实依据且表达完整、清楚，则不属于广告绝对化用语。

（三）绝对化用语广告与相关广告

1. 绝对化用语广告与比较广告

广告绝对化用语可以视为一种比较广告。但是，广告绝对化用语的特殊性在于并不指明被比较的生产经营者商品或服务，因此广告绝对化用语乃是一种间接比较广告。作为间接比较广告，广告绝对化用语应当受《广告法》关于比较广告法律规定的约束。

2. 绝对化用语广告与夸张广告

广告是一种通过文字、声音、图片等形式传递商品和服务信息的艺术行为，艺术行为在真实、合法的基础上允许一定艺术加工，故而广告难免存在某种形式或不同程度的创意乃至夸张。夸张广告是一个广告学概念而非法学概念，是指具有极度夸张修饰风格的广告。一般而言，夸张广告具有以下特征：（1）表达的内容难以准确计算或被证明，真实性和虚假性无法加以精确界定；（2）主观性较强；（3）广告受体一般不会对其产生信赖心理。最高人民法院《关于审理不正当竞争民事案件应用法律若干问题的解释》（法释〔2007〕2号）第8条第2款规定，"以明显的夸张方式宣传商品，不足以造成相关公众误解的，不属于引人误解的虚假宣传行为"。使用绝对化用语广告是夸张广告的一种手法，若是绝对化广告用语产生极度夸张效果，以致正常理性的消费者不会予以信赖，则属于夸张广告。

3. 绝对化用语广告与虚假广告

《广告法》第4条第1款规定，"广告不得含有虚假或者引人误解的内容，不得欺骗、误导消费者"，第28条第1款规定，"广告以虚假或者引人误解的内容欺骗、误导消费者的，构成虚假广告"。《反不正当竞争法》第8条第1款规定，"经营者不得对其商品的性能、功能、质量、销售状况、用户评价、曾获荣誉等作虚假或者引人误解的商业宣传，欺骗、误导消费者"。虚假广告的手段是广告内容的虚假或引人误解，其目的或效果是"欺骗、误导消费者"。绝对化用语广告和虚假广告存在一定联系，绝对化用语广告往往符合虚假广告条款，因此受到较为严格地法律规制。

二、广告绝对化用语的规制转型

（一）我国广告绝对化用语的禁止性规制

从《广告法》的1994年制定至2015年修订、2018年修正，我国对广告绝对化用语均为禁止性规制，即明确规定广告不得使用绝对化用语。但是，此项规定在立法过程中不无争议，例如2014年《广告法修订草案》一次审议稿在第9条第3项后加入"依法取得的除外"，但二次审议稿将其删除；在二次审议稿向社会公众征求意见中，有的意见建议恢复"依法取得的除外"，有的建议认为广告绝对化用语不应一律禁止，应当允许使用不涉及商品或服务质量的绝对化用语。❶ 但是，《广告法》最终修法未采纳上述意见，继续采取严厉的规制态度，即广告不能使用绝对化用语是无条件的，不论其出自何处，其真实性可否被证明。我国之所以对广告绝对化用语予以禁止性规制，主要基于以下因素：（1）任何事物都处于不断发展和变化之中，广告绝对化用语过于绝对地表达商品或服务的性质特征，违背事物的发展规律；（2）广告绝对化用语容易造成消费者的误解，从而影响消费者的消费选择；（3）广告绝对化用语还可能产生不正当地贬低竞争者的效果，损害公平竞争。

2015 年，杭州方林富炒货店的店铺西侧墙上印有"方林富炒货店杭州最优秀的炒货特色店铺"和"方林富杭州最优秀的炒货店"；店铺西侧柱子上印有一块"杭州最优炒货店"广告牌；店铺展示柜内放置有两块手写的商品介绍板，上面分别写了"中国最好最优品质荔枝干"和"2015 年新鲜出炉的中国最好最香最优品质燕山栗子"的内容，展示柜外侧的下部分贴有"本店的栗子，不仅是中国最好吃的，也是世界上最高端的栗子"；对外销售栗子所使用的包装袋上印有"杭州最好吃的栗子"和"杭州最特色炒货店铺"。杭州市西湖区市场监督管理局在 2016 年做出（杭西）市管罚处字〔2015〕534 号《行政处罚决定书》，认定杭州方林富炒货店违反了《广告法》第 9 条第 3 项规定，并且根据《广告法》第 57 条第 1 项、《杭州市规范行政处罚自由裁量权的规定》第 9 条的规定，依法予以从轻处罚，责令其停止发布使用绝对化用语的广告，并处法定最低限 20 万元罚款，上缴国库。杭州方林富炒货店不服，向杭州市市场监督管理局申请行政复议。杭州市市场监督管理局做出（杭）市管复决字〔2016〕139 号《行政复议决定书》，维持 534 号处罚决定。杭州方林富炒货店向杭州市西湖区人民法院提起行政诉讼。2018 年，杭州市西湖区人民法院宣判，判决依据《行政处罚法》相关条款予以法定最低限下的减轻处罚，将罚款数额变更为 10 万元。❷ 本案引发广泛地关注和争议，凸显《广告法》对于广告绝对化用语的认定方式、规制模式和处罚力度等规定有待进一步完善。

---

❶ 郎胜. 广告法释义［M］. 北京：法律出版社，2015：272.
❷ 杭州市西湖区方林富炒货店诉杭州市西湖区市场监督管理局、杭州市市场监督管理局一审行政判决（〔2016〕浙 0106 行初 240 号）。

（二）其他国家和地区广告绝对化用语的规制

在美国，广告绝对化用语的法律规制较为宽松，若是绝对化用语是对主观的、不可衡量的、宽泛的描述，则大多数被视为商业吹嘘，例如"最佳""最好""最强""最美味"等，广告主无须承担任何责任。吹嘘自己商品和服务是最好的，在美国极为普遍，不会对消费者造成实质性误导。但是，吹嘘自己商品或服务是最好的，亦须具有一定真实性，若吹嘘商品或服务的实际情况同商业吹嘘的内容差距极大，仍可能构成虚假广告。

在日本，立法并未对广告绝对化用语予以直接规制，但实务中要求生产经营者对广告绝对化用语的真实性予以证明，需要对其商品或服务内容优良性或交易条件比较等提供较为明确的数字指标，以供参考；倘若没有相关合理依据可以予以证明，宣传的内容又与事实存在较大差异，且对消费者造成实质性影响，则构成虚假广告。[1] 此外，日本在某些产业建立广告的自律规则，例如啤酒、汽车等产业的广告自律规则，明确限制广告绝对化用语的使用。虽然产业自律规则并无法律效力，没有法律强制力保障实施，但可作为法院裁量案件的重要参考。

在我国台湾地区，"公平交易委员会"将广告绝对化用语分为主观感受型和客观陈述型：前者使用"最好""最佳"等主观感受型绝对化用语不构成虚假宣传；后者使用"冠军""最多"等客观陈述型绝对化用语，在真实性没有客观证据支撑时，则构成虚假广告。

总之，美国、日本和我国台湾地区对广告绝对化用语并非采取绝对禁止态度，而是对存在真实性支撑的绝对化用语准予有条件地使用。

（三）我国广告绝对化用语的规制缓和

我国对广告绝对化用语的禁止性规制虽然在一定程度上有助于规范广告活动，保护消费者合法权益，促进广告业的健康发展，维护社会经济秩序，但是一刀切式的做法亦带来负面效果。绝对化用语具有语言学上的多样性和复杂性，对于广告绝对化用语的规制应当具体问题具体分析，注意对具体语

---

[1] 程远.广告法理论与实务［M］.北京：法律出版社，2018：155-156.

义、语境的综合判定。结合域外广告绝对化用语的规制经验，我国对广告绝对化用语的规制应当立足消费者立场，建立基于真实性的分类规制，实现广告规制的转型。

我国应当从广告绝对化用语的目的和效果出发，以广告受体——消费者视角确立标准。目前，各国广告立法主要存在"易受骗消费者"和"理性消费者"两种类型标准：前者往往为易受骗的、态度不够审慎的、生活常识不足的消费者考虑，认为其对广告的夸张性表达缺乏自我辨别真伪的能力，因而对广告绝对化用语持禁止态度；后者则认为消费者具有生活常识、生活经验，会以一种审慎态度选择商品或服务，不会轻易相信绝对化用语是真实的，对于商品或服务的性能、质量、感官属性等最高级比较不应当被法律所禁止，因为上述信息的真伪可以由消费者证实。我们认为，为促进市场自由竞争及提高消费者福利，实现广告的积极作用，应当采用理性消费者标准，既扩大广告绝对化用语的范围，又保护消费者合法权益不受侵犯。广告受体的绝大多数具备正常思维，能够做到合理审慎要求。即使出现零星的主体，几乎没有生活常识、甚至拥有常人无法理解的思维，对于生产经营者臻于完美的广告宣传仍会产生错误的理解，若是法律基于对此类群体保护而一概禁止所有的广告绝对化用语，则是对绝大多数的正常消费者的侮辱与不尊重，受限的经济社会发展将以龟速前进。《广告法》实质上是以"易受骗消费者"为立法假设的主体标准，单纯地禁止广告绝对化用语，此种过于保守的态度，反而影响消费者对众多商品或服务信息的知悉，大大增加市场监管部门的工作负担，徒增法律运行成本，亦未实现好的社会效果。

我国对于广告绝对化用语应当采取分类规制：（1）对于无法证实或证伪的形容词应当予以禁止。例如，"最优秀""最佳""最高级"等绝对化用语，无法证明其真伪，容易误导消费者，应当予以禁止。❶（2）范围缺乏限定或无法通过客观证据加以证明的，应当予以相对禁止。例如，"最大""最高"等表述可能会影响消费者对商品和服务的选择，应当注意其限定范围对消费者

---

❶ 邵甜甜.绝对化用语并非绝对不能使用［N］.中国工商报，2015-09-15.

是否产生较大误导。（3）生产经营者通过广告宣传自己商品或服务，如果具有真实性基础的绝对化用语不能被用于广告宣传，无法形成其竞争优势和经济效益，以致生产经营者失去追逐极致商品或服务的动力，最终不利于经济发展与社会公平的实现。因而，在限定范围可以被客观证据证明其真实性的广告绝对化用语，则可以允许使用。例如，"年度销量冠军"，若有客观数据能够证明其年度内销量确为行业第一，则应当准予使用。又如，绝对化用语符合公认的标准，"特级"是绿茶的推荐性国际分级项目，具有资质的经营者可以用其作为广告用语，而"国家级非物质文化遗产"，虽表述"国家级"，但可以正常使用。此外，一些具有资质的机构通过公正合法的程序评出的奖项涉及广告绝对化用语，广告若能够清楚地注明评奖机构、奖项等相关要素，亦应视为具有客观证据支持的广告绝对化用语而被允许使用。（4）应当针对不同行业建立广告绝对化用语的禁止或限制规范，例如药品、医疗等广告关乎生命健康安全，相关消费者的心理承受能力往往较弱且存在焦急的求助心理，若是相关广告使用夸大功能效用的绝对化用语，消费者丧失对广告运用夸张手法的思辨能力，容易受到错误指引而盲目消费，因此应当予以特种广告的禁止。反之，对于价格较为低廉、消费群体广泛稳定的行业领域，广告绝对化用语应当被允许，因为这些领域与大众的日常生活息息相关，社会公众对于相关商品或服务具有较高的辨识度，口碑足以抵消滥用广告绝对化用语的宣传作用而不会造成危害后果，例如杭州方林富炒货店案，对于这些行业的广告绝对化用语规制应当被放开，由市场竞争机制自身进行调节。

三、广告绝对化用语的处罚规则

（一）广告绝对化用语的过罚相当

1994 年《广告法》第 39 条规定，"发布广告违反本法第七条第二款规定的，由广告监督管理机关责令负有责任的广告主、广告经营者、广告发布者停止发布、公开更正，没收广告费用，并处广告费用一倍以上五倍以下的罚款；情节严重的，依法停止其广告业务。构成犯罪的，依法追究刑事责任"。2015年《广告法》修订，第57条第1项规定，对于"发布有本法第九条、第十条规定的禁止情形的广告的"，"由工商行政管理部门责令停止发布广告，对广告主处二十万元以上一百万元以下的罚款，情节严重的，并可以吊销营业执照，由广告审查机关撤销广告审查批准文件、一年内不受理其广告审查申请；对广告经营者、广告发布者，由工商行政管理部门没收广告费用，处二十万元以上一百万元以下的罚款，情节严重的，并可以吊销营业执照、吊销广告发布登记证件"。质言之，对于广告绝对化用语的行政罚款从以广告费用为基数的倍数罚，修改为数额罚，且最低数额为20万元，因此《广告法》不仅建立对广告绝对化用语的严格规制，还规定最为严厉的惩罚。

　　对于广告绝对化用语的惩罚不是越严厉越好，而应具有合理的威慑力。行政罚款应当反映违法行为所致损害的严重性，其金额足以达到威慑作用，但又不至于使生产经营者破产。❶换言之，行政罚款既不能过分高于其社会危害程度，以致经营者"死亡"；亦不能过分低于其社会危害程度，使得行政罚款丧失威慑力。《广告法》第57条第1项规定的行政罚款被认为过重，违背《行政处罚法》第4条第2款的过罚相当原则，"设定和实施行政处罚必须以事实为依据，与违法行为的事实、性质、情节以及社会危害程度相当"。为让社会公众所接受，广告执法、司法实践不得不采取以下两种纾缓法定处罚的方法：第一种方法将使用绝对化用语的广告定性为虚假广告，依据《广告法》第55条第1款规定予以处罚，"违反本法规定，发布虚假广告的，由市场监督管理部门责令停止发布广告，责令广告主在相应范围内消除影响，处广告费用三倍以上五倍以下的罚款，广告费用无法计算或者明显偏低的，处二十万元以上一百万元以下的罚款；两年内有三次以上违法行为或者有其他严重情节的，处广告费用五倍以上十倍以下的罚款，广告费用无法计算或者明显偏低的，处一百万元以上二百万元以下的罚款，可以吊销营业执照，并由广告审查机关撤销广告审查批准文件、一年内不受理其广告审查

---

　　❶ 安东尼·奥格斯.规制：法律形式与经济学理论［M］.骆梅英，译.北京：中国人民大学出版社，2008：167.

申请"。但是，虚假广告条款属于一般法，绝对化用语广告属于特别法，以一般法替代特别法，有悖于法律适用的原则。第二种方法则以方林富炒货店案为代表，依据《行政处罚法》第27条第1款予以法定罚下限的从轻处罚，甚至依据第2款，"违法行为轻微并及时纠正，没有造成危害后果的，不予行政处罚"。但是，《行政处罚法》第27条乃是立法特别技术，不宜频繁适用。

为实现广告绝对化用语的过罚相当，我国应当修改《广告法》第55条第1款规定的行政罚款方式，将"倍数罚"与"数额罚"相结合。申言之，对于违法绝对化用语广告的广告主、广告经营者、广告发布者，优先适用基于广告费用的倍数罚；当广告费用无法计算或者明显偏低的，则适用数额罚。此外，适当降低行政罚款的下限，使得处罚力度能够适应各地经济社会发展水平和主体承受能力，能够与危害程度相匹配，实现经济效益与社会效益相统一。

（二）广告绝对化用语处罚裁量权的控制

《广告法》第57条根据广告主、广告经营者、广告发布者的违法情形予以差异化行政处罚，一般情形给予停止违法行为、没收违法所得及行政罚款；情节严重则予以资格罚，包括广告审查机关撤销广告审查批准文件、一年内不受理其广告审查申请，吊销营业执照，吊销广告发布证件等。对于广告绝对化用语处罚的违法情形过于笼统，难免存在处罚裁量权的滥用。

为有效控制广告绝对化用语的处罚裁量权，应当进一步细分、统一裁量权标准，重点考量以下因素：（1）相关广告的社会影响力。依据绝对化用语广告的不同载体、形式及投放时间等分析广告的影响力覆盖范围。参考消费者购买和接受商品或服务的情况确定经营者所获收益，进而分析收益与广告产出价值之间的关联性。综合相关绝对化用语广告的社会影响力大小，把握处罚裁量的幅度。（2）相关广告可能造成的损害程度。某些绝对化用语广告虽然夸大了商品或服务的一些属性，但由于本身价值低廉，即使造成消费者的误解，亦不过造成轻微损失，对于这类广告可以酌情予以从轻、减轻或不予处罚；但是，绝对化用语广告若威胁消费者健康、安全或造成严重财产损失的，例如食品药品广告或价值较高商品或服务的广告，则应当予以从重或加重处罚。（3）经营者的态度和行为。❶考量在案件调查处理过程中，经营者是否积极主动配合行政机关的调查、调解等工作，是否积极对消费者的人身伤害、财产损失给予赔偿。

第三节　自然人荐证广告

一、自然人荐证广告概述

（一）自然人荐证广告的概念

荐证广告，又称为推荐广告、证言广告或者代言人广告。美国是世界上最早对荐证广告予以规范的国家，联邦贸易委员会《广告荐证指南》将荐证广告界定为，"可能使消费者认为反映了广告主以外的其他人的意见、信赖、发现或者亲身体验的任何广告信息，包括个人的口头陈述、示范、签名、签章、肖像以及能够识别的个人身份特征或者组织的名称、印章等"，"广告中反映其意见、信赖、发现或者亲身体验的人被称为荐证者，包含个人、团体或者其他组织"。❷

1994 年《广告法》第 38 条第 3 款规定，"社会团体或者其他组织，在虚假广告中向消费者推荐商品或者服务，使消费者的合法权益受到损害的，应当依法承担连带责任"，此款虽然提及"推荐"，但未使用荐证广告等类似术语，同时限定推荐主体为，"社会团体或者其他组织"。2014 年，国务院法制办公室公布的《广告法（修订草案）（征求意见稿）》首次引入"广告荐证者"概念，但 2015 年《广告法》修订，考虑"广告代言人"称谓已为我国社会普

---

❶ 金路杰."最"的代价——对使用绝对化用语违法行为从轻减轻处罚问题的探讨［N］.中国工商报，2017-10-17.

❷ 成靖.论荐证广告的法律规制［J］.政治与法律，2007（5）.

遍接受，便于理解，因而被采用，●第2条第5款规定，"本法所称广告代言人，是指广告主以外的，在广告中以自己的名义或者形象对商品、服务作推荐、证明的自然人、法人或者其他组织"。但是，我们认为，"荐证"更为准确地描述相关主体凭借其专业技能、知识和经验等，向消费者证明特定商品或服务的特征或优势，利用消费者的信任实现对商品或服务的推荐。因此，荐证广告作为法律语言更为适宜，广告代言人即广告荐证者，实践中自然人担任荐证者较为普遍，即自然人荐证广告。

（二）自然人荐证广告的法律特征

1. 对大众传媒的依赖性

大众传媒具有强大的社会功能，能够发挥社会控制中介和模拟社会环境等作用，广告借助大众传媒可以快速建立某一商品或服务的市场形象，对消费者偏好和选择产生较大的影响力。广告主期待能够叠加自然人荐证者的公共影响力与大众传媒的信息传播快捷优势，从而获得商品或服务宣传效果的最大化，因此自然人荐证广告高度依赖于报纸、杂志、网络、电视等大众媒介，但法律对于荐证广告的自然人荐证者施加较多的义务和责任规范，并且予以较为严格的监管。

2. 荐证活动的有偿性

自然人为广告主推荐、证明商品或服务，可以借助广告的公共"曝光率"和"流量效应"而提高自身的公共影响力，但其最根本的目的是将自身公共影响力转化为经济利益，即获得高额的报酬。荐证活动的有偿性意味着自然人荐证者应当支付"对价"，即承担更高的注意义务，谨慎核实广告内容的真实性，否则将承受民事赔偿责任和行政处罚所导致的经济损失。

3. 荐证内容的公示公信性

自然人荐证广告之所以受到消费者信任，主要基于以下两个方面原因：（1）自然人荐证广告依赖大众传播媒介向公众传播商品或服务信息，消费者对传统大众传播媒介的信任程度较高，尤其我国多数大众传播媒介的"官办"

● 国家工商总局广告监督管理司.中华人民共和国广告法释义［M］.北京：中国法制出版社，2016：11.

背景会强化此种信任程度;（2）名人或专家往往具有较高的公共影响力和专业声誉,消费者倾向于信任名人或专家在广告中的荐证内容。总之,消费者对大众媒介和荐证者的双重信赖决定了荐证内容的公示公信性特征。消费者信赖自然人荐证广告的内容真实由此做出消费决策,其信赖利益应当得到法律的保护,须建立对此类广告的专门规制。

（三）自然人荐证广告的法律性质

关于自然人荐证广告的法律性质存在较多争议,对于自然人荐证者存在表演者说、代理者说、雇佣者说,以及担保者说等观点。

1. 表演者说

此观点将自然人荐证者视为广告表演者或者广告演员。[1]但是,自然人荐证者与一般表演者的不同之处在于,其在广告中以自己的名义进行荐证活动,相较表演者具有"独立意志",因而将自然人荐证者视为广告表演者并不准确。

2. 代理者说

此观点将自然人荐证者视为广告主的代理人,二者之间成立代理契约关系。[2]自然人荐证广告的行为被视为一种有偿商事代理行为,自然人荐证者和广告主之间成立商事代理关系。但是,自然人广告荐证者在广告中向不特定第三人推荐和证明商品或服务,此种宣传行为不同于代理要求的与第三人发生民事法律行为的构成要件,因而荐证广告行为和代理行为并不契合。

3. 雇佣者说

此观点将自然人广告荐证者视为广告主的雇工,广告主在荐证者实施完广告荐证活动后向其支付报酬。但是,在雇佣关系中,雇主对雇工的工作实施领导、指挥或者监督,自然人荐证者和广告主之间并不存在管理上的隶属或者依附关系,因此雇佣者说明显然忽略了荐证广告的本质特征。

4. 担保者说

此观点认为广告荐证活动行为具有近似"担保"的品质,并将自然人荐

---

[1] 杨涛.名人做虚假广告的法律解读［N］.民主与法制时报,2004-09-28.
[2] 李闯.明星代言的长效机制［J］.当代经济,2008（11）.

证者视为广告荐证活动的担保人。❶荐证者在荐证广告中"替广告主说话"，以自己的名义发表对商品或服务的意见，在某种程度上具备了担保的性质，至少保证商品或服务内容的真实性。因此，自然人荐证广告在一定程度上确实符合"担保"或"近似担保"的性质。

（四）自然人荐证广告法治规制的意义

1. 保护消费者信赖利益

自然人荐证者与广告主从广告中获取各自经济利益，一定程度上源自消费者对自然人荐证者的信赖，由此产生保护消费者信赖利益的法律需求。当下违法的自然人荐证广告屡禁不止，广告收益和违法成本的不相对称乃是原因之一，因此对消费者信赖利益的保护方式体现为加重荐证者的民事赔偿责任、设置多元化的行政责任，以强化对消费者信赖利益损失的补偿机制和违法震慑作用。

2. 提升自然人荐证者的社会责任感

健全法律制度可以发挥教育和引导作用，提升法律主体的社会责任感。自然人荐证者往往在专业领域或社会公共领域具有较高知名度，一举一动均会在业界或社会上产生广泛影响。自然人荐证广告的法治规制可以形成良性的激励和制约机制，督促荐证者全面履行注意义务，明确荐证行为的法律后果，从而提升荐证者的社会责任感。

3. 有利于维护社会公共利益

有效运作的广告法律制度可以创造良好的市场信息环境，有利于社会公共利益的保护。"在维权与违法的博弈中，违法取得了普遍性的胜利，然而，这种普遍性的胜利则意味着社会公共利益的牺牲。"❷自然人荐证广告的法治规制建设，强化荐证者、广告主等主体的法律责任有利于促使荐证者合理运用自身的公共影响力，提高优质商品或服务的市场知名度，同时避免扩大虚假广告误导消费者的不良后果，净化市场信息环境。

---

❶ 姚辉，段睿.产品代言人侵权责任研究［J］.社会科学，2009（7）.
❷ 于林洋.完善虚假广告侵权的民事救济的法律思考——基于社会化责任的视角［J］.云南大学学报（法学版），2007（4）.

（五）我国自然人荐证广告的法治规制现状

我国自然人荐证广告的法治规制散见于《食品安全法》《消费者权益保护法》《广告法》等法律。

2009年《食品安全法》首次将荐证广告的荐证者范围扩展至"个人"，第55条规定，"社会团体或者其他组织、个人在虚假广告中向消费者推荐食品，使消费者的合法权益受到损害的，与食品生产经营者承担连带责任"❶。2013年《消费者权益保护法》修正，第45条新增第3款又将连带责任的虚假荐证广告对象由"食品"扩展至"关系消费者生命健康商品或者服务"，"社会团体或者其他组织、个人在关系消费者生命健康商品或者服务的虚假广告或者其他虚假宣传中向消费者推荐商品或者服务，造成消费者损害的，应当与提供该商品或者服务的经营者承担连带责任"。

关于自然人荐证广告的法治规制成为2015年《广告法》修订的重点：（1）第2条第5款对荐证者（广告代言人）予以界定，"本法所称广告代言人，是指广告主以外的，在广告中以自己的名义或者形象对商品、服务作推荐、证明的自然人、法人或者其他组织"。（2）广告主不得利用自然人荐证广告宣传特定商品或服务，例如，第16条第1款规定，"医疗、药品、医疗器械广告不得含有下列内容……（四）利用广告代言人作推荐、证明"；第18条第1款规定，"保健食品广告不得含有下列内容……（五）利用广告代言人作推荐、证明"；第21条规定，"农药、兽药、饲料和饲料添加剂广告不得含有下列内容……（二）利用科研单位、学术机构、技术推广机构、行业协会或者专业人士、用户的名义或者形象作推荐、证明"；第25条规定，"招商等有投资回报预期的商品或者服务广告，应当对可能存在的风险以及风险责任承担有合理提示或者警示，并不得含有下列内容……（二）利用学术机构、行业协会、专业人士、受益者的名义或者形象作推荐、证明"；第27条规定，"农作物种子、林木种子、草种子、种畜禽、水产苗种和种养殖广告关

---

❶ 2018年修正《食品安全法》第140条第3款规定："社会团体或者其他组织、个人在虚假广告或者其他虚假宣传中向消费者推荐食品，使消费者的合法权益受到损害的，应当与食品生产经营者承担连带责任。"

于品种名称、生产性能、生长量或者产量、品质、抗性、特殊使用价值、经济价值、适宜种植或者养殖的范围和条件等方面的表述应当真实、清楚、明白，并不得含有下列内容……（四）利用科研单位、学术机构、技术推广机构、行业协会或者专业人士、用户的名义或者形象作推荐、证明"。（3）第38条对荐证内容和荐证者资格予以规范，"广告代言人在广告中对商品、服务作推荐、证明，应当依据事实，符合本法和有关法律、行政法规规定，并不得为其未使用过的商品或者未接受过的服务作推荐、证明。不得利用不满十周岁的未成年人作为广告代言人。对在虚假广告中作推荐、证明受到行政处罚未满三年的自然人、法人或者其他组织，不得利用其作为广告代言人"；第58条第1款第11项规定，"违反本法第三十八条第三款规定，利用自然人、法人或者其他组织作为广告代言人的，广告主需要承担相应的行政责任"。（4）第56条和62条规定了荐证人的法律责任，"关系消费者生命健康的商品或者服务的虚假广告，造成消费者损害的，其广告经营者、广告发布者、广告代言人应当与广告主承担连带责任。前款规定以外的商品或者服务的虚假广告，造成消费者损害的，其广告经营者、广告发布者、广告代言人，明知或者应知广告虚假仍设计、制作、代理、发布或者作推荐、证明的，应当与广告主承担连带责任"；"广告代言人有下列情形之一的，由市场监督管理部门没收违法所得，并处违法所得一倍以上二倍以下的罚款：（一）违反本法第十六条第一款第四项规定，在医疗、药品、医疗器械广告中作推荐、证明的；（二）违反本法第十八条第一款第五项规定，在保健食品广告中作推荐、证明的；（三）违反本法第三十八条第一款规定，为其未使用过的商品或者未接受过的服务作推荐、证明的；（四）明知或者应知广告虚假仍在广告中对商品、服务作推荐、证明的"。

一些部门规章对特种广告的自然人荐证行为予以规范。例如，《医疗广告管理办法》第16条第2款规定，"有关医疗机构的人物专访、专题报道等宣传内容，可以出现医疗机构名称，但不得出现有关医疗机构的地址、联系方式等医疗广告内容；不得在同一媒介的同一时间段或者版面发布该医疗机构的广告"。又如，《保健食品广告审查暂行规定》第8条第2款第5项规定，"保

健食品广告应当引导消费者合理使用保健食品，保健食品广告不得出现下列
情形和内容……（五）利用和出现国家机关及其事业单位、医疗机构、学术
机构、行业组织的名义和形象，或者以专家、医务人员和消费者的名义和形
象为产品功效作证明"。此外，2017 年《国家新闻出版广电总局办公厅关于
加强网络视听节目领域涉医药广告管理的通知》（新广电办发〔2017〕47 号）
指出，网络视听节目领域存在违规广告，"以医生、专家、患者、公众人物等
形象作疗效证明"是其中之一。

二、自然人荐证广告的主体资格

（一）自然人荐证者的肯定性资格

《广告法》第 2 条第 3 款将荐证者分为自然人、法人和其他组织，但未对
荐证者的肯定性资格设定强制性条件。换言之，自然人取得荐证者的肯定性
资格源自广告主和自然人荐证者之间的约定，虽然这符合市场活动的"法无
禁止皆自由"理念，但由于消费者对不同类型的自然人荐证者产生的信赖利
益存在差异，要求采取有针对性的差异化规制要求和手段，因而需要对一般
消费者型荐证广告、专家型荐证广告、名人型荐证广告等不同类型自然人荐
证者的肯定性资格予以进一步厘清。

1. 名人型荐证广告

名人型荐证广告，是指知名的公众人物通过自己的影响力，以自己的名
义对荐证广告的商品或服务做推荐或者证明。"名人进行对广告商品或服务荐
证时，消费者往往对明星有盲目的信赖，进而明星荐证广告会在消费者中产
生'移情效应'"[1]，即名人型荐证者因在消费者中拥有数量庞大的不特定"粉
丝"，其产生信赖影响较为广泛。名人型荐证者的"名人"身份认定较为复
杂，"名人""明星""公众人物"等概念本身并不清晰，我国法律规范亦无明
确定义。有些学者认为，"名人的认定是非常抽象的"[2]，"在法律上无法确认其

---

[1] 邓雅芬，陈益杰，郑仁荣.论明星代言虚假广告的连带责任——由《新消费者权益保护法》第
四十五条引发的思考［J］.哈尔滨学院学报，2014（11）.
[2] 宋亚辉.广告代言的法律解释论［J］.法学，2016（9）.

内涵和外延"❶，但我们认为，可以借鉴名誉权侵权纠纷中"名人"或"公众人物"的认定方法，"名誉权侵权纠纷中的名人是指在社会上拥有比较高的知名度、对社会公众有较大影响的人"❷，"公众人物，比如政府的领导人、娱乐界或者体育界的明星、科学家等"❸。美国较早确立公众人物的名誉权制度，1974年美国联邦最高法院大法官鲍威尔在格茨诉韦尔奇案的判决中将公众人物区分为完全目的和有限性公众人物："完全目的公众人物"，是指具有广泛影响力的、能引起社会关注的、著名的、具有说服力的，且频繁出现在新闻媒体中的人；"有限性公众人物"，是指在解决公共问题的争议中，自愿投身于公众事务当中，解决公共问题，默许社会大众对其言行的辩论和指责，并且其自身希望通过交流和探讨来影响社会大众的人。❹ "完全目的公众人物"应当符合荐证广告中"名人"的资格。

我们认为，名人型荐证者应当从以下方面予以认定：（1）知名度。拥有较高知名度是认定名人型荐证者的首要条件，知名度的评价可以考量是否拥有被社会公众所知晓的作品、是否获得专业领域的认可、参加荐证广告活动的次数等因素。（2）社会影响力。社会影响力通常与知名度相联系，二者成正比关系，一定规模的拥护者或者"粉丝"是社会影响力评价的重要因素。（3）成名的时间。成名的时间是认定名人型荐证者的重要因素，而成名的时间主要包括最早的成名时间和成名后保持知名度的时间。一位名人在事业巅峰期宣布退出公共视野，随着时间的经过，可能会变成普通人，亦可能继续保持较强的社会影响力。（4）参与公共事件。参与社会公共事件可以扩大名人的影响力，参与形式可以是对社会热点问题的探讨，也可以是积极自愿参与公益活动，例如成为动物保护慈善公益大使，号召公众禁止食用野生动物等。

2. 专家型荐证广告

专家型荐证广告，是指在某一领域拥有较高专业知识或技能水平的专业

❶ 姚辉，王莹.论虚假广告的侵权责任承担［J］.法律适用，2015（5）.
❷ 赵颐.名人广告探析［J］.国际新闻界，2000（4）.
❸ 王利明.公众人物人格权的限制和保护［J］.中州学刊，2005（2）.
❹ 刘青杨.公众人物名誉权研究［D］.哈尔滨：黑龙江大学，2016：14.

人士，以自己的名义对荐证广告的商品或服务做推荐或者证明。专家型荐证者具有专业权威性，特定消费者往往对其产生更高信赖。美国联邦贸易委员会认为，"广告荐证者若明示或暗示自己是相关领域专家时，则该广告荐证者必须具有该方面的专业知识"❶。专家型荐证者的"专家"身份相对容易识别，可以从学历、学位、职称、从业年限、公开发表的学术成果等要素加以判断。一般认为具备博士学位、教授或者高级工程师等资格的自然人就可以认定为某一领域的专家。我国已经建立了相对完善的学历、学位以及职称的认证、授予和备案制度，通过查询相关管理部门的信息系统就可以对专家的身份进行核实。

3. 一般消费者型荐证广告

一般消费者型荐证广告，是指一般消费者通过其自身对商品或服务的亲自使用感受或经验，以自己的名义对荐证广告的商品或服务做推荐或者证明。一般消费者型荐证者因其消费者的同等身份，选择此项商品或服务的消费者会产生相同价值的信赖。对于一般消费者型荐证者的认定，可以采用"为生活需要购买、使用商品或者接受服务"的标准认定。此外，若是不构成"名人"或"专家"，又与广告主不存在隶属关系，则可以认定为一般消费者型荐证者。

（二）儿童荐证者的否定性资格

自然人荐证者的否定性资格是对特定自然人从事荐证广告的资格禁止，《广告法》第38条第2款和第3款对自然人荐证广告的荐证者否定性资格予以规定。

《广告法》第38条第2款规定，"不得利用不满十周岁的未成年人作为广告代言人"。立法目的在于保护未成年人健康成长，避免影响未成年人正常价值观的形成。❷一方面，儿童心智尚未发育成熟，其主要时间应投入到相应的受教育活动中，过早、过多参与商业活动，可能破坏儿童天性，不利于正

---

❶ 宋亚辉.广告荐证人承担连带责任的司法认定——针对《广告法（修订征求意见稿）》第60条的研究［J］.现代法学，2009（5）.

❷ 国家工商总局广告监督管理司.中华人民共和国广告法释义［M］.北京：中国法制出版社，2016：117.

确的人生观、世界观和价值观形成，容易对社会产生不良示范效应。一旦相关荐证广告被认定为虚假，或者推荐商品或服务引发舆论负面评价，均将对儿童荐证者的身心造成较大影响。另一方面，广告荐证活动要求荐证者能够判断且以自身名义保证荐证内容的真实性和合法性，荐证者因此需要具备一定的判断能力或使用经验，儿童的认知能力和水平有限，对社会事务缺乏辨别能力和正确认知。

《广告法》第38条第2款关于儿童荐证者否定资格的规定，存在以下商榷之处：（1）《广告法》第38条第2款"不满十周岁"的标准源自《民法通则》第12条第2款，"不满十周岁的未成年人是无民事行为能力人"。2017年《民法总则》第20条调低无民事行为能力人的年龄标准，"不满八周岁的未成年人为无民事行为能力人"，以致儿童荐证者的年龄认定标准的法理基础被削弱。（2）《广告法》第38条第2款禁止儿童担任荐证者，但不否定其作为广告表演者，"一般情况下，如果不满十周岁的普通儿童在广告中不表明身份，不是以自己名义做广告宣传，只是担任某个广告角色，属于广告表演，不属于广告代言，这是允许的，是可以满足企业宣传特定食品的需要的"❶。但是，"不满十周岁的为公众所熟知的童星在广告中即使不表明身份，由于其形象可以被公众直接辨识，也属于广告代言"❷。童星的较高知名度难以转化为社会影响力，此项规定而衍生的童星与普通儿童的区别对待，并不具备充分理由。（3）儿童是否适合作为荐证者可能因不同的商品或服务而异，应当具体分析荐证广告活动与其心智状态的匹配度，例如对于符合安全等标准的儿童玩具，儿童作为荐证者并无太大风险。仅以年龄角度而一律禁止儿童参与广告荐证活动，剥夺其获利的机会，限制其社会接触，一定程度上属于法律父爱主义的过度。

三、自然人荐证广告的法律义务

（一）自然人荐证广告的注意义务

《广告法》第38条第1款规定，"广告代言人在广告中对商品、服务作推

---

❶ 王清. 中华人民共和国广告法解读 [M]. 北京：中国法制出版社，2015：84.
❷ 王清. 中华人民共和国广告法解读 [M]. 北京：中国法制出版社，2015：84.

荐、证明，应当依据事实，符合本法和有关法律、行政法规规定，并不得为其未使用过的商品或者未接受过的服务作推荐、证明"。由此可见，自然人荐证者应当承担荐证真实、荐证合法和实际使用三项，其中前两项合称荐证者的注意义务。自然人荐证广告注意义务存在两个法理基础：（1）诚实信用原则。诚实信用是私法的"帝王原则"，贯穿于民商事法律活动始终。商业广告具有要约邀请的法律性质，是民商事交易活动的逻辑起点，商业广告活动的参与主体均应当遵循诚实信用原则，自然人荐证者概不例外，应当为消费者提供真实、有效、便捷的信息。（2）消费者信赖利益保护。自然人荐证广告之所以发挥特有的市场宣传作用，其基础在于消费者信赖自然人荐证者的身份及其荐证活动，并且此种信赖被移植于商品或服务，自然人荐证者因消费者信赖从广告荐证活动中获利，应当承担对信赖利益保护的法律义务。

依据《广告法》第38条第1款，自然人荐证者基于诚实信用原则和对消费者信赖利益的保护，根据善良管理人要求，对于荐证内容的真实性和合法性的审查、核实义务："真实性"意味着推荐或证明的内容须以客观事实为根据，不得含有主观臆测或不合理的推断成分；"合法性"意味着推荐或证明的内容不得违反法律和行政法规的强制性或禁止性规定，并且遵守公平正义、公序良俗等一般法律原则。但是，此款未明确衡量自然人荐证者注意义务的履行标准，标准设定过低不利于督促自然人荐证者积极履行审查、核实义务；标准设定过高则提高了预防虚假广告的制度成本。我们认为，自然人荐证者注意义务要求在其能力范围内尽到善良管理人的职责，用尽力所能及的方法审查、核实荐证内容的真实性和合法性，既然自然人荐证者存在不同类型，注意义务的标准应当依据自然人荐证者的注意能力和市场领域予以差别设定，不宜予以统一规定。❶例如，在美国法中，自然人荐证者分为一般消费者型荐证者和专家型荐证者，对于专家型荐证者予以较高的注意义务标准：（1）明示性要求。专家型荐证广告应当在广告中明确表明专家身份，而且专家型荐证者必须确实具有此方面的专业知识和技能。（2）可验证性要求。专家型荐证

---

❶ 屈茂辉.论民法上的注意义务［J］.北方法学，2007（1）.

者的推荐或证明意见须与其同行专家的验证结果保持一致性或者基于同行专家的检验或实验，"如果想要给消费者不同于市场上其他商品的优越，那么该专家型荐证者必须能够证明此种优越性"❶。美国法值得我国立法借鉴，自然人荐证者注意义务应当根据专业职称、占据的经济和社会资源、社会或业内影响力以及是否关系到生命健康和公共安全等因素确立不同的标准要求。一般而言，职称越高的专家或者社会影响力越大的名人往往具备更多专业知识或经济、社会资源，或者荐证内容关系到生命健康或公共安全等重要领域，应当确立更高的注意义务标准。

（二）自然人荐证者的实际使用义务

《广告法》第38条第1款规定，自然人荐证者不得为其未使用过的商品或者未接受过的服务作推荐、证明；第62条规定，"广告代言人有下列情形之一的，由市场监督管理部门没收违法所得，并处违法所得一倍以上二倍以下的罚款……（三）违反本法第三十八条第一款规定，为其未使用过的商品或者未接受过的服务作推荐、证明的"。此项规定被称为"自证立法"或"荐证须试用"，❷ "用意在于防止广告代言人对自己根本没有亲自使用、体验过的商品或者服务进行不负责任的'推荐、证明'，给公众造成误导甚至欺骗。要求代言人在代言广告前必须先行体验，可以提高广告代言人的责任意识，也符合广告真实性原则的要求"❸。

但是，一律要求自然人荐证者其承担对推荐和证明的商品或服务实际使用义务，存在矫枉过正之嫌。一般消费者之所以能够成为自然人荐证者，因为其通过实际使用，期待与消费者产生共鸣，使之愿意接受其荐证的商品或服务，实际使用义务要求当属必然。消费者对名人型荐证者或专家型荐证者的信赖则主要基于荐证者的公众形象或专业形象，若是不加区别地施予实际使用义务，仅徒增荐证广告的成本。况且，一些工业品等本身不具备自然人

---

❶ 于林洋.广告荐证的行为规范与责任解构［M］.北京：中国书籍出版社，2013：184.

❷ 刘乃梁.广告荐证者不能承受之重——针对《广告法（修订草案）》第39条第2款的思考［J］.北京理工大学学报：社会科学版，2015（5）.

❸ 国家工商总局广告监督管理司.中华人民共和国广告法释义［M］.北京：中国法制出版社，2016：117.

实际使用的性质，实际使用义务的法律要求意味此类广告被排斥在荐证广告之外。在美国法上，只是要求"实际使用"信息具有一贯性，即自然人荐证者若是在广告中传递亲身体验的信息，则须履行实际使用义务，否则具有欺骗性，我国对于名人型荐证广告和专家型广告应当采取此种立法例。

四、自然人荐证广告的法律责任

（一）自然人荐证广告的民事责任

1. 外部连带赔偿责任

《广告法》第56条第2款和第3款、《消费者权益保护法》第45条第3款和《食品安全法》第140条第3款规定虚假广告的自然人荐证者对外承担连带赔偿责任的两种情形：（1）在食品等关系到消费者生命健康的商品或服务领域，（2）在其他领域中荐证者知道或应当知道广告虚假。与按份赔偿责任相比，连带赔偿责任是一种典型的加重责任，其立法目的在于：（1）提示自然人荐证者推荐商品或服务应当履行注意义务，谨慎从事荐证行为；（2）强化对消费者权益的保护，尤其是保护消费者的生命健康；（3）便利于消费者实现求偿权，消费者可以向包括自然人荐证者在内的虚假广告连带赔偿责任主体任何一方主张赔偿。

但是，"一刀切"规定自然人承担荐证广告的外部连带赔偿责任并不妥当：（1）自然人荐证者较之广告主、广告发布者、广告经营者等主体，对于虚假广告侵权损害产生的作用相对较小，因此其在各主体内部责任份额划分中承担较小赔偿比例，但基于连带赔偿责任法律机制，其仍须面对消费者的全部赔偿请求；（2）消费者对不同类型自然人荐证者的信赖基础、程度各不相同，一般消费者型荐证者作为"素人"，与专家型荐证者、名人型荐证者承担相同的连带赔偿责任，不符合情理；（3）自然人荐证者与其他法人或非法人组织荐证者相比，其责任财产范围较难确定，赔偿能力参差不齐，总体上赔偿能力较弱。我们认为，应当对名人、专家和一般消费者施予不同的民事责任，即依据社会影响力、消费者信赖利益和赔偿能力的差异，对于名人型荐证者、专家型荐证者适用传统连带赔偿责任归责，对于一般消费者型荐证者则适用有限连带赔偿责任。

2. 内部责任份额划分

《广告法》第 56 条第 2 款和第 3 款虽然规定自然人荐证者承担虚假荐证广告的连带赔偿责任，但未规定自然人荐证者与广告主、广告经营者、广告发布者等责任主体之间的责任份额的内部划分。合理划分各个主体之间的责任份额是民事责任承担的前提，"因果关系的目的就是分清责任主体、确定责任范围，从而实现个人的自由安宁与社会安全稳定之间的平衡"❶。因果关系分为"事实因果关系（Factual Cause）"和"法律因果关系（Legal Cause）"，❷ 对因果关系分两步进行考察和认定：（1）确认自然人荐证广告与消费者的财产损失或人身损害是否存在事实因果关系，即自然人荐证者是否应当依法承担民事责任，或者荐证行为是否在事实上构成消费者财产损失和人身损害的原因；（2）基于事实因果关系的存在，进一步分析法律因果关系，以确认自然人荐证者对消费者财产损失和人身损害应当承担赔偿责任的范围或者责任份额。自然人荐证者在虚假广告侵权中处于共同侵权的帮助人地位，而自然人荐证者的帮助行为和损害结果之间的法律因果关系因自然人荐证者类型而存在差异，名人型荐证者和专家荐证者对消费者的消费观念和购买决策会产生重大影响，具有虚假广告损害后果的较强原因力，因此内部责任份额相对较大；相反地，一般消费者型荐证者因其荐证行为的原因力较弱，内部责任份额相对较小。

（二）自然人荐证广告的行政责任

自然人荐证者对商品或服务的违法推荐、证明，应当承担以下行政责任：（1）准入罚。《广告法》第 38 条第 3 款规定，"对在虚假广告中作推荐、证明受到行政处罚未满三年的自然人、法人或者其他组织，不得利用其作为广告代言人"，此项规定既属于自然人荐证者的否定性资格，亦是对自然人荐证者违法行为的准入禁限罚，剥夺违法自然人荐证者的市场机会，使之丧失在一定期限内的荐证广告报酬。但是，三年期限较为僵硬，我们建议根据自然人

---

❶ 张新宝. 侵权责任构成要件研究［M］. 北京：法律出版社，2007：404.
❷ 范利平. 侵权行为法中的因果关系：理论和实践［M］. 广州：中山大学出版社，2004：1.

荐证者类型、虚假荐证的主观过错及造成损害后果程度等因素设定不同期限乃至终身的市场准入禁限。（2）财产罚。《广告法》第62条规定4种违法荐证广告情形对自然人荐证者予以没收违法所得并处违法所得一倍以上二倍以下的罚款。没收违法所得和行政罚款是不可或缺的规制工具，彰显"不得因违法行为而获利"的一般性法律原则。但是，作为行政罚款基数的违法所得，在实践中往往通过阴阳合同等方式而被自然人荐证者所规避。为保持财产法的威慑力，我们建议将造成消费者的损害后果作为行政罚款基数的补充标准。此外，《广告法》第58条规定了对于违反特种广告荐证禁止、否定性荐证资格等情形的行政处罚，但行政处罚相对人为广告主、广告经营者、广告发布者，欠缺自然人荐证者。（3）声誉罚。《广告法》第67条规定，"有本法规定的违法行为的，由市场监督管理部门记入信用档案，并依照有关法律、行政法规规定予以公示"。对于自然人荐证者进行信用管理，将违法信息向社会公示，属于声誉罚范畴。信用档案及其公示制度是现代化的重要规制工具之一，其威慑力不逊于传统的罚没、禁入等行政处罚，间接削弱自然人荐证者的活动能力和经济利益，并且产生更为长远的影响。

总之，以上自然人荐证者的行政责任各具合理之处，但亦存局限性，任意一种行政责任均不足以对自然人的违法荐证行为形成有效的威慑。行之有效的自然人荐证广告的法治规制需要市场监督管理部门充分、全面地利用各种行政责任，任何偏废都可能导致规制不足的后果。

第四节　更正广告

一、更正广告概述

（一）更正广告的概念

1971年，美国联邦贸易委员会（Federal Trade Commission，FTC）为规制虚假广告，及时消除虚假信息对消费者和其他生产经营者产生延续性的不良影响，在 ITT Continental Baking Company 案中首次成功适用更正广告这种行政手段。❶ 更正广告对于虚假信息泛滥的广告市场治理发挥了重大作用，被世界各国纷纷效仿。所谓更正广告，是由市场监督管理部门向发布虚假广告的广告主做出的，要求广告主以公开承认错误的方式，在虚假广告的发布范围内，纠正已发布的虚假信息的具体行政行为。

更正广告的规制对象是虚假广告，主要针对的是虚假广告的延续性影响。由于高循环、长期化、市场占有率较高的虚假广告，即使责令广告主停止并接受处罚，也无法消除虚假信息对消费者的潜移默化影响，因此广告主公开披露所做的虚假信息并予以更正，可以从源头上有效地遏制虚假广告，更为有效地消除不良影响。

（二）更正广告的法律性质

关于更正广告的法律性质，存在行政处罚说和行政命令说两种观点。

1. 行政处罚说

此学说认为，更正广告乃是一种行政处罚。于鹏指出，更正广告强制广告主自己承担巨额广告费，在不小于原虚假广告发布范围内，公开承认自己的错误，是市场监督管理部门对虚假广告的广告主实施的处罚措施。❷ 郭琛亦指出 1995 年《广告法》第 37 条规定的"公开更正消除影响"，是对即时性虚假广告行为所作出的一种行政处罚。❸ 颜全文认为，《行政处罚法》第 8 条第 8 项"法律、行政法规规定的其他行政处罚"属于兜底条款，更正广告依此视为一种行政处罚类型，可以消除执法困惑。❹ 李明伟则考察 FTC 的更正广告实施机制，其立案调查、拟定意见、告知相对人、听取相对人申辩和作出行政行为，与我国行政处罚程序基本一致，因此主张更正广告属于一种行政处罚。❺

---

❶ FTC 适用更正广告并未得到《联邦贸易委员会法》的明确授权，在 1969 年 Campbell Soup Company 案中，FTC 首次提出更正广告，在之后的 Coca-Cola Company 案和 California Standard Oil 案中，尽管 FTC 要求相关企业发布更正广告，但均未成功适用。

❷ 于鹏. 论更正性广告的经济法应用［J］. 法制与社会，2014（6）.

❸ 郭琛. 更正性广告：一个应受重视的规制虚假广告的"良药"［J］. 西部法学评论，2013（5）.

❹ 颜全文. 完善和落实更正广告制度的几点建议［J］. 中国工商管理研究，2010（1）.

❺ 李明伟. "更正广告"的法理研究［J］. 国际新闻界，2009（5）.

我们认为，《行政处罚法》第 8 条列举的警告、罚款、没收违法所得或没收非法财物、责令停产停业、暂扣或者吊销许可证和执照、行政拘留等 7 种行政处罚类型，明确不包括"更正"；并且，第 23 条规定，"行政机关实施行政处罚时，应当责令当事人改正或者限期改正违法行为"，与"更正"近似的"改正"作为实施行政处罚的补充手段，因此更正广告不应当具有行政处罚性质。

2. 行政命令说

此学说认为，更正广告是一种行政命令。所谓行政命令，是行政处理的重要表现形式之一，即行政机关依职权要求特定相对人作为或不作为的具体行政行为，行政命令给相对人设定新的法律义务，须相对人配合而实现。吴宇飞认为，更正广告是市场监督管理部门发出的，要求广告主在指定时间内更改或纠正已发布的虚假广告，需要相对人积极配合才能实现，因此属于行政命令。[1]李国庆则考察FTC更正广告，发现相对人不仅被责令作出更正广告，还存在具体内容、媒体、频率和持续时间等要求，因此更正广告应视为维护消费者利益的行政命令。[2]

我们认为，市场监督管理部门以"命令"形式做出更正广告要求，为广告主设定新的义务，更正广告定性为行政命令较为适宜。作为行政命令的更正广告与行政强制措施具有一定相似性，但存在较大区别：前者旨在遏制虚假广告，消除其负面影响，具有终局性；后者则是为了避免危害发生或风险扩大，具有暂时性。

（三）更正广告的功能

1. 更正广告的信息披露功能

商品或服务的生产经营者往往利用其与消费者之间信息不对称，而发布虚假广告：生产经营者是信息的强势方，对于自己商品或服务的信息了如指掌，但在广告宣传中对缺点避而不谈，并且根据消费者的需求放大甚至捏造

---

[1] 吴宇飞.虚假广告更正制度研究［M］//张守文.经济法研究（第18卷）.北京：北京大学出版社，2017.

[2] 李国庆.美国商标法中的更正广告制度及其启示［J］.知识产权，2016（2）.

优点；消费者是信息的弱势方，不能完全掌握商品或服务的真实信息，容易受到虚假广告的迷惑而做出错误的消费决策。更正广告是克服信息不对称的有效手段。生产经营者被命令以更正广告取代之前的虚假广告，对广告中虚假信息加以纠正，如实传播商品或服务信息，成为市场信息披露的重要方式之一。更正广告的信息披露功能保障消费者的知情权，有助于降低消费者的信息成本，避免消费决策被误导。

2. 更正广告的惩罚功能

市场监督管理部门命令生产经营者发布更正广告，对其利益产生重大影响。一方面，生产经营者需要承担发布更正广告的费用，造成直接、短期的经济利益损失；另一方面，更正广告的公开行为让生产经营者自食恶果，承担发布虚假广告对声誉产生的恶劣影响，消费者会意识到生产经营者的不诚信，对更正信息涉及的乃至相关的商品或服务产生抵制心理，"使违法者失去公众的赞助、祖国的信任和社会倡导的友爱"❶，这是对生产经营者的长期利益惩罚。更正广告对发布虚假广告生产经营者的高成本惩罚，会产生极大威慑效果，充分发挥法律和社会的双重功效。

3. 更正广告的激励功能

更正广告这一行政命令通过要求广告主承担物质与非物质成本双重责任的方式强化减少了广告主发布虚假广告的可能性，鼓励经营者诚信经营。市场监督管理部门裁定适用更正广告后，广告主不仅要承担物质成本——支付发布更正广告的费用，而且还要承担发布虚假广告的一系列责任，从而激励广告主在其经营活动中提供真实商品或服务信息，更正广告因此具有显而易见的激励功能。

（四）我国更正广告的法治现状

1987 年国务院发布的《广告管理条例》（简称《条例》）第 18 条第 1 款规定，"广告客户或者广告经营者违反本条例规定，由工商行政管理机关根据其情节轻重，分别给予下列处罚……（二）责令公开更正……"，在我国首次

---

❶ 切萨雷·贝卡利亚. 论犯罪与刑罚［M］. 黄风，译. 北京：中国法制出版社，2002：63.

提出更正广告。但是,《广告管理条例》将更正广告与停止发布广告、通报批评、没收非法所得、罚款、停业整顿、吊销营业执照或者广告经营许可证等未区分性质,统称为"处罚"。1988年,国家工商行政管理局根据《广告管理条例》制定了《广告管理条例施行细则》,其中对于更正广告予以较为详尽地规定:(1)第19条第1款规定,"广告客户违反《条例》第三条、第八条第(五)项规定,利用广告弄虚作假欺骗用户和消费者的,责令其在相应的范围内发布更正广告,并视其情节处广告费二倍以上五倍以下罚款;给用户和消费者造成损害的,承担赔偿责任";(2)第19条第3款规定,"发布更正广告的费用分别由广告客户和广告经营者承担";(3)第27条规定,"广告经营者违反《条例》第十二条规定的,视其情节予以通报批评、没收非法所得、处三千元以下罚款;由此造成虚假广告的,必须负责发布更正广告,给用户和消费者造成损害的,负连带赔偿责任"。上述规定在《广告管理条例施行细则》1998年、2000年、2004年、2011年的历次修订中,均未予以沿袭,2016年《国家工商行政管理总局关于废止和修改部分工商行政管理规章的决定》(国家工商行政管理总局令第86号)宣布废止《广告管理条例施行细则》。

1994年《广告法》第37条、第39条、第40条第1款分别针对不同类型的虚假广告适用更正广告:(1)针对一般意义上的"虚假宣传",第37条规定,"违反本法规定,利用广告对商品或者服务作虚假宣传的,由广告监督管理机关责令广告主停止发布、并以等额广告费用在相应范围内公开更正消除影响";(2)针对违反"使用国家机关和国家机关工作人员的名义"禁止性准则的,第39条规定,"发布广告违反本法第七条第二款规定的,由广告监督管理机关责令负有责任的广告主、广告经营者、广告发布者停止发布、公开更正……";(3)针对隐瞒信息、虚构信息以及商业诋毁的,第40条规定,"发布广告违反本法第九条至第十二条规定的,由广告监督管理机关责令负有责任的广告主、广告经营者、广告发布者停止发布、公开更正……"。

2015年《广告法》修订,《广告法》取消"公开更正"的表述,变更为"在相应范围内消除影响":(1)第55条第1款,"违反本法规定,发布虚假广告的,由工商行政管理部门责令停止发布广告,责令广告主在相应范围内消除影响……";（2）第 58 条第 1 款，针对违反第 16 条、第 17 条、第 18 条、第 21 条、第 23 条、第 24 条、第 25 条、第 26 条、第 27 条、第 38 第 2 款、第 38 条第 3 款、第 39 条、40 条第 2 款等关于特种广告、广告代言人、广告限定场所和受体及广告审查等规定，"有下列行为之一的，由工商行政管理部门责令停止发布广告，责令广告主在相应范围内消除影响……"。相关立法的转变原因并不清晰，1994 年《广告法》第 37 条 "公开更正消除影响"，既规定 "公开更正" 手段，即 "更正广告"，又明确须达到的效果 "消除影响"；2015 年修订《广告法》仅要求 "在相应范围内消除影响" 的效果，增强市场监督管理部门的执法灵活性。换言之，为实现 "在相应范围内消除影响"，可以采取 "以同一媒介、同一方式再发布更正性的广告或者声明❶"。但是，我们认为，立法语言的模糊性虽然扩大灵活性的操作空间，但造成执法的依据薄弱和规则欠缺，难免被束之高阁。

此外，我国某些特种广告有关规定明确适用更正启事（更正启示）等更正广告方法，例如 2007 年《药品广告审查办法》第 21 条规定，"对任意扩大产品适应症（功能主治）范围、绝对化夸大药品疗效、严重欺骗和误导消费者的违法广告，省以上药品监督管理部门一经发现，应当采取行政强制措施，暂停该药品在辖区内的销售，同时责令违法发布药品广告的企业在当地相应的媒体发布更正启事。违法发布药品广告的企业按要求发布更正启事后，省以上药品监督管理部门应当在 15 个工作日内做出解除行政强制措施的决定……"；又如，2009 年《医疗器械广告审查办法》第 18 条第 2 款规定，"违法发布广告的企业如果申请解除行政强制措施，必须在相应的媒体上发布更正启示，且连续刊播不得少于 3 天……"。2013 年《国家食品药品监督管理局关于进一步做好对严重违法广告涉及的药品医疗器械保健食品采取暂停销售措施工作的通知》（国食药监稽〔2013〕45 号）对于更正启示予以更为明确的要求，"发布违法广告的企业若要恢复产品销售，必须向有关省级食品药品监督管理部门提出恢复该产品在行政区域内销售的申请。申请必须满足以下

---

❶　王清 . 中华人民共和国广告法解读 [M].北京：中国法制出版社，2015：119.

条件:(一)发布违法广告的企业必须在原发布违法广告媒体的相同版面、相同时段发布更正启示。对在广播或电视的零点至清晨 6 点时段发布违法广告的, 除在原媒体发布更正启示外, 省级食品药品监督管理部门也可以根据其违法广告造成的影响程度, 责成违法广告发布企业在指定的省级媒体上同时发布更正启示, 更正启示在媒体连续刊播不得少于 3 天。在行政区域内多次被省级食品药品监督管理部门采取暂停销售措施的, 更正启示在媒体连续刊播不得少于 5 天。(二)更正启示至少应包括如下内容: 违法广告涉及的产品名称、生产企业名称及发布违法广告企业名称; 明示在发布违法广告中欺骗和误导消费者的内容以及被食品药品监督管理部门责令暂停销售的原因; 被暂停销售的范围; 对发布违法广告行为向公众致歉并保证不再发布违法广告等。(三)在平面媒体上发布更正启示, 具体内容的字号不得小于(含)5 号字体; 在电视媒体上发布的更正启示, 字体必须清晰可辨, 同时更正启示的全部内容必须通过旁白予以宣读。"

二、更正广告的实体规范

(一)更正广告的适用情形

更正广告是矫正虚假广告的行政命令。依据美国法, 虚假广告的认定重点是:(1)欺骗能力, 即广告以直接或间接阐述、实际内容保密等方式有能力欺骗消费者;(2)实质性内容, 即虚假广告能够影响消费者的消费决策。❶ 针对被认定的虚假广告, FTC 主要手段是发布禁止令和行政处罚, 然而有些广告的虚假信息具有延续性危害。例如, 在达菲止痛片(Doan's Pills)案中, 诺华公司在未经证实的情况下, 花费 6500 万美元广告费, 在 1988—1996 年发布广告 "达菲止痛片的止痛效果比其他止痛药更优"。FTC 在确认此广告具有欺骗性后, 进一步研究发现, 消费者受虚假广告影响对达菲止痛片予以高度认可, 即使此广告被责令禁止发布的 6 个月后, 仍有 77% 的药品消费者和 45% 了解但未使用药品的消费者相信广告宣传的虚假疗效。换言之, 禁止

❶ 查尔斯·R.麦克马纳斯.不公平贸易行为概论 [M].陈宗胜, 王利华, 侯利宏, 译.北京: 中国社会科学出版社, 1997: 218–225.

令或行政处罚无法消除虚假广告的延续性危害。因此，FTC责令诺华公司在所有包装及相关媒体上发布更正广告，内容应当包括"尽管达菲止痛片是一种有效的止痛片，但无证据显示比其他止痛片更有效"，同时要求更正广告期限1年且支出不少于800万美元。

虚假广告的延续效应不仅继续影响消费者，而且让违法广告主不断受益，FTC责令广告主发布更正广告，能够对延续性虚假广告产生"商业性切腹自尽"实施效果。回应公共表述研究所（Institute for Pubilc Representation）请求，FTC对更正广告的适用情形予以概括，"如果一种欺骗性广告在制造或强化公众头脑里的一种错误与确凿的认识时发挥重要作用，且这种认识在虚假广告结束后仍然存在，那么当消费者继续根据错误认识做出购买决定时，就会对市场竞争、消费公众构成明确而持续的损害"[1]。

我国广告立法缺乏更正广告的适用情形规定，以致更正广告规定形同具文，乃至被修法予以模糊处理。因此，更正广告回归《广告法》，应当明确市场监督管理部门责令更正广告的适用情形，综合考虑虚假广告的下列因素：（1）广告发布的数量、频率、时间长度和最后使用日期；（2）广告显著性、说明力的强弱；（3）广告对消费者做出消费决策的影响；（4）相关商品或服务的其他信息来源；（5）相关商品或服务交易、消费的特性；（6）相关交易、消费活动的持续性；（7）相关商品或服务的供应或销售受到虚假信息的影响程度。[2]若是发布虚假广告的广告主的经营规模、营业额和非法收入等低于一般标准，或违法行为并无太大危害且持续时间不长，市场秩序未遭到严重损害，市场监督管理部门评估后可以责令停止发布虚假广告或予以行政处罚，但不宜采取更正广告的方式。

（二）更正广告的适用对象

在我国市场经济发展的初期阶段，广告市场秩序规制的重点是广告经营

---

❶ 唐·R.彭伯.大众传媒法［M］.13版.张金玺，赵刚，译.北京：中国人民大学出版社，2005：537.

❷ 吴宇飞.虚假广告更正制度研究［M］//张守文.经济法研究（第18卷）.北京：北京大学出版社，2017.

者和广告发布者，因此 1988 年《广告管理条例施行细则》关于更正广告的规定，除了第 19 条第 1 款适用对象为"广告客户"以外，第 3 款规定，"发布更正广告的费用分别由广告客户和广告经营者承担"，第 27 条规定以广告经营者为适用对象。1994 年《广告法》除了第 37 条适用对象为"广告主"以外，第 39 条、第 40 条第 1 款均以"广告主、广告经营者、广告发布者"为适用对象。

2015 年《广告法》修订，"在相应范围内消除影响"第 55 条第 1 款、第 58 条第 1 款的适用对象为"广告主"。我们认为，广告主作为更正广告的适用对象，高度契合《广告法》第 4 条第 2 款规定，"广告主应当对广告内容的真实性负责"。广告主在广告活动中居于核心地位，其权威性和主体性毋庸置疑，也是虚假广告经济利益的最直接受益者，广告经营者与广告发布者则围绕广告主开展相关业务。诚信经营、真实宣传应当成为广告主必须遵守的基本底线，发布虚假广告的广告主应当按照市场监督管理部门的命令，承担更正广告义务。但是，为消除虚假广告的不良影响，更正广告至少应当涵盖原虚假广告的发布范围，虚假广告的广告经营者、广告发布者若是明知或应知广告虚假仍设计、制作、代理、发布的，不宜再接受广告主发布更正广告的广告费用。换言之，广告经营者、广告发布者在虚假广告发布中存在明知或应知的主观过错，则应当与广告主共同承担更正广告的费用。

（三）更正广告的内容与方式

为消除虚假广告的延续性影响，市场监督管理部门责令广告主发布更正广告，应当明确更正广告的内容和方式。美国 FTC 一般要求广告主发布更正广告应当符合要求：（1）发布时间至少 1 年；（2）发布广告费用不少于原广告 1/4；（3）必须对原广告中虚假不实的部分予以揭露。[1]

我们认为，我国应当对更正广告予以更为明确规定：（1）更正广告应当以"更正广告"为标题；（2）更正广告中揭示原广告虚假信息的说明性文字应当以显著方式展示，市场监督管理部门可以针对个案对更正广告中字体、颜

---

[1] 药恩情.广告规制法律制度研究［M］.北京：中国广播电视出版社，2009：135.

色、标线等予以明确命令；（3）更正广告发布方式的确定应当以消除原广告虚假信息的影响为目标，市场监督管理部门参考虚假广告的传播方式，对更正广告的发布媒介、次数、频率、时间长度、布局位置等予以明确命令。市场监督管理部门对于更正广告内容、方式等要求享有较大自由裁量空间，法律应当明确规定须考量的因素，包括但不限于：（1）虚假广告在社会上的影响力；（2）广告主是否因同一或类似行为受到处罚或警告；（3）其他处罚对广告主是否具有足够的影响力；（4）被确认为虚假广告后，广告主是否采取了有效措施；（5）广告主的企业规模、营业额；（6）违法所得的数额大小；（7）违法行为的危害程度及持续期间；（8）虚假广告费用与更正广告费用之间的一定比例关系。

三、更正广告的程序规范

（一）更正广告的行政程序

在美国，FTC须按照严格的法律程序责令广告主发布更正广告：（1）FTC工作人员收到虚假广告的有关投诉后展开调查收集证据；（2）FTC的五位成员根据调查结果投票决定是否发出虚假广告的指控；（3）被指控的广告主，可以与FTC进行协商；（4）FTC在协商失败情况下启动行政裁决程序，由行政法官组织初步裁决的听证；（5）广告主不服最初裁决的，可以要求FTC做出最终裁决；（6）对于FTC的更正广告最终裁决后，若是对裁决结果不服可以向联邦法院申请司法审查，但不影响执行。❶

虽然中美行政程序存在较大差别，并且我国市场监督管理部门亦不同于FTC高度独立的规制机构，但我国更正广告行政程序可以借鉴美国法经验予以完善：（1）调查程序。市场监督管理部门对于虚假广告应当严格依据法定的调查步骤和措施进行，不得侵犯行政相对人或相关人的合法权益。调查程序应当围绕虚假广告的认定，进行全面、客观的证据收集，为责令更正广告做好准备。（2）听证程序。更正广告属于行政命令，不适用2017年修正《行

---

❶ 李明伟.论中美更正广告的差异［J］.国际新闻界，2010（11）.

政处罚法》第五章第三节听证程序的规定。但是，更正广告对行政相对人权益影响重大，我们建议引入听证程序，即市场监督管理部门在做出责令更正广告命令之前，应当以听证会方式让行政相对人充分行使陈述、辩护的权利，并对调查收集证据予以验证。（3）决策程序。市场监督管理部门在听取行政相对人意见的基础上，做出更正广告的有关决定。（4）送达程序。更正广告命令应当通过直接送达、邮寄送达、委托送达、留置送达、公告送达等方式送达虚假广告的广告主。（5）监督程序。市场监督管理部门对于广告主发布更正广告的情况应当予以追踪，监督其按照命令要求的内容和方式发布更正广告。

（二）更正广告的行政代履行

更正广告作为行政命令，为虚假广告的广告主设定新的法律义务。若是广告主拒绝履行生效的更正广告命令，由此应当承担行政处罚。但是，惩罚并不是法律制度设计的初衷，应当采取行政代履行等有效措施消除虚假广告的延续性影响。换言之，市场监督管理部门可以自行或请第三人代为虚假广告的广告主履行发布更正广告命令，但更正广告费用由广告主承担。

2011 年《行政强制法》第 12 条第 5 项将行政代履行作为一项行政强制执行方式引入我国，并且在《水污染防治法》《固体废物污染环境防治法》《森林法》《草原法》等环境资源法律法规中予以具体规定。❶ 对于更正广告采取行政代履行，在本质上是广告主的实际履行义务转换为支付相应费用，而由市场监督管理部门自己或他人代替履行，从而实现更正广告消除虚假广告的延续性影响的法治目标。更正广告代履行作为一种间接强制执行措施，增加广告主的选择机会和事项，减少其与市场监督管理部门发生冲突的机会。更正广告行政代履行在及时、有效消除虚假广告的延续性影响的同时，通过虚假广告的广告主承受广告费用以及更正广告对其广告主声誉的巨大影响而产生较强的震慑，可以有效抑制虚假广告的泛滥，维护消费者的合法权益。

更正广告的行政代履行并不是市场监督管理部门可以任意选择的，需要

---

❶ 闫海，刘佳奇，韩英夫，等.美丽中国的环境行政法展开［M］.北京：法律出版社，2019：137.

存在法律上授权，同时应当符合期待行政相对人主动履行原则。更正广告的行政代履行以更正广告命令确定的法律义务为前提，是更正广告未能履行的"后续行动"，一定程度上具有事后补救性，因此虚假广告的广告主主动履行发布更正广告应当成为优先选择的事项。依据期待行政相对人主动履行原则的要求，市场监督管理部门应当在采取行政代履行之前给予广告主自觉改正或履行义务的机会，例如，市场监督管理部门下达的更正广告命令应当规定责令采取更正广告的期限；广告主逾期拒不履行的，除非紧急情形，市场监督管理部门应当予以告诫，督促其履行更正广告义务。若是广告主仍不履行义务的，才可以启动行政代履行程序。

第二章　特种广告的法治规制

第一节　药品广告

一、药品广告概述

（一）药品广告的界定

《药品广告审查办法》第 2 条第 1 款规定："凡利用各种媒介或者形式发布的广告含有药品名称、药品适应症（功能主治）或者与药品有关的其他内容的，为药品广告，应当按照本办法进行审查。"因此，药品是确定药品广告外延的关键。2015 年修正《药品管理法》第 100 条规定："药品，是指用于预防、治疗、诊断人的疾病，有目的地调节人的生理机能并规定有适应症或者功能主治、用法和用量的物质，包括中药材、中药饮片、中成药、化学原料药及其制剂、抗生素、生化药品、放射性药品、血清、疫苗、血液制品和诊断药品等。"

药品是具有一定特殊性的商品，药品广告的法治规制因而具有不同于其他广告的特点：（1）药品信息的不对称性。患者相对于药品生产经营者处于药品信息获取和理解的弱者地位，药品广告对于弥补或加剧患者的弱势地位具有重要影响。（2）药品疗效的双重性。"是药三分毒"，药品被用于治疗某些疾病，但本身所含有成分对人体也会产生一定的副作用，因此药品广告的真实性不仅要求不含虚假性或误导性信息，且不得隐瞒真实信息。（3）药品需求的刚性。药品供求变化受价格影响较小，患者对特定药品的购买需求在相当长期限内不会受药品价格升降而发生变化，因而成为药品广告的最终"埋单"者。（4）药品对生命健康的严重性。由于药品与人的生命健康密切相关，其研发、生产、销售等全过程受到严格监管，其中作为药品生产经营的重要方面，药品广告的发布主体、程序及其内容也被予以严格规范。

药品广告在日常生活中随处可见，其表现形式包括但不限于街头路边的传单小广告、报纸广告、电视广告等。互联网是当今世界最重要的技术革命和时代潮流，其影响遍及各个行业，渗透至社会各个领域，深刻地改变着我们的生活方式，互联网广告应运而生并呈现快速增长趋势。与其他商品或服务相比，药品生产经营者充分利用互联网发布广告的准入门槛低、传播速度快、投入成本小、打破时间空间限制、传播途径较为隐蔽等优势，在互联网广告上投入更多时间、精力和资源，开展药品的广告营销。

（二）药品广告法治规制的意义

1. 保障消费者的健康安全

药品广告的真实与否及真实程度关系到消费者的生命健康安全。大部分消费者对于小病、常见病往往通过药品广告或者互联网搜索了解有关诊疗信息。[1]药品广告的虚假宣传会误导消费者正确用药，造成药品滥用，以及耽误消费者疾病治疗的最佳时机，进而危害消费者的生命健康安全。[2]药品广告的法治规制有助于改善消费者的信息弱者地位，保障其用药安全。

2. 维护公平竞争的市场秩序

竞争是市场有效配置资源的内在动力，但其核心在于竞争的公平性，公平竞争因此成为现代市场经济的基本原则。我国药品市场存在大量规模相当、药品趋同的药品生产经营者。部分药品生产经营者通过发布虚假广告，获得竞争优势，会严重损害合法药品生产经营者的利益，扭曲正常的市场竞争秩序，造成市场经济运行的重大阻碍，[3]破坏现代市场经济的基本原则。因此，药品广告的法治规制建设有力地打击了扰乱竞争秩序的行为，营造公平有序

---

[1] 权鲜枝，周为.法律视角下的药品虚假广告及其解决方案初探 [J].中国食品药品监管，2018（1）.

[2] 夏金彪，张鲜堂.一个假药企业为何十年不倒——绿谷集团狂骗癌症患者真相 [J].中国乡镇企业，2007（8）.

[3] 赵素欣.虚假广告的社会危害及法律对策研究 [J].现代商贸工业，2010（17）.

的市场竞争环境。

3. 推动药品产业的持续健康发展

我国药品市场尤其是非处方药市场，以传统老药和仿制药的生产经营为主，药品同质化现象较为严重。药品生产经营者考虑研发新药的投入成本高、周期长、风险大，将开拓市场份额、抢占市场先机的主要精力集中于药品广告的投放上。药品竞争因而成为药品广告的竞争，药品生产经营者缺乏潜心研发新药的市场环境。"羊毛出在羊身上"，巨额药品广告费用通过药品生产经营链条转嫁到消费者的身上，最终将由消费者来承担。药品广告的法治规制有助于提高药品生产经营者研发新药的积极性，并且减轻消费者的用药负担，推动我国药品产业持续健康发展。

（三）我国药品广告的法治规制现状

随着我国法治化进程的不断推进，药品广告法律体系也不断完善，主要由《广告法》《药品管理法》《药品管理法实施条例》《药品广告审查办法》《药品广告审查发布标准》等法律、法规、规章构成。

2018 年修正的《广告法》第 15 条规定特殊性药品、处方药、非处方药的药品广告分类规制制度。第 16 条对药品广告的内容提出禁止性规定，并明确给出了处方药广告、非处方药广告的忠告语。第 17 条禁止其他任何广告涉及疾病治疗功能，并不得使用医疗用语或者易使推销的商品与药品相混淆的用语。第 18 条第 2 款明确要求保健食品广告显著标明"本品不能代替药物"。第 19 条禁止广播电台、电视台、报刊音像出版单位、互联网信息服务提供者以介绍健康、养生知识等形式变相发布药品广告。第 40 条禁止在针对未成年人的大众传播媒介上发布药品广告。第 46 条确立药品广告的事先审查制度。第 57 条、第 58 条、第 59 条、第 62 条、第 68 条规定了违反上述规定应承担的行政责任。

2015 年修正的《药品管理法》第 7 章规定了药品价格和广告的管理：（1）第 59 条规定药品广告发布须事先取得批准文号，并且对处方药广告的发布媒介予以限制；（2）第 60 条规定药品广告的内容须真实、合法，以及药品广告上的禁止内容及非药品广告不得有涉及药品的宣传；（3）第 61 条规定药品广告的审监分开制度；（4）第62条明确《药品管理法》《广告法》对于药品广告的适用关系。此外，第91条则规定违反药品广告管理规定的法律后果。2016年修订的《药品管理法实施条例》对于《药品管理法》予以细化规定：（1）第48条规定了发布药品广告备案制度、进口药品广告批准制度；（2）第49条规定责令暂停生产、销售和使用的药品，在暂停期间该品种药品广告也停止发布；（3）第50条规定未经批准，使用伪造、冒用、失效的药品广告批准文号或被撤销批准文号的，发布广告主体须立即停止广告发布；（4）第70条、第71条、第72条规定了违反药品广告相关规定所应当承担的法律责任。

为加强药品广告管理，保证药品广告的真实性和合法性，根据《广告法》《药品管理法》和《药品管理法实施条例》及国家有关广告、药品监管的规定，国家食品药品监督管理局、国家工商行政管理总局在2007年联合制定、发布《药品广告审查办法》《药品广告审查发布标准》，对于药品广告予以更为详尽的规定。2018年国家市场监督管理总局以第4号令公布《关于修改〈药品广告审查办法〉等三部规章的决定》，其中对药品广告的批准文号和备案申请的材料要求予以修改。

二、药品广告的限制性准则

依据《广告法》《药品管理法》等法律、法规和规章，我国建立药品广告的分类规制制度：（1）特殊性药品禁止做广告，包括麻醉药品、精神药品、医疗用毒性药品、放射性药品，医疗机构配制的制剂，军队特需药品；监督部门依法明令停止或者禁止生产、销售和使用的药品，批准试生产的药品；（2）处方药只能在国务院卫生行政部门和国务院药品监管部门共同指定的医学、药学专业刊物上做广告，并且不得以赠送医学、药学专业刊物等形式向公众发布处方药广告；（3）非处方药的发布媒介则较为广泛，但内容上受到严格限制。

消极性准则是我国药品广告法治规制对内容限制的重点，依据《广告法》第16条和《药品管理法》第60条的规定，药品广告不得发布不科学的表示功效的断言或者保证；不得说明治愈率或者有效率；不得与其他药品的功效和安全性比较；不得利用广告代言人作推荐、证明，不得利用国家机关、医药科研单位、学术机构或者专家、学者、医师、患者的名义和形象作证明；不得与国务院药品监督管理部门批准的说明书不一致等。但是，《广告法》同《药品管理法》有存在冲突之处，例如《广告法》第 16 条第 1 款第 1 项规定，药品广告不得含有"表示功效、安全性的断言或者保证"；《药品管理法》第 60 条第 2 款则规定，"药品广告不得含有不科学的表示功效的断言或者保证"。比较而言，我们认为《广告法》规定更为可取，因为药品疗效具有双重性，任何内容的断言和保证均过于绝对化。此外，《关于欧共体有关人用药品的指令》（2001/83/EC）第 90 条规定，药品广告不得对由疾病或受伤引起的人体变化以及药品对人体的作用予以图像表征。我国药品广告的法治规制应当借鉴欧盟规定，消极性规定要求不仅适用于文字性表述，还应当包括图像、影音等非文字性表述。

积极性准则是我国药品广告法治规制对内容限制的薄弱环节，依据《广告法》第 16 条第 2 款和《药品广告审查发布标准》第 6 条的规定，药品广告应当显著标明的内容包括：（1）药品的通用名称、药品广告批准文号、药品生产批准文号；（2）禁忌、不良反应；（3）忠告语，其中处方药广告的忠告语是"本广告仅供医学药学专业人士阅读"，而非处方药广告的忠告语是"请按药品说明书或在药师指导下购买和使用"；（4）非处方药的专用标识（OTC）。我们认为，鉴于药品广告对于患者用药的重要影响，我国药品广告的法治规制应当对药品广告信息的完整性予以要求，增加与说明书一致的适应证或功能主治、用法方法等相关内容，但以非处方药商品名称为各种活动冠名的，可以只发布药品商品名称。此外，《药品广告审查发布标准》第 17 条规定，关于药品广告内容积极性准则的，应当字体和颜色清晰可见、易于辨认；在电视、电影、互联网、显示屏等媒体发布时，出现时间不得少于 5 秒。我们认为，药品广告字体、颜色的"清晰可见、易于辨认"标准不够明确具体，容易成为被药品生产经营者利用的法律漏洞，以规避对积极性规定内容的要求。我们建议，借鉴法国经验，对于组成药品名称等单词予以统一标准处理，即字迹、字体均保持一致，以避免为突出广告宣传而破坏药品名称的整体性。

三、药品广告的监管体制

依据《药品管理法》等法律、法规和规章，我国药品广告监管采取事前审批、审监分离的体制。

事前审批即行政许可，是干预力度最强的规制工具，《行政许可法》第 12 条第 1 项规定，对于直接关系人身健康、生命财产安全等特定活动可以设定行政许可。鉴于药品的特殊性，我国建立了包括药品广告在内诸多药品行政许可事项。《广告法》第 46 条规定，"发布医疗、药品、医疗器械、农药、兽药和保健食品广告，以及法律、行政法规规定应当进行审查的其他广告，应当在发布前由有关部门（以下称广告审查机关）对广告内容进行审查；未经审查，不得发布"。《药品管理法》第 59 条第 1 款规定，"药品广告须经企业所在地省、自治区、直辖市人民政府药品监督管理部门批准，并发给药品广告批准文号；未取得药品广告批准文号的，不得发布"。《药品管理法实施条例》第 48 条第 1 款补充规定，核发药品广告批准文号的，应当同时报国务院药品监管部门备案；第 2 款针对进口药品广告，规定向进口药品代理机构所在地省级药品监管部门申请药品广告批准文号；第 3 款规定异地发布药品广告，应当向发布地省级药品监管部门备案。

《行政许可法》第 10 条第 2 款规定，"行政机关应当对公民、法人或者其他组织从事行政许可事项的活动实施有效监督"，一般而言，行政许可主体与行政许可事项的活动监管主体是一致的。但是，须事前审批的特种广告存在行政许可主体与行政许可事项的活动监管主体相分离的特殊情况。药品广告审监分离体制的法律规定并不明确，甚至隐含部分冲突：（1）《广告法》第 47 条第 2 款规定，"广告审查机关应当依照法律、行政法规规定做出审查决定，并应当将审查批准文件抄送同级市场监督管理部门。广告审查机关应当及时向社会公布批准的广告"。换言之，药品广告由药品监督管理部门负责事前审批，审批后由市场监管部门予以监督管理，《药品广告审查办法》第 4 条即如此予以规定，"省、自治区、直辖市药品监督管理部门是药品广告审查机关，负责本行政区域内药品广告的审查工作。县级以上工商行政管理部门是药品广告的监督管理机关"。(2)《药品管理法》第 61 条规定,"省、自治区、直辖市人民政府药品监督管理部门应当对其批准的药品广告进行检查,对于违反本法和《中华人民共和国广告法》的广告,应当向广告监督管理机关通报并提出处理建议,广告监督管理机关应当依法做出处理"。药品监管部门除事前审批外,仍保有部分监督管理职权,但缺乏行政处罚权,只能向市场监管部门提出行政处罚的处理建议。例如,《药品广告审查办法》第 20 条规定,对于篡改经批准的药品广告内容进行虚假宣传的,药品监管部门有权责令停止药品广告发布、撤销药品广告批准文号及 1 年内不再受理审批申请等;第 21 条规定,对任意扩大产品适应症(功能主治)范围、绝对化夸大药品疗效、严重欺骗和误导消费者的违法广告,药品监管部门有权采取行政强制措施;第 26 条规定,药品监管部门有权对审查批准的药品广告发布情况进行监测检查。

由于法律上的药品广告审监分离体制的不明确乃至冲突,"审批的不罚、处罚的不批、检查的无权",造成药品广告监管漏洞。有的学者认为,药品监管需要较强的药学知识背景,为避免药品广告审批和监管权相分离的操作滞后和相互推诿,应当将药品广告的监督处罚权整合交至药品监管部门,形成集审批、监管、处罚于一体的药品广告监管体制。❶ 我们认为,监管职权配置不仅应当反映专业能力要求,还应当与监管机构及其人员资源相一致。药品监管事务对其执法人员提出较高的专业化要求,以致适格人员较为匮乏,只能将有限的机构、人力资源集中至必要的层级和领域,中外皆是如此。我国原国家食品药品监管虽然采取四级体制,但其药品监管职权及其人员基本上集中在国家和省级。根据 2018 年《中共中央关于深化党和国家机构改革的决定》《深化党和国家机构改革方案》和十三届全国人大一次会议批准的《国务院机构改革方案》,食品药品监管职权分开,前者被纳入市场监管体系;后者单设,组建国家药品监督管理局,由国家市场监督管理总局管理,地方仅设置省级药品监管部门。药品监管部门即使集中药品广告监管的事前、事中、

---

❶ 邹子健,胡天佑,马爱霞.浅谈我国虚假药品广告的监管对策 [J].中国卫生事业管理,2009 (12).

事后监管职权，其国家、省级机构及人员的配置对大量存在的违法药品广告只能是鞭长莫及，无法实现有效监管。

鉴于此，我们建议通过明确监审职权、加强监管协调、引入行业自律等改革，进一步健全而非取消药品广告的审监分离体制：（1）基于审监分离，明确药品监管部门和市场监管部门的药品广告监管职权配置。药品监管部门仍享有对药品广告的事前审批职权，以其拥有的专业能力对药品广告予以实质性审查；市场监管部门则负责对药品广告的事中、事后监管，尤其市场监管部门对广告发布情况事中监测职权不应分割出药品广告等特定领域。（2）药品监管部门和市场监管部门行使各自药品广告监管职权，"宏观的审监分离体制无须改变，而只需在现有体制内着力建立健全审批部门与事后规制部门的制度化沟通机制和协调机制"❶，建立网络信息共享平台，加强工作上的协助和配合，形成监管合力。一方面，除审查批准文件外，药品监管部门对其在药品监管中发现的违法药品广告案件线索亦应当及时通报市场监管部门；另一方面，市场监管部门也应当将其药品广告事中、事后监管情况及时通知药品监管部门，以便药品监管部门采取撤销批准文号或暂停受理审批申请等行政措施。（3）市场监管部门应当积极引入外部监管资源以增强自身监管能力。药品广告监管具有较强的专业性和技术性，市场监督管理部门客观上因监管能力缺陷存在实质性监管障碍，❷因此须形成信息互通、衔接有效的"借智"机制。市场监管部门可以向药品监管部门寻求专业支持，由其对药品广告监管中涉及的专业问题予以指导。健全的药品广告的法治规制不仅有助于保障消费者的健康安全，还可以维护公平竞争的市场秩序，促进药品行业的持续健康发展，因此药品行业组织具有参与药品广告监管的能力和意愿，因此市场监管部门还应当采取合作共治模式，以获得药品行业自律监管的支持。

---

❶ 唐明良.从审监分离到统一规制——对药品广告规制改革走向的初步思考［J］.中国处方药，2007（7）.

❷ 龙亦凡，曾渝，续鸣.大众媒体药品广告管理现状分析及整治措施［J］.中国药房，2009（13）.

四、违法药品广告的法律责任

尽管我国药品广告的法治规制已经建立违法药品广告的民事、行政、刑事法律责任体系，但法律威慑力在总体上仍然偏弱，因而加大违法药品广告的处罚力度和提高违法成本是整顿混乱的药品广告市场、打击日益猖獗的违法药品广告的重要举措。❶

依据《广告法》第 56 条、《消费者权益保护法》第 45 条，违法药品广告的各方主体承担以下民事责任：（1）发布虚假药品广告，欺骗、误导消费者，使其合法权益受到损害的，由药品广告主依法承担民事责任；（2）药品关系消费者生命健康，违法药品广告造成消费者损害的，药品广告经营者、广告发布者、广告代言人应当与药品广告主承担连带责任；（3）药品广告经营者、广告发布者不能提供药品广告主的真实名称、地址和有效联系方式的，消费者可以要求药品广告经营者、广告发布者先行赔偿。损害赔偿、连带责任、先行赔偿等法律责任符合传统民事责任的填补损害功能要求，"着重于损害之填补，旨在保护个人的财产权益和人身权益不受损害"，"损害赔偿应回复至事故未发生时应有的状况"。❷ 但是，以填补损害为核心的传统民事责任存在局限性，例如预防功能不足、填补机能有限及对个体权利救济不足，尤其对不法行为人主观恶意造成的破坏无能为力，因此各国引入惩罚性赔偿制度，以实现对不法行为人的惩罚和威慑，对受害人的安抚和激励。❸1993 年《消费者权益保护法》第 49 条率先将惩罚性赔偿引入我国法律体系。依据 2013 年修正《消费者权益保护法》第 55 条规定，违法药品广告若被认定构成欺诈的，消费者可以要求增加赔偿其受到的损失，增加赔偿的金额为消费者购买商品的价款或者接受服务的费用的 3 倍，并且增加赔偿的金额不少于 500 元；若药品生产经营者明知药品存在缺陷，仍向消费者提供，造成消费者或者其他受害人死亡或者健康严重损害的，受害人有权要求所受损失 2 倍以下的惩罚性赔偿。为逆转我国食品安全事件频发的紧张状况和食品安全风险治理的混

---

❶ 刘瑞，许波，杨世民.对加强我国药品广告管理的研讨［J］.中国药师，2013（4）.

❷ 关淑芳.惩罚性赔偿制度研究［M］.北京：中国人民公安大学出版社，2008：36-37.

❸ 陈年冰.中国惩罚性赔偿制度研究［M］.北京：北京大学出版社，2016：26-29.

乱局面，2009年《食品安全法》第96条第2款规定，食品生产经营者生产不符合食品安全标准的食品或者销售明知是不符合食品安全标准的食品，消费者除要求赔偿损失外，还可以向生产者或者销售者要求支付价款十倍的赔偿金。❶我们认为，与食品相比，药品对生命健康的影响更大，《药品管理法》修改应当借鉴《食品安全法》的立法经验，对违法药品广告等侵害患者合法权益的严重侵权行为设定更为严厉的惩罚性赔偿标准。

依据《广告法》和《药品管理法》，对于违法药品广告，药品监管部门作为药品广告审查机关，可以撤销广告审查批准文件、1年内不受理其广告审查申请；市场监管部门可以没收广告费用、责令停止发布广告、责令消除影响、吊销营业执照、吊销广告发布登记证件、行政罚款等。其中，行政罚款设定方式包括数据式和倍数式两种：前者行政罚款的金额最低10万元、最高100万元；后者以广告费用为基数，最低1倍、最高5倍。我们认为，目前行政罚款惩罚力度较弱，相对于违法药品广告所产生的利益，往往仅为"九牛一毛"，不能从根本上削弱违法者的经济基础，况且有些药品广告主与广告发布者在实践中通过签订标的额较低的名义上广告合同，用来降低以广告费用为基数的倍数式行政罚款的金额。我们认为，一方面应当加大行政罚款的惩罚力度，规定更高行政罚款限额或倍数，让违法者承受惨痛代价；另一方面应增加资格罚的适用，对于多次发布违法药品广告即使未达到情节严重的，可以延长不受理广告审查申请期限，或者吊销营业执照、吊销广告发布登记证件等，形成"触犯即驱离出场"的威慑力。

《刑法》第222条规定虚假广告罪，"广告主、广告经营者、广告发布者违反国家规定，利用广告对商品或者服务作虚假宣传，情节严重的，处二年以下有期徒刑或者拘役，并处或者单处罚金"。我们建议，进一步明确"情节严重"的标准，同时减少"有案不移、有案难移、以罚代刑"现象，加强药品广告行政机关与刑事司法的无隙缝无遗漏的衔接机制建设。

---

❶ 闫海.食品法治：食品安全风险之治道变革［M］.北京：法律出版社，2018：73.

第二节　律师广告

一、律师广告概述

（一）律师广告的概念

律师、律师事务所为扩大影响、承揽业务、树立品牌，自行或授权他人向社会公众发布法律服务信息而进行律师业务推广，依据《中华全国律师协会律师业务推广行为规则（试行）》第2条第2款规定，律师业务推广主要包括以下方式：(1) 发布律师个人广告、律师事务所广告，(2) 注册和使用网站、博客、微信公众号、领英等互联网媒介，(3) 印制和使用名片、宣传册等具有业务推广性质的书面资料或视听资料，(4) 出版书籍、发表文章，(5) 举办、参加、资助会议、评比、评选活动。律师业务推广广告即律师广告，是一种重要的律师业务推广方式。律师广告以律师个人名义发布的，是律师个人广告；以律师事务所名义发布，是律师事务所广告。

（二）律师广告正当性的争议

律师可否采取广告方式推广业务，理论与和实践上均存在较大争议，形成对立的反对和支持两派。

1. 律师广告的反对说

反对律师广告的历史可以上溯至古希腊、古罗马时代，但其现代渊源是英国律师学院的观念认识和伦理规则。律师们认为，律师并非谋生手段，而是公共服务的一种形式，为维护律师职业尊严，应当予以禁止广告等有悖于"绅士之道"的竞争行为。美国承继英国的传统，19世纪后期律师广告虽然一度流行，但随着律师协会的产生，逐渐达成禁止律师广告的共识。美国律师协会在1908年通过32条伦理规范，其中第27条规定，禁止普通的、简单的职业名片以外的一切律师广告，不仅直接广告受禁止，而且不得以宣传工具发表自我赞扬式间接广告。❶1969 年美国律师协会《职业责任守则（Code of Professional Responsivity）》第 2 条规定，律师不应当自己或者授权或允许他人，通过报纸杂志广告、广播电视公告、城市展示广告或电话簿及其他商业宣传方式，进行自我宣传或"自我炫耀（Self-Laudation）"的形象展示。禁止律师广告的理由是，"法律是一种职业（Profession），而不是一种商业（Business）"❷。1955 年日本律师联合会制定的《律师伦理》第 8 条规定，"律师除学位和专业外，不得将自己以前经历以及其他事项，记载于名片、招牌，或进行广告宣传"❸。

反对律师以广告方式推广业务，主要理由如下：（1）律师广告滋生利益至上风气，损害律师职业尊严。律师作为"法律的使者"，《律师法》第 2 条第 2 款规定，"律师应当维护当事人合法权益，维护法律正确实施，维护社会公平和正义"。律师业务推广以广告方式，有些轻佻、夸张，其内容若经不住推敲，以博取眼球为目的，会破坏社会公众对律师职业的整体印象。❹律师被广告塑造为一切以营利为出发点的"律师企业家"，追求大标的额业务，冷落小标的额业务，拒绝公益性法律援助业务，法律职业道德水准因而下降。（2）律师业务难以标准化，律师广告可能过度夸大。律师广告的内容为律师的法律服务，但对此项服务缺乏公认的、可衡量的行业标准。律师广告的主观夸大，不仅引发客户乃至公众的误解，亦是对同行的不正当竞争行为，扰乱法律服务市场秩序。（3）律师广告过度化，加重客户负担。律师运用广告推广业务，或者对律师形象进行包装，产生的广告费用最终将由客户承担。律师服务成本虚高，低收入人群因而请不起律师、打不起官司，律师维护社

---

❶　有的观点认为，美国律师协会发布律师广告禁令是醉翁之意不在酒，当年移民潮盛行，面对大量从爱尔兰、意大利及东欧涌入的移民，禁令目的是"把不希望加入进来的专业人士挡在门外"。参见陈碧.谁为律师辩护：给所有喜欢律师、讨厌律师、想当律师、想请律师的人［M］.北京：中国法制出版社，2011：168.

❷　程金福.广告传播引论［M］.上海：复旦大学出版社，2016：54.

❸　此条文被认为不严谨，存在两种解释：（1）不得进行广告宣传，即全面禁止；（2）可以发布学位、专业等有限信息的广告，即内容限制，日本律师协会倾向前者。河合弘之.律师职业［M］.唐树华，译.北京：法律出版社，1987：148—149.

❹　吴晨.律师业务推广行为规则剖析［J］.中国司法，2018（3）.

会公正的目标难以实现。

2. 律师广告的支持说

在法律职业发展历史上，法律职业主义在相当长时期是占据主流地位的意识形态，直到 20 世纪 60 年代后，法律商业主义才开始崭露头角。"作为法律服务商业化和市场化潮流的意识形态，法律商业主义的基本思想就是把法律人向委托人提供法律服务的活动理解为商业活动，把法律服务供给和消费的领域理解为法律市场。"❶商业经营、追求财富、自由竞争、客户至上逐渐成为法律市场上的正常现象，律师广告的存在意义日渐凸显。在美国，1977 年贝茨案是美国律师广告由禁转限的转折点。贝茨和奥斯汀两位青年律师挑战律师广告禁令，1976 年 2 月 22 日在当地发行量最大的日报《亚利桑那共和报》做业务推广的广告，❷遭到亚利桑那州律师协会停业一周的惩戒。两位律师基于《宪法第一修正案》《谢尔曼法》提起诉讼，案件最后被美国联邦最高法院受理，判决全面禁止律师广告侵犯商业表达自由。美国律师协会因此修改伦理规范，大幅度允许律师广告，但禁止面对面或以邮件方式对客户进行劝诱，各州律师协会随即纷纷放弃律师广告禁令。贝茨案影响扩及至日本，日本律师联合会在 1987 年修改章程，第 29 条第 2 款规定，"律师不得做自己业务的广告，但遵从本会的规定而发布的广告不在限制范围"，同时对律师广告的内容和媒介予以严格限定。

支持律师以广告方式推广业务，主要理由如下：(1) 律师广告促进律师行业竞争。随着我国经济社会发展及公众法律意识的提升，对法律服务的需求明显增加，案件数量在 1985 年呈现爆炸式增长，❸律师、律师事务所亦随之大幅度扩张。但是，口口相传、户外门头招牌的业务推广方式导致律师界的"二八定律"，即少数律师掌握大多数案源，新入职律师因案件极少而起步

---

❶ 黄文艺，宋湘绮. 法律商业主义解析 [J]. 法商研究，2014（1）.

❷ 广告内容为："你需要律师吗？我们提供收费合理的法律服务。离婚（无争议）175 美元；收养（无争议）225 美元；破产（非商业无争议）个人 250 美元，夫妻 300 美元；更改姓名 95 美元。更多信息请洽 Bates & O'Steen 律师事务所（地址电话）。"参见陈碧. 谁为律师辩护：给所有喜欢律师、讨厌律师、想当律师、想请律师的人 [M]. 北京：中国法制出版社，2011：194–195.

❸ 左卫民."诉讼爆炸"的中国应对：基于 W 区法院近三十年审判实践的实证分析 [J]. 中国法学，2018（4）.

艰难。律师广告面向不特定公众广泛地传播律师的服务内容、收费标准、专长领域等信息，有助于开拓案源，引导律师服务价格趋向合理，促成法律服务市场的充分竞争。（2）律师广告增进社会福利。法律不是束之高阁的东西，而是现实中保护公众合法权益的有力武器。但是，公众面对纷繁复杂的法律，往往不知道是否需要法律服务，不知道需要何种法律服务，乃至不知道如何获得法律服务。[1]律师广告让具有潜在或现实需求的公众对法律服务有所了解，能够根据自己需求而选择最适合的法律服务。律师广告减少公众寻求法律服务的成本，[2]并且让律师服务更加贴近公众，更好地传播法律。（3）律师广告是法律服务展开国际竞争的重要工具。以律师为主体的法律服务业是 WTO 服务贸易的重要领域，各成员方须依据其承诺开放本国的法律服务市场，我国的入世承诺单亦包括法律服务业的开放。在法律服务贸易自由化的大背景下，[3]各国法律服务业面临挑战和机遇，律师广告是扩大市场影响力，角逐法律服务市场的必要工具。

毋庸讳言，支持律师广告的观点和实践，并不违背律师职业承载着公众不同于普通职业的更高伦理期望和道德印象，律师广告因而拥有与一般广告不同的特点。换言之，律师广告规制由禁止转向限制，律师广告不仅适用通用广告规定，还应当规定量体裁衣的各类准则，以引导其良性发展，并且对合法正当的律师广告予以保障。2001 年中华全国律师协会修订的《律师职业道德和执业纪律规范》第 43 条规定，"律师、律师事务所可以通过以下方式介绍自己的业务领域和专业特长：（1）可以通过文字作品、研讨会、简介等方式以普及法律，宣传自己的专业领域，推荐自己的专业特长；（2）提倡、鼓励律师、律师事务所参加社会公益活动"，似乎采取反对说，排斥以广告方式推广律师业务。但是，2017 年中华全国律师协会《律师执业行为规范（试行）》第 18 条明确采取支持说，"律师和律师事务所可以依法以广告方式宣传律师和律师事务所以及自己的业务领域和专业特长"，同时《律师执业行为规范（试行）》及《律

---

❶ 王进喜.律师广告问题研究［J］.当代司法，1997（10）.
❷ 北京市律师协会组.境外律师行业规范汇编［M］.北京：中国政法大学出版社，2012：360.
❸ 李本森.国际法律服务自由化与我国法律服务业的对外开放［J］.中国司法，2005（6）.

师业务推广行为规则（试行）》均对律师广告规定了较多要求。

二、律师广告的基本原则

《广告法》第 3 条规定，"广告应当真实、合法，以健康的表现形式表达广告内容"，律师广告的内容和形式应当符合真实性、合法性和健康性的要求。

（一）律师广告的真实性原则

真实是广告的生命和灵魂，《广告法》第 4 条第 1 款规定："广告不得含有虚假或者引人误解的内容，不得欺骗、误导消费者"。真实性原则对于律师广告尤其重要，因为律师行业的运行基础是客户的信任，若客户对律师充满了戒备与猜疑，不仅影响客户的利益，也在本质上影响了法律的公正性。律师广告符合真实性原则，是律师获得客户信任的最根本因素。

广告的基本功能是传递信息，而传递的信息是客观存在的反映，律师广告的真实性原则首要的是"不虚假"，广告宣传的律师服务应当具有客观存在性，例如律师广告不可以捏造律师或律师事务所不存在的经历或能力。

广告通过语言、文字、图片等艺术创作手段作用于人们的感官和思想，因此律师广告不仅要求律师服务本身是真实的，而且选择用艺术表现方式、方法、特色所造成的实际效果，对于客户的感受亦应是真实的，即"不误导"。内容虚假的广告会产生误导效果，内容真实的广告亦可能产生误导效果，《广告法》第 8 条第 1 款规定，"广告中对商品的性能、功能、产地、用途、质量、成分、价格、生产者、有效期限、允诺等或者对服务的内容、提供者、形式、质量、价格、允诺等有表示的，应当准确、清楚、明白"。基于不误导的真实性原则要求，律师广告应当避免诸如胜诉率等具有误导性的宣传内容，例如德国《律师执业规范》规定，"不得公布成功案例数量和营利额"❶。因为律师处理案件是否胜诉取决于多方面因素，除了律师为案件所做努力此项可控制因素以外，还取决于案件的证据事实、法官倾向性、对方当事

---

❶ 北京市律师协会组．境外律师行业规范汇编［M］．北京：中国政法大学出版社，2012：591．

人及其律师的努力等，律师广告对胜诉率的宣传，即使数据真实，也会对客户造成有较大的误导。《律师业务推广行为规则（试行）》第10条第6项将"宣示胜诉率、赔偿额、标的额等可能使公众对律师、律师事务所产生不合理期望"等宣传内容，列为律师、律师事务所业务推广的禁止行为。

（二）律师广告的合法性原则

广告的合法性原则是指，广告主体在广告活动中应当遵守有关法律规范，广告的内容和形式不得违背有关法律规范，并符合强制性法定要求。依据合法性原则，律师广告首先应当符合《广告法》规定。《广告法》第二章规定处方药广告、医疗广告、保健品广告、母乳代用品广告、兽药广告、烟草广告、酒类广告、教育和培训广告、房地产广告及种养殖广告等特种广告，但不包括律师广告，因此律师广告应当适用《广告法》关于广告的一般性规定。

合法性原则还要求律师广告符合相关法律的规定，主要是《律师法》。《律师法》缺乏对律师广告的直接规定，唯有第26条规定，"律师事务所和律师不得以诋毁其他律师事务所、律师或者支付介绍费等不正当手段承揽业务"，并且第47条予以行政责任的规定，❶构成对律师广告的方向性、原则性指引。

现代法治体系是软硬并举的混合法体系，"从法律、法规和规章，到国家机关制定的规范性文件，再到政治组织自律规范和社会共同体自治规范，呈现为金字塔型，硬法规范主要集中在塔尖；换一个比方，硬法规范只是软法规范'汪洋大海'中的几座'孤岛'"❷。我们认为，律师广告的合法性原则不仅指向《广告法》《律师法》等"硬法"，还包括具有社会共同体自治规范属性的律师协会自律规则。《律师执业行为规范（试行）》不仅在第18条明确承认律师广告，同时第16条明确包括律师广告在内的律师业务推广行为应当遵

---

❶　2010年司法部《律师和律师事务所违法行为处罚办法》第6条，进一步解释《律师法》第47条"以不正当手段承揽业务"包括四种具体行为，其中之一是，"以对本人及所在律师事务所进行不真实、不适当宣传或者诋毁其他律师、律师事务所声誉等方式承揽业务的"。

❷　罗豪才，宋功德.软法亦法：公共治理呼唤软法之治［M］.北京：法律出版社，2009：3-4.

循的原则，"律师和律师事务所推广律师业务，应当遵守平等、诚信原则，遵守律师职业道德和执业纪律，遵守律师行业公认的行业准则，公平竞争"，还专设第三章第二节律师业务推广广告。2018 年《律师业务推广行为规则（试行）》则予以更为细化规定，北京、天津等地方律师协会还制定了《北京市律师事务所执业广告管理办法》《天津市律师协会执业广告管理办法（试行）》等专门规定。上述"软法"规范充实了《广告法》第 5 条"诚实信用""公平竞争"等硬法规范的内容，其自律机制也开辟其实施的新路径，例如《律师业务推广行为规则（试行）》第 15 条规定，"律师、律师事务所违反本规则发布业务推广信息的，由其所属的地方律师协会管理"；第 16 条规定，"律师协会对律师、律师事务所业务推广信息可以采取审查、检查、抽查等方式进行管理，或者根据投诉进行调查处理"；第 17 条规定，"对于违反本规则的行为，律师协会应当责令律师和律师事务所限期改正，并可根据《中华全国律师协会会员违规行为处分规则》予以查处"。

（三）律师广告的健康性原则

2015 年《广告法》修订，第 3 条增设"以健康的表现形式表达广告内容"，即广告的健康性原则。广告形式日益多样化，一些生产经营者不择手段博取公众"眼球"，因此健康性原则要求广告在表现形式上追求吸引力的同时，不能低俗、更不得恶俗，应当注重社会效应和道德底线，❶ 产生积极向上的影响。

律师的外在形象对公众的法律认知具有较大影响，在一定程度上也体现了对于法律职业的尊重。若是律师广告采取荒诞、暴力、夸张、古怪等表现形式，则会破坏法律在公众心中神圣地位，产生一种适得其反的不信任感。《美国律师协会律师广告追求的目标》规定："律师应当认识到在广告中使用不适当的音乐、不适当的口号、好斗的发言人、有奖出价、闹剧式的舞步、稀奇古怪的背景将不能向公众灌输对法律职业的信任，破坏法律服务和司法制

---

❶ 国家工商总局广告监督管理司 . 中华人民共和国广告法释义［M］. 北京：中国法制出版社，2016：16.

度的严肃目的。"❶ 我国律师协会的软法规范也强调律师广告的健康性，例如《律师执业行为规范（试行）》第30条规定，"律师和律师事务所不得以有悖律师使命、有损律师形象的方式制作广告，不得采用一般商业广告的艺术夸张手段制作广告"，又如《律师业务推广行为规则（试行）》将第10条第10项"与律师职业不相称的文字、图案、图片和视听资料"、第11条第1项"采用艺术夸张手段制作、发布业务推广信息"，列入禁止律师、律师事务所采取的业务推广行为。

三、律师广告的具体准则

（一）律师广告的积极性准则

所谓律师广告的积极性准则是指关于律师广告内容的正面清单，但其效力包括三种类型：（1）必须明示的内容；（2）限定可以明示内容的范围；（3）典型的明示内容，且不排斥此外内容。

依据我国律师广告的"硬法""软法"规范，我们认为，律师广告必须明示内容主要针对具有识别性信息。《广告法》第14条第1款要求，"广告应当具有可识别性，能够使消费者辨明其为广告"，《律师执业行为规范（试行）》则进一步要求，"律师发布广告应当具有可识别性，应当能够使社会公众辨明是律师广告"。此外，《律师业务推广行为规则（试行）》第6条、第7条第1款分别要求，"律师个人发布的业务推广信息应当醒目标示律师姓名、律师执业证号、所任职律师事务所名称"，"律师个人发布的业务推广信息应当醒目标示律师姓名、律师执业证号、所任职律师事务所名称"。

《律师执业行为规范（试行）》第28条、第29条与《律师业务推广行为规则（试行）》第6条、第7条第1款对于律师广告积极性准则效力规定存在冲突。《律师执业行为规范（试行）》第28条、第29条限定可以明示内容的范围，"律师个人广告的内容，应当限于律师的姓名、肖像、年龄、性别，学历、学位、专业、律师执业许可日期、所任职律师事务所名称、在所任职律

---

❶ 王进喜，陈宜.律师职业行为规则概论［M］.北京：国家行政学院出版社，2002:（79）.

师事务所的执业期限；收费标准、联系方法；依法能够向社会提供的法律服务业务范围；执业业绩"，"律师事务所广告的内容应当限于律师事务所名称、住所、电话号码、传真号码、邮政编码、电子信箱、网址；所属律师协会；所内执业律师及依法能够向社会提供的法律服务业务范围简介；执业业绩"。此规定类似于日本律师业务对策委员会在 1979 年发表《关于律师业务》答复信的建议，即修改《日本律师联合会章程》，第 29 条之二，"律师限于下列各项事项，可以进行广告宣传，不得进行其他事项的广告宣传。一、事务所名称、所在地及电话号码。二、所属律师姓名。三、律师登记注册年月日及其所属律师会。四、律师出生年月日及其出生地。五、学位。六、处理业务范围。七、学历。八、职历。九、工作时间。十、报酬"❶。但是，《律师业务推广行为规则（试行）》第 6 条、第 7 条第 1 款规定典型的明示内容，且不排斥此外内容，"也可以包含律师本人的肖像、年龄、性别、学历、学位、执业年限、律师职称、荣誉称号、律师事务所收费标准、联系方式，依法能够向社会提供的法律服务业务范围、专业领域、专业资格等"，"也可以包含律师事务所的住所、电话号码、传真号码、电子信箱、网址、公众号等联系方式，以及律师事务所荣誉称号、所属律师协会、所内执业律师、律师事务所收费标准、依法能够向社会提供的法律服务业务范围简介"。

1995 年《关于反对律师行业不正当竞争行为的若干规定》第 4 条列举 8 种不正当竞争行为，"在律师名片上印有律师经历、专业技术职务或其他头衔的"，位列其中。❷ 与之相较，《律师执业行为规范（试行）》《律师业务推广行为规则（试行）》规定的内容范围较为广泛。我们认为，既然律师广告的内容范围已经如此开放，《律师业务推广行为规则（试行）》的规定更为科学，即不宜将明示的律师广告内容认定为限制范围，而是通过消极性准则规定对其予以规范。

---

❶ 河合弘之. 律师职业 [M]. 康树华, 译. 北京：法律出版社, 1987：154–155.
❷ 与之类似, 2001 年中华全国律师协会修订的《律师职业道德和执业纪律规范》第 44 条列举 5 种不正当竞争行为, 其中包括 "在名片上印有各种学术、学历、非律师业职称、社会职务以及所获荣誉等"。

（二）律师广告的消极性准则

所谓律师广告的消极性准则是指关于律师广告内容的负面清单，即律师广告不得具有的内容和形式。

律师广告主的资格受到限制。《律师执业行为规范（试行）》第 27 条规定，"具有下列情况之一的，律师和律师事务所不得发布律师广告：（一）没有通过年度考核的；（二）处于停止执业或停业整顿处罚期间的；（三）受到通报批评、公开谴责未满一年的"。《律师业务推广行为规则（试行）》第 5 条予以进一步完善，补充未参加年度考核、处于中止会员权利、特定期间届满后未满一年等情形。我们认为，此项广告主资格的限定具有合理性，一方面律师、律师事务所无法执业期间没有广告需求，也避免对客户的误导；另一方面，禁止发布广告也成为具有惩罚性的律师行业自律工具。此外，《律师业务推广行为规则（试行）》第 4 条第 2 款规定，"公司律师、公职律师和公职律师事务所不得发布律师服务广告"，主要因为公司律师、公职律师和公职律师事务所服务本单位的法律需求，缺少对外宣传的必要性。

律师广告的内容应当依据真实性、健康性原则，对于典型的误导、不健康等情形予以具体限制。结合《律师执业行为规范（试行）》《律师业务推广行为规则（试行）》，我们认为律师广告不得具有以下内容：（1）律师行业的不正当竞争行为，例如，具有诋毁、混淆性质的比较性信息，以及明示或者暗示提供回扣或者其他利益的商业贿赂信息；（2）有悖于法律公正或法律规律的，例如，明示或者暗示与司法机关、政府机关、社会团体、中介机构及其工作人员有特殊关系，承诺办案结果及宣示胜诉率、赔偿额、标的额等可能使公众对律师、律师事务所产生不合理期望；（3）与客户利益冲突的，例如未经客户许可发布的客户名单、案例业绩等客户信息。

律师广告的形式应当受到限制。律师广告的形式十分广泛，除了传统的印刷广告、电子广告、户外广告等，借助互联网技术的发展及其廉价高效、形式多样的优势，互联网律师广告也日益普遍。依据《律师业务推广行为规则（试行）》第 2 条第 2 项，"建立、注册和使用网站、博客、微信公众号、领英等互联网媒介"，是与律师广告并列的律师业务推广方式，但依据 2016

年《互联网广告管理暂行办法》第 3 条第 1 款关于互联网广告的概念，亦应当属于律师广告范畴，其发布内容应当受正面清单和负面清单的约束。此外，《律师业务推广行为规则（试行）》第 11 条第 4 项规定禁止"在法院、检察院、看守所、公安机关、监狱、仲裁委员会等场所附近以广告牌、移动广告、电子信息显示牌等形式发布业务推广信息"。我们认为，此项限制主要考虑以下理由：（1）避免律师或类似事务所对特定场所广告位的恶性竞争；（2）确保客户谨慎选择律师服务，避免特定情形的冲动消费；（3）防止对法律场所及其律师形象产生商业化的破坏。

第三节　漂绿广告

一、漂绿广告概述

（一）漂绿广告的概念

随着环境保护意识的萌发与增强，消费者群体以积极主动的姿态参与环境生态治理，"市场为他们提供了极好的行动空间，使消费者能把经济权利转变为政治行动"❶。为了迎合消费者的环境保护价值取向，生产经营者展开全方位的绿色营销，在商品或服务推广中宣扬自己的绿色行为，努力塑造对环境生态负责的管家形象，❷从而利用消费者对环境生态问题的关注，引导其认可商品或服务的环境友好性，绿色广告雏形由此诞生。但是，由于经营者的逐利本性，加之未能对绿色广告形成有效地法律规制，以致绿色广告在实践中偏离轨道。一些广告主为取得竞争优势，在广告中宣传"绿色""环保""节能""低碳"等理念，但在生产经营中却并未予以贯彻，仅以此来误导、欺骗消费者，此即漂绿广告。我国应当对漂绿广告予以明确界定，分析其产生的

---

❶ 索菲·杜布松－奎利埃.消费者在行动［M］.李洪峰，沈艳丽，译.北京：社会科学文献出版社，2015：95.

❷ Hoch D, Franz R. *Eco-pornography：False Environmental Advertising and How to Control It*［J］. Southeastern Journal of Legal Studies，1992（1）.

原因，形成有针对性的法律对策。

1986 年，环保主义者 Jay Westervelt 首次提出了漂绿（Greenwashing）一词，以此描述一些经营者欺骗消费者，使其相信该经营者正在实施环境保护。"漂绿"一词虽然被广泛地使用，但学术对此不存在统一定义。Horiuchi 认为即使没有破坏环境，只要对环境保护"做的比说的少"，就算是漂绿。❶1999 年版《牛津辞典》收录"漂绿"一词，并且定义为，"一个组织传播虚假信息以确立该组织为'环境保护者'的公众形象，而实际上该组织尚未建立此类形象"。1991 年，David Beers 和 Catherine Capellaro 指出，漂绿通常是指政府、企业和个人试图通过绿色品牌与标记、绿色包装或绿色公关，向公众和消费者推介未经证实的环境友好的形象或产品与服务，构成市场和消费者混淆的误导性行为。Laufer 把混淆（Confusion）、掩饰（Fronting）和故作姿态（Posturing）作为组成"漂绿"行为的三个核心要素。❷

（二）漂绿广告的特征

虽然关于漂绿缺乏统一的概念，但一则漂绿广告应当具有如下特征：（1）广告诉求的伪善性。广告诉求是广告宣传的核心内容，绿色广告诉求点被设定为经营者或其商品或服务的绿色环保形象。漂绿广告主体的实践行为与广告诉求之间不一致，通过伪善的行为获得实际利益，甚至因被他人视为道德正直者而躲避责罚及获得心理奖励。❸（2）广告欺诈的隐蔽性。漂绿广告的惯用策略和手法，乃是通过行业专业术语及消费者对专业知识的匮乏性，以包装美化商品和服务的绿色性能，将其绿色属性与非绿色属性杂糅在一起，难以被辨别。对于普通消费者而言，由于专业知识储备不足，加上信息不对称等因素，导致漂绿广告被识别的概率不高。（3）广告受众的普遍性。漂绿广告涉及的商品或服务遍布生产、生活方方面面，由于其传播方式及传播途径的多样性致使其影响多领域、多市场，受众的范围极其广泛。例如，分析

---

❶ Horiuchi R, Schuchard R. *Understanding and preventing greenwash*: *A business guide*［M］.London: Futerra Sustainability Communications，2009.

❷ Laufer W S. *Social Accountability and Corporate greenwashing*［J］. Journal of business ethics，2003（3）.

❸ 刘传红. 漂绿广告的产生背景、主要特征与认定标准［J］. 宜宾学院学报，2015（9）.

《南方周末》2009—2016 年评选出的"中国漂绿榜",漂绿广告呈现出较为明显的行业分布较广特征,遍布能源、化工到医药、日用品等行业领域。❶

(三)漂绿广告的表现形式

在国际上,美国 Terra Choice 环境营销公司关于漂绿表现形式的总结最具代表性,其 2007 年发布了关于虚假环保宣传行为的调查报告"The Six Sins of Greenwash",之后报告又增加一组,形成"漂绿七宗罪":隐藏交易(Sin of the Hidden Trade-Off)、含糊不清(Sin of Vagueness)、空口无凭(Sin of No Proof)、毫无相关(Sin of Irrelevance)、名不符实(Sin of Lesser of Two Evils)、虚假陈述(Sin of Fibbing)、虚假标签(Sin of Worshiping False Labels)。❷2012 年,《南方周末》首次整理出国内十种"漂绿"表现形式:公然欺骗、故意隐瞒、双重标准、空头支票、前紧后松、政策干扰、本末倒置、声东击西、模糊视线、适得其反。

我们认为,我国漂绿广告的表现形式可以概括为以下方面:(1)本末倒置,掩盖行业本质。作为高污染、高耗能的生产经营者却在广告中对于与之不相关或者其次要商品或服务树立环境友好形象。(2)诱导受众,模糊绿色概念。广告对于绿色环保等概念含糊其词,使用"天然""无污染""绿色""环保"等含义相当空泛的词语,却未以相关佐证予以证明和细化,以此诱导消费者的消费意识,并且逃避相关的法律追责。(3)描绘愿景,迎合受众情感。广告描绘生产经营者的愿景,对具体商品或服务却只言片语略过,广告诉求定位于拉近与消费者距离,转移其关注重点,通过慈善捐助等光辉标签激发消费者内心道德,令其收获情感上的愉悦。(4)虚假陈述,滥用绿色认证标识。广告谎称商品或服务符合某项绿色认证标准,或者直接伪造相关第三方认证的绿色标志,以欺骗消费者。消费者缺乏对漂绿广告的鉴定能力,一般以绿色认证作为消费指引,由于绿色认证存在标准不一、信息披露不充分的行业乱象,导致绿色虚假认证泛滥。(5)跨国企业采用双重绿色标

---

❶ 黄溶冰,赵谦.演化视角下的企业漂绿问题研究:基于中国漂绿榜的案例分析[J].会计研究,2018(4).

❷ 孙蕾,蔡昆濛.漂绿广告的虚假环境诉求及其效果研究[J].国际新闻界,2016(12).

准。一些大型跨国企业在广告中往往标榜生产经营的无害性以及环境友好性，但因我国环境标准相对较低，以致在我国投资建厂的跨国企业往往区分对待国内外不同的消费者，这亦是我国漂绿广告凸显的本土化特征。❶

二、漂绿广告的危害性及成因

（一）漂绿广告的危害性

1. 侵犯消费者合法权益

《消费者权益保护法》第 5 条第 3 款规定，"国家倡导文明、健康、节约资源和保护环境的消费方式，反对浪费"，第 37 条第 1 款第 1 项规定，"引导文明、健康、节约资源和保护环境的消费方式"是消费者协会的公益性职责，消费者的绿色消费受到国家、社会的保障。漂绿广告侵害《消费者权益保护法》第 8 条规定的知情权、第 9 条规定的自主选择权和第 10 条规定的公平交易权等消费者权利。申言之，漂绿广告本质上乃是一种误导性、欺诈性的活动，经营者没有以真实信息反映其商品或服务的客观情况，消费者存在漂绿广告的识别障碍，难以做出正确的消费选择。倘若对漂绿广告放任不管，广告主体会据此加深广告的漂绿程度，长此以往，消费者为获得绿色商品或服务就会需要投入更多的时间和成本，此乃漂绿广告对消费者的负外部性。况且，绿色商品或服务亦是消费者的信任产物，漂绿广告造成消费者对绿色消费信任危机，当积累至一定程度，会给市场和社会信用体系造成摧毁性打击。❷

2. 破坏市场竞争秩序

《反不正当竞争法》第 2 条第 1 款和第 2 款规定，"经营者在生产经营活动中，应当遵循自愿、平等、公平、诚信的原则，遵守法律和商业道德。本法所称的不正当竞争行为，是指经营者在生产经营活动中，违反本法规定，扰乱市场竞争秩序，损害其他经营者或者消费者的合法权益的行为"。绿色产品是未来市场的发展趋势，绿色广告是提高市场竞争力的重要因素，两者

---

❶ 杨波.商品漂绿的中国本土特征与治理［J］.河南社会科学，2014（8）.
❷ Polonsky, Michael J., Stacy Landreth Grau, Romana Garma. *The New Greenwash? Potential Marketing Problems with Carbon Offsets*［J］. International Journal of Business Studies，2010（1）.

本应相辅相成，促进市场和环境的良性互动发展。真正的绿色产品因其绿色属性而享有高于非绿色产品的绿色溢价，即绿色产品的价格会普遍高于非绿色产品。但是，漂绿广告打破了市场的优胜劣汰规律，消费者积极主动为绿色产品买单的同时，由于漂绿与不漂绿产品成本相差悬殊，会导致绿色产品失去竞争优势，出现"劣币驱逐良币"的现象。此种情况亦严重破坏市场竞争秩序，让市场竞争机制失去活力。当非绿色产品占据市场后，生态环境更加岌岌可危，漂绿广告下的非绿色产品生产、销售造成的环境污染、生态破坏问题会日益严重。

（二）漂绿广告的内在成因

1. 广告主体的逐利本性

在新古典经济学框架内，生产经营者基于成本—收益分析做出决策，追求效用最大化。生产经营者会通过权衡企业社会责任践行与漂绿广告的实施成本，而做出一个理性选择。相较科技水平、管理能力等硬件的提升成本，漂绿广告乃是一种更低成本的付出。漂绿广告的运作流程是由广告主、广告经营者和广告发布者三个主体促成的：广告主作为漂绿广告的需求者，率先发觉消费者消费方式的转变趋势，从中发现了漂绿市场，进而通过漂绿广告为商品或服务披上绿色外装；广告经营者和广告发布者在无外部有效监管的约束下，为了自身利益不会认真审核广告主提供的绿色信息真实性，反而会迎合广告主的需求，向消费者传达虚假绿色信息。

2. 广告主体的信息优势

绿色市场是典型的信息不对称市场，绿色产品具有"信任性商品"特征，[1]即消费者在消费后亦难以判断其是否环保，这导致绿色产品的虚假信息泛滥，[2]鉴于消费者对绿色产品的能源效率、减排效果、环保程度等信息难以知悉并确切了解，广告主体使用专业词汇以迷惑、诱导消费者，利用消费者对绿色信息的盲点赚取利润，消费者对绿色知识的匮乏则加剧了漂绿广告的

---

[1] 安东尼·奥格斯.规制：法律形式与经济学理论［M］.骆梅英，译.北京：中国人民大学出版社，2008：135.

[2] 李大元，贾晓琳，辛琳娜.企业漂绿行为研究述评与展望［J］.外国经济与管理，2015（12）.

泛滥。2003 年中国环境标准产品认证委员会在上海举行的一次大型"公众绿色消费调查"活动中，仅有 25% 的消费者能够分辨出绿色产品的真伪，58% 的消费者对绿色产品完全分辨不清。❶ 总之，信息不对称是漂绿广告泛滥的内在原因之一，造成市场的逆向选择和道德风险。

（三）漂绿广告的外部成因

1.绿色认证监管缺失

绿色认证作为对绿色产品的首肯，不仅促进经营者转向绿色经营，还可以保障消费者的正当权益，其与绿色产品本应言行相顾，共同促进绿色市场的健康有序发展。但是，我国绿色认证监管存在较多漏洞，以致绿色认证的发展与其初衷背道而驰。有关数据显示，绿色认证的使用与漂绿广告之间存在直接关系，即使广告中使用了绿色认证，也不代表其没有"漂绿"嫌疑。❷ 例如亚洲浆纸业有限公司（Asia Pulp & Paper Co., Ltd., APP），虽然其已投产的十余家造纸企业均通过了 ISO14001 国际环境体系认证，但多家环境保护非政府组织在 2018 年发表联合声明，指出 APP 大范围破坏森林，导致苏门答腊虎等濒危生物栖息地遭受破坏。我国绿色认证的主体有国家、行业、地方、企业等不同层级的机构，涉及的领域和产业也各有不同，认证标准良莠不齐，消费者难以确认广告中绿色认证的真实性。我国法律缺乏绿色认证的审查标准与程序，亦欠缺相应的责任追究机制，相关认证机构利用制度漏洞和生产经营者短期逐利心理，实施监管套利活动，衍生出绿色认证行业的乱象。

2.社会监督缺位

漂绿广告的表现形式多样且日渐隐蔽，其本身涉及较多环境保护专业知识，对政府监管和市场评价提出严峻挑战，社会监督的介入尤其必要。非政府组织和公众是漂绿广告社会监督的力量来源，但其对漂绿广告的监督面临以下诸多现实障碍：（1）缺乏引爆性事件引发环保非政府组织关注。环保非政府组织的关注目前基本聚焦重大环境污染事件，漂绿广告作为一种缓慢渗透

---

❶ 毕思勇，张龙军.企业漂绿行为分析［J］.财经问题研究，2010（10）.

❷ 王慧灵.当代中国广告"漂绿"行为的分析和监管［J］.江苏师范大学学报：哲学社会科学版，2014（4）.

而非激烈爆发型的社会现象，在未发酵成为强烈社会效应之前，难以引发环保非政府组织的关注。❶（2）消费者组织对漂绿广告的关注不足。《消费者权益保护法》第 36 条规定，"消费者协会和其他消费者组织是依法成立的对商品和服务进行社会监督的保护消费者合法权益的社会组织"，换言之，漂绿广告并不是消费者组织传统职责范围，加之漂绿广告存在界定不清晰、救济途径不明确、处理效果不显著等问题，导致消费者组织的参与热情相对消极。（3）公众对漂绿广告监督的参与意识薄弱。作为一种新兴运动，公众对绿色消费行动储备知识较为有限，更多的是对于绿色概念炒作的新鲜感，没有充分地认识到自身的权利和责任。

3. 立法保障不充分

我国尚未对漂绿广告予以直接立法规范，只能依据既有法律予以间接约束，更缺乏有针对性的法律责任规范。《广告法》第 28 条第 2 款对虚假广告予以列举式界定，前 4 项主要针对商品或服务的实质体验而产生的欺骗、误导情形，漂绿广告是否属于兜底性条款的"其他情形"难以确定。此外，第 46 条广告事前审查对象乃是"医疗、药品、医疗器械、农药、兽药和保健食品广告，以及法律、行政法规规定应当进行审查的其他广告"，绿色广告并未纳入其中。《反不正当竞争法》第 8 条第 1 款规定，"经营者不得对其商品的性能、功能、质量、销售状况、用户评价、曾获荣誉等作虚假或者引人误解的商业宣传，欺骗、误导消费者"。漂绿广告应当属于虚假宣传，但只是将商品或服务包装成绿色，与第 8 条明确列举的形式存在明显不同，能否归结为"等"范围而予以适用，亦尚存争议。《消费者权益保护法》第 8 条消费者知情权条款和第 20 条亦存在同样的漂绿广告适用难题。总之，我国法律对于漂绿广告监管的理念、模式、手段等的规定存在明显不足。消费者被漂绿广告欺骗，难以依据有关法律提起救济，要求经营者对漂绿广告承担相应法律责任。

---

❶ 王伟，刘传红. "漂绿广告"监管需要建立引爆机制［J］.中国地质大学学报：社会科学版，2013（6）.

三、漂绿广告的自律机制

广告主体是漂绿广告的制造者和利益既得者，也应当成为漂绿广告法治规制的重点。广告主体承担的环境社会责任突破了传统社会责任模式，将其从生产过程延伸至市场竞争，更加关注绿色、诚信等问题。❶因此，广告主体自律机制应当为广告主体树立环境社会责任意识，并同消费者建立信息共享机制。

（一）强化环境社会责任意识

广告主体的价值取向直接影响其对环境社会责任的反馈，外部激励机制和道德风气会影响广告主体的道德行为，引导广告主体树立环境社会责任意识成为漂绿广告法治规制的关键。随着资源枯竭、环境恶化、生态失衡等威胁人类可持续发展的问题不断产生，经营者不仅以利润为追求，还应当关注环境保护、资源节约与可持续发展等绿色目标。❷具有环境社会责任意识的经营者，一方面通过开发环境友好型产品、改善生产流程的环境影响、提高资源可持续利用效率以及环保慈善捐赠参与生态环境改善、资源效率提高与污染减排等环境绩效的管理行动和过程；另一方面以建立健全以可持续发展为基础的绩效评价体系为出发点，健全漂绿广告的内部治理，构建防范漂绿倾向的预警体系，转变广告主体的社会角色和价值定位。❸漂绿广告的外部治理则从激励导向和约束机制维度改变广告主体对利润的盲目追求，消除漂绿倾向的内在动因。我国应当鼓励、扶持积极承担环境社会责任的经营者，对环境保护排名在前的经营者予以绿色税收、绿色融资等利好政策，平衡经营者的经营利益与绿色效益之间矛盾，在平衡中实现环境利益的最大化。

（二）健全环境信息共享机制

环境信息在广告主体与消费者之间的充分共享乃是对漂绿广告展开法治规制的必要前提。建立健全环境信息共享机制，一方面有利于督促广告主体以身作则，自觉承担环境社会责任，树立良好的绿色形象；另一方面会对漂

❶ 解铭.漂绿及其法律规制［J］.新疆大学学报：哲学·人文社会科学版，2012（2）.
❷ 龙成志，Jan C.Bongaerts.国外企业环境责任研究综述［J］.中国环境管理，2017（4）.
❸ 肖红军，张俊生，李伟阳.企业伪社会责任行为研究［J］.中国工业经济，2013（6）.

绿广告产生"引爆"的作用，❶有利于发挥政府和公众的监督职能。2014 年修订《环境保护法》第 53 条第 1 款明确规定，"公民、法人和其他组织依法享有获取环境信息、参与和监督环境保护的权利"。但相关权利的实现须进一步健全相关配套制度。依据《环境保护法》第 53 条第 2 款、第 55 条规定，环境信息披露主体为"各级人民政府环境保护主管部门和其他负有环境保护监督管理职责的部门"及"重点排污单位"。但是，即使不是所谓的重点排污单位，绿色广告主体亦应对其广告涉及的环境保护事项予以披露。倘若相关主体以商业秘密为由拒绝公开有关的环境信息，则由有关政府部门对其信息予以审核，认定是否为商业秘密，对于确属于商业秘密的，除非对公众存在严重影响和威胁外，可不对外公布。

四、漂绿广告的外部治理

（一）绿色认证监管

虚假陈述，滥用绿色认证标识，以吸引消费者，乃是漂绿广告最常见的表现形式之一。中国认证认可监督管理委员会依据《中华人民共和国认证认可条例》第 9 条规定先后批准 331 家节能环保认证，但绝大多数属于非强制认证，由认证机构自行设定认证标准，乃至认证的申请、审核等过程性行为均由认证机构自己规定，形成权钱交易的灰色地带。针对我国绿色认证行业的标准不一、标志滥用和监管混乱等问题，我国应当致力于绿色认证的统一标准建设，由国家认证认可监督管理委员会联合环境生态、农业农村等有关部门，制定统一的绿色认证标准，严格规范绿色认证的认可。同时，对业已存在的绿色认证机构应当建立公示平台，杜绝漂绿广告对绿色认证标识的滥用，并且强化政府监管及公众参与，从而提高绿色认证机构对认证结果的责任意识。

（二）公众参与机制

漂绿广告作为一种社会现象，单靠政府监管可能事倍功半，应当借助非政府组织的力量加强对漂绿广告的治理。《消费者权益保护法》第 37 条第 1

---

❶ 刘传红，王春淇.社会监督创新与"漂绿广告"有效监管［J］.中国地质大学学报：社会科学版，2016（6）.

款赋予消费者协会 8 项公益性职责，第 2 款要求各级政府对消费者协会履行职责给予必要的经费支持，因此应当从立法、执法、司法三个方向为消费者组织参与漂绿广告社会监督提供便利渠道，打破参与壁垒，降低司法诉讼成本。同时，环境保护的非政府组织应当建立相关绿色信息的咨询机构或线上平台，为消费者提供绿色信息的即时服务，并且定期开展线下的宣讲活动，唯有提高了消费者绿色信息的知识储备，才能增加识破漂绿广告的概率，从而开启维权之路。

（三）完善漂绿广告的执法依据

完善的法律体系是治理漂绿广告的重要执法依据，我国目前尚缺乏针对漂绿广告的专门立法，可以在现有法律下增设单独条款，或者对相关条款做扩大性解释，结合执法、司法经验对漂绿广告予以界定，以实现漂绿广告的法律规制：（1）《广告法》第 28 条第 2 款将漂绿广告直接列为虚假广告范畴，依据《广告法》有关规定对漂绿广告主体予以责任追究。同时，第 46 条将绿色广告列为广告事前审查范围，加强对其的行政监管。（2）扩充《反不正当竞争法》第 8 条所列举的虚假或引人误解商业宣传的内容，将漂绿广告行为纳入其中，即对商品或服务的绿色属性进行误导性、虚假性宣传的，属于不正当竞争行为。（3）《消费者权益保护法》应当明确消费者对绿色广告的知情权，并且增设经营者不得发布漂绿广告的义务，增加漂绿广告作为经营者承担民事责任的情形，使消费者的绿色消费理念得到法律保障。

第四节　垃圾食品广告

一、垃圾食品广告的助推式规制理论

垃圾食品本身不是一个科学概念，社会上对因不当食用高脂、高糖和高盐等食品易产生慢性疾病的现象，而将这类食品约定俗成称为垃圾食品。随着大量高度加工的高脂、高糖和高盐等垃圾食品的泛滥，乃至随手可得，其引发的肥胖、血管疾病、糖尿病等非传染病的健康问题呈现爆炸式流行，不仅带来社会医疗保障、个人医疗支出的巨额成本，还造成儿童肥胖率居高、国民健康水平下降等可持续性发展障碍。面对垃圾食品引发的严峻负外部性问题，国家亟待加强对垃圾食品的规制措施，以履行保障公众健康尤其儿童健康的义务，实现"健康中国2030"战略目标。在"互联网＋"和大数据时代，广告营销已成为食品生产经营者推销垃圾食品的主要手段，垃圾食品广告甚至借助影视植入、嵌入性视频、个人网络直播、购物攻略等新兴网络媒体时刻挑动着消费者的味蕾，逐步深入公众日常生活，公众对于健康食品的认知和判断能力远远落后于垃圾食品广告日益猛烈的营销攻势，因此广告规制应当成为垃圾食品规制的着力点。

垃圾食品广告的规制设计应当全面审视国家保障公众健康的政策制定和监管角色，基于国家—经济关系的全新理念和制度配置，对于规制目标、主体和工具予以制度安排。塞勒、桑斯坦基于最新认知科学的成果，主张和推广助推式法律规制，即国家尽量避免采取强制方式："而是以一种预言方式改变人们的选择或者改变他们的经济动机及行为"❶，从而间接地实现朝着预设公益目标方向的发展。为平衡经营者的商业表达自由与消费者选择自由，垃圾食品广告规制应当采取助推式规制方式，增进消费者的理性选择。我们基于对消费者有限理性、行为化市场失灵的分析，主张对垃圾食品广告适用以助推为硬核的促进性规制，并且对垃圾食品广告助推式规制的目标、主体和工具予以全面、系统的制度设计。

（一）食品消费者作为"社会人"的有限理性

在传统经济学观念中，各类市场主体被统一概括为"理性人"，即能够综合各方面信息，平衡眼前利益和长远利益而做出最佳判断与选择。"理性人"假设之于组织化商事主体，通常并无太大疑虑，因为相关主体一般凭借获取市场信息的能力及重复性商事交易所积累经验，能够做出较为理性的交易判断，从而服务于自身利益最大化的目标。然而"理性人"假设之于消费者，

---

❶ 理查德·塞勒，卡斯·桑斯坦.助推：事关健康、财富与快乐的最佳选择［M］.刘宁，译.北京：中信出版社，2018：6.

却未必经得起推敲，消费者在日常生活中虽然通过反复性交易积累一定经验，能够凭借自身知识和各种信息做出某些合理的判断，但其面对纷繁复杂的感官享受、健康利益、伦理道德等自然和社会环境，受限于个体的认知能力和偏好，往往存在判断失误和选择错误，尤其对于新的消费领域缺乏知识和经验。故而，不同于商事主体的"理性人"定位，消费者更宜作为"社会人"，仅具有有限理性。

根据认知科学成果，消费者作为"社会人"，存在两个思维系统：直觉思维系统为无意识的、自主运作系统，具有无意识性和感性特征；理性思维系统则需要谨慎和思考，为提供反思、规划和自我控制的能力。❶ 当消费者选择食品时，直觉思维系统对于垃圾食品往往存在选择上的直觉冲动；理性思维系统则告诫消费者应当平衡膳食，选择有益健康的食品。理性思维系统能否克服直觉思维系统，在很大程度上取决于消费者所获得的食品信息，以及由此形成的选择偏好。因此，食品广告成为消费者选择的重要信息源，由广告、经验和知识形成的信息流经由认知直觉思维系统与理性思维系统的融合，产生食品消费偏好，从而决定消费者做出何种食品消费选择。同时，由此形成的食品消费偏好还存在适应性，若是某一地区或某一类消费者群体缺乏食品健康方面的信息，势必对健康食品毫无兴趣，理性思维系统发挥作用的可能性便会大大降低，一旦此消费者群体适应垃圾食品的消费习惯，在总体上则被剥夺了接触健康食品的机会。❷ 质言之，基于消费者的有限理性，垃圾食品广告和消费选择之间存在因果关系，即垃圾食品广告造成理性思维系统的信息缺失，从而强化直觉思维系统的影响，并且在消费偏好存在适应性的情况下抑制了理性思维系统的生成及其作用发挥的可能性，成为消费者选择垃圾食品消费的关键性因素。因此，垃圾食品广告凸显食品生产经营者作为经济人的理性营销与消费者作为社会人的有限理性选择之间的失衡问题。

---

❶ 丹尼尔·卡尼曼.思考，快与慢［M］.胡晓娇，等译.北京：中信出版社，2012：3-14.
❷ 凯斯·R.孙斯坦.自由市场与社会正义［M］.金朝武，等译.北京：中国政法大学出版社，2002：344-346.

（二）食品消费者的行为化市场失灵

消费者即使具备食品健康方面的知识和经验，对于垃圾食品的适应性偏好不存在或较低，但仍会由于行为化市场失灵，难以凭借理性思维系统阻遏垃圾食品广告的诱导。所谓行为化市场失灵，是指人们面对跨时选择时展现出迥异的耐心和远见程度，存在以眼前较小利益换取长远较大利益的情况。❶以消费者的食品消费选择为例，其在当下选择满足其味觉享受的垃圾食品，却在未来产生严重的负面健康影响。缺乏自控力的消费者面对进行跨时选择问题时，往往做出有害自身健康的错误判断，因为食品生产经营者无法律义务在广告中向消费者展示其垃圾食品在未来可能产生的不良健康后果，所以垃圾食品广告进一步强化消费者在当下做出选择的可能性，产生严重的内在性问题。申言之，垃圾食品广告展示给消费者在当下带来的利益，却隐蔽了消费者在未来才能显现的健康利益损失。消费者即便具备健康食品方面的知识和经验，但作为稀缺资源的注意力受垃圾食品广告的吸引，亦会减少对食品负效用的关注。

值得注意的是，消费者在未来所遭遇的不良健康后果，并非一次性垃圾食品消费所造成的，乃是由不同垃圾食品消费的时间累积以及复合其他因素而引发的。因而，在垃圾食品广告与消费者健康之间的因果链条中，致害主体不是某一个体食品生产经营者，而是市场上所有垃圾食品生产经营者，其中因果关系的大小和关联程度仅是整体上抽象化的联系，无法据此按市场份额等标准追究某一垃圾食品生产经营者的具体法律责任。

总之，消费者有限理性"社会人"的固有角色以及行为化市场失灵的客观情况决定了自由市场不能为消费者创造保障其健康的环境，甚至为垃圾食品广告对公众健康的负外部性提供了空间，对于垃圾食品广告的法律规制因此具有正当性的基础。

（三）以助推为硬核的垃圾食品广告促进性规制

健康权被公认为一项基本权利，国家负有保护和促进公众健康的义务，❷

---

❶ 卡斯·桑斯坦. 为什么助推［M］. 马冬梅，译. 北京：中信出版社，2015：11-14.

❷ 焦洪昌. 论作为基本权利的健康权［J］. 中国政法大学学报，2010（1）.

例如《宪法》第 21 条第 1 款规定:"国家发展医疗卫生事业,发展现代医药和我国传统医药,鼓励和支持农村集体经济组织、国家企业事业组织和街道组织举办各种医疗卫生设施,开展群众性的卫生活动,保护人民健康。"公民健康权在总体上处于永无止境的促进和提高状态,例如,联合国《经济、社会和文化权利国际公约》第 12 条第 1 款规定:"本公约缔约各国承认人人有权享有能达到的最高的体质和心理健康的标准。"其中"能达到的最高"意味着国家应当随着其经济和医疗发展水平的提升不断提高公民的健康水平。因而,以促进公众健康为目标的政府规制不能止步于"恢复性"规制,即对造成的公民健康损害予以经济性评估,进行事后救济;国家应当采取"促进性"规制,通过事前引导乃至一定程度上的家长主义规制措施,矫正自由市场对公民健康权造成的问题。

规制的理性化和适度性要求依据相关主体的权利状态和危害程度,审慎地确定促进性规制的限度和强度。依循权力止于权利的规制逻辑,国家以促进公众健康为目标而对垃圾食品的规制,应当受到消费者、经营者权利的双重限制。自主选择权乃是消费者权利体系中的基础性权利,❶ 不仅要求经营者不得在交易过程中侵犯消费者的自由意志,还表明国家对于市场的干预应当尊重消费者自主地位和自由意志。同时,经营者享有经营自由,当其采取广告方式对其商品或服务展开营销,亦享有商业表达自由。广告之所以被赋予商业表达自由的权利载体属性,乃是因其促进社会财富,❷ 正是广告等商业信息的充分流动,保证市场供应的多元性,才确保不同能力、偏好的消费者获得适合的商品或服务。虽然消费者选择权或经营者商业表达自由不是绝对化权利,国家可以为保护或实现更为优位的权益而予以限制,但不宜以硬家长式管理进行剥夺,即代替消费者做出选择,限制其只能接触某些广告信息,或者要求经营者只能发布某些内容的广告信息。

国家应当在保障公民健康权和消费者自主选择权、经营者商业表达自由之间保持恰当的平衡,采取软家长式管理,即在"强制、虚假信息、兴奋或

---

❶ 肖顺武.政府干预权力的边界研究——以消费者选择权为分析视角 [J].现代法学,2013(1).
❷ 汪进元.基本权利的保护范围构成、限制及其合宪性 [M].北京:法律出版社,2013:182.

冲动、被遮蔽的判断，推理能力不成熟或欠缺"情形下，通过法律规制促进个体做理性决策，以保护和提升自治。❶"助推"是软家长式管理的重要体现，是促进性规制的硬核。对垃圾食品广告进行助推式规制，没有直接限定消费者的选择目标，仅帮助其在充分认知情况下做出食品消费选择。助推式规制反映了现代科技迅猛发展、国家事务繁忙、公众价值取向和选择多元化背景下，国家干预市场和社会公共领域正从单纯管理走向主动为公众谋福利，从最小政府走向最多服务，从管制走向规制的趋势。❷国家将自身视为消费者的"监护人"，基于理性思维系统和对于未来的认知理性，综合科学知识正确判断和处理食品广告信息，评估帮助消费者做出理性的食品消费选择。助推式规制立足消费者群体的基本立场，并不否认消费者的选择自由，但又防止消费者产生严重错误的偏见和不切实际的乐观，避免其对不健康食品结构的风险性低估，克服消费者"社会人"的有限理性和行为化市场失灵给个体和社会整体造成的负外部性，从而促进公众健康和增进社会整体福利。

二、垃圾食品广告助推式规制的目标

（一）食品市场信息环境的缺陷

垃圾食品广告助推式规制的目标是改善消费者的食品消费选择，而食品消费选择不仅是消费者内在的理性选择，更受限于消费者所处的食品市场信息环境。食品市场信息环境是消费者进行食品消费选择因习以为常而忽略甚至无视的架构，但其对消费者的食品消费习惯产生较大的影响，垃圾食品的过度消费凸显食品市场信息环境的缺陷：（1）信息不充分。食品市场的绝大多数信息是由食品生产经营者提供的，信息来源的片面性和不充分以致食品市场不能创造出全面详尽的信息。同时，垃圾食品消费的负外部性时滞效果和抽象因果关系特征，消费者亦无法通过特定消费过程而获得负外部性的信息以及展开有效的信息交流。（2）信息不对称。消费者在健康食品方面的知识结构和认知水平有限，某些垃圾食品缺乏感官上的明显特征，一般消费

---

❶ 孙笑侠，郭春镇.法律父爱主义在中国的适用［J］.中国社会科学，2006（1）.
❷ 王波.规制法的制度构造与学理分析［M］.北京：法律出版社，2016：155.

者亦难以通过营养标签表或食品配料表对食品是否属于垃圾食品予以判断。
（3）信息不准确。垃圾食品消费的负外部性时滞效果和抽象因果关系特征造成食品生产经营者宣传的优势信息或者隐瞒的劣势信息的证明困难，为食品生产经营者提供的不准确乃至欺骗性食品信息提供操作空间。

在信息社会，消费者置身于互联网终端、电视和户外广告等多种传播媒介构成的食品广告信息环境中，即便消费者不刻意关注广告内容，但伴随互联网技术的发展，诸如手机客户端启动页广告和视频贴片广告等食品广告亦能以半强制性或潜移默化的手段将食品信息传递给消费者。食品生产经营者提供的食品广告具有明确的商业目的，为提高食品广告的投资回报率，其借助广告营销策略，以传统调查、门店销售数据接入、客户端信息流统计等多种方式获取食品销售信息，通过对有关信息的汇总分析，及时、精准地了解市场需求，为投送食品广告提供信息和技术支持。然而，不断创新和提高的食品广告营销在刺激消费者购买意愿的同时，亦隐蔽对消费者健康不利的信息，乃至无视真实信息而提供食品"正面"的虚假信息。垃圾食品广告成为扩大食品生产经营者信息优势的工具，弱化了消费者选择健康食品的可能性，加剧了食品生产经营者和消费者之间的信息不对称，进一步放大食品市场的信息缺陷。

（二）良性食品市场信息环境的目标

为增进公众抵抗垃圾食品的能力，促使其自愿选择更为健康的生活方式，应当塑造良性食品市场信息环境。所谓的良性食品市场信息环境应当由满足市场交易需求的私益信息和促进公众健康的公益信息共同构成：前者可以由食品生产经营者以广告的形式提供，后者由规制机构、公益组织、学校、新闻媒体等食品生产经营者以外的主体提供，两者各具价值功能，不可相互替代。然而《广告法》第1条明确"为了规范广告活动，保护消费者合法权益，促进广告业的健康发展，维护社会经济秩序"的立法宗旨，因而其侧重通过强制性规范约束私益广告内容和广告行为，发挥"净化"市场信息的作用。虽然《广告法》附则第74条规定公益广告条款，并以倡导性规范提出"国家鼓励、支持开展公益广告宣传活动"，但关于公益信息提供主体、手段和机制的规定较为粗糙、狭隘，未能形成针对性、体系化的公益信息供给制度。《食品安全法》第 150 条第 2 款将食品安全界定为："指食品无毒、无害，符合应当有的营养要求，对人体健康不造成任何急性、亚急性或者慢性危害。"未能将垃圾食品引发公众健康问题纳入食品不安全范畴，亦无法建立健康食品公益信息供给制度。英国《食品安全法》则明确规定食品规制机构具有提供公共服务的职能，即向公共当局和公众提供与食品有关的建议、信息并给予相关协助。❶食品规制机构被赋予此项职能，有助于以健康食品公益信息"对冲"垃圾食品广告，从而塑造良性食品市场信息环境，颇值得我国立法予以借鉴。

虽然公众随着生活质量不断提高而愈发重视健康问题，但部分群体受限于知识结构、认知水平，难以准确判断信息内容。倘若不恰当表述健康食品信息或提供过多垃圾食品的负面消息，加之后续传播的扭曲和夸张，信号的传递可能引发不必要的社会成本，❷引发部分群体的恐慌心理，反而不利于公众正确认识垃圾食品的危害，并且损害食品行业的可持续发展。因此，塑造良性食品市场信息环境，应当谨慎判断健康食品信息或垃圾食品危害信息的科学性，注重信息的呈现方式和引导功能，跟踪公众对信息的反应，对可能具有误导性的信息予，以及时澄清。此外，良性食品市场信息环境建设还应当避免过多信息造成的信息过载问题。健康食品或垃圾食品涉及较多的专业性知识，公众未必能够读懂食品包装或食品广告中的盐、糖、油脂等标识，应当考虑此类措施的实质有效性，否则信息信号功能失灵，❸过多的信息徒增公众不必要的信息负担，却无法对消费者的健康食品消费选择产生有效影响。

三、垃圾食品广告助推式规制的主体

（一）规制机构及其能力建设

规制机构本身应当充分利用自身资源，行使准立法权、政策制定权、监

---

❶ 徐楠轩 . 外国食品安全监管模式的现状及借鉴 [J]. 中国卫生法制，2007（2）.

❷ 埃里克·A. 波斯纳 . 法律与社会规范 [M]. 沈明，译 . 北京：中国政法大学出版社，2004：88.

❸ 段礼乐 . 羞辱性执法的信息经济学阐释——以企业负面信息发布制度为分析对象 [J]. 政法论丛，2018（1）.

督实施权和准司法权等职权，进行垃圾食品广告的助推式规制；并且接受对其的失职认定和绩效考核，例如规制机构及其人员不履行法律或政策规定的助推措施、未达到助推目标乃至发生违法行为而应当承担的负面评价等不利后果。

垃圾食品广告作为一项特殊品类广告，对其规制的要求可能超出以一般商业广告为规制对象的传统市场监督管理部门的规制能力，需要特定科学、市场认知等知识领域。例如，规制机构对什么是垃圾食品应当形成明确的判断标准："三高"食品所含盐、糖和油脂究竟达到何种程度，具备多长期限的累积才会导致何种健康损害，这些尚属于因素复杂且变动不居的自然科学问题，倘若考虑食品广告与消费的关联性，还将涉及社会心理学、概率统计学等社会科学问题。这些问题的答案如果模糊，则无法形成坚实的证据基础，从而支持助推式规制的正当性且制定科学合理的规则。换言之，对于垃圾食品广告的助推式规制需要专业化能力，以夯实规制的科学基础，并满足规制的计划、决策、执行及其评估的要求。同时，专业化能力建设尚须确保作用于食品市场的信息易于理解和接受，❶避免造成食品市场信息环境和多元主体参与的信息沟通障碍。

（二）规制机构的合作主体

鉴于垃圾食品与公众健康损害之间具有抽象的因果关系，以及作为损害对象的公众具有社会整体性，可以将垃圾食品广告视为一种间接、抽象的社会性危害行为。同时，垃圾食品广告法律规制的目标之一是食品市场、整体社会的秩序和可持续发展，规制机构、食品生产经营者和消费者（公众）受益于此项目标的实现，因而均应为实现此项目标采取行动并负有责任。规制机构固然拥有立法授权、财政支持，但却受预算控制、正当程序等诸因素的限制，应当整合食品市场其他主体的权利和资源，形成对垃圾食品广告的合作规制。

---

❶ 马克·艾斯纳.规制政治的转轨［M］.尹灿，译.北京：中国人民大学出版社，2015：256–258.

1. 食品生产经营者

食品生产经营者虽是被规制主体，基于商业表达自由而有权传播垃圾食品广告，但基于法律责任和社会责任，应当成为垃圾食品广告规制的合作主体。《食品安全法》第4条第2款规定，"食品生产经营者应当依照法律、法规和食品安全标准从事生产经营活动，保证食品安全，诚信自律，对社会和公众负责，接受社会监督，承担社会责任"。依据《广告法》，食品生产经营者发布食品广告应当确保广告真实、合法及健康表现形式、内容明示和具有可识别性等，并且服从各类禁止性规范等。虽然《广告法》存在第17条和第18条保健食品广告限制、第20条替代母乳广告禁止及第40条对未成年人广告限制等涉及食品广告的强制性规范，但未触及垃圾食品广告的主体内容，因而目前难以追究食品生产经营者对垃圾食品广告的法律责任。我国应当通过助推式规制进一步引导食品生产经营者对垃圾食品广告承担法律责任和社会责任，并且发挥食品行业协会、广告业协会的自律功能，开展垃圾食品广告的调研、健康食品信息宣传及垃圾食品广告方面自律守则的制定与实施。

2. 消费者

消费者是垃圾食品广告的受害者，也是良性食品市场信息环境的受益者，应当成为垃圾食品广告规制的合作主体。《广告法》第53条、《食品安全法》第115条规定消费者对违法行为的投诉、举报机制，食品消费者应当充分利用既有途径积极参与对垃圾食品广告的助推式规制。并且，助推式规制依靠于消费者对垃圾食品广告的认知，任何对垃圾食品及其广告的社会危害性判断亦离不开消费者的信息反馈。因此，助推式规制需要以多元化的食品消费信息收集、反馈渠道为支撑，增强公众参与公共健康规制的协作意识。消费者组织作为消费者主体的延伸，可以改善消费者个体力量分散的弱势地位，在垃圾食品广告助推式规制中发挥整合和中介的作用。在现阶段，我国消费者协会的准官方性质有助于强化其资源利用和组织协调能力，可以对垃圾食品消费、公众意见等信息进行收集、传递，充当食品市场信息环境塑造者、公众参与组织者和激励者的角色。

规制机构、食品生产经营者和消费者并非孤立主体，而是彼此形成复杂的立体化关系网络：（1）规制机构占据垃圾食品广告规制的主导地位，可以利用行政资源直接限制某些垃圾食品广告，向公众提供饮食健康信息；（2）食品生产经营者接受规制机构的广告监管，以广告方式向消费者推销食品的同时，还可以传递体现其社会责任的信息；（3）消费者受到来自食品生产经营者垃圾食品广告的信息环境影响，因而受益于规制机构和食品生产经营者的规制行动，并且以反馈信息、投诉举报等方式参与垃圾食品广告的规制。总之，垃圾食品广告的规制应当将各方权利（权力）予以整合，促成主体之间规制合作，❶ 以增强助推式规制的有效性。

（三）规制俘获及其合作规制的界限

垃圾食品广告的助推式规制乃是合作规制，规制机构在协调利益、制定和执行规制过程中需要加强与合作主体的联系，食品生产经营者因规制触动其私益，具有强烈影响规制机构的动机，乃至意图俘获规制机构。通常而言，大型食品生产经营者具备经济实力，在食品广告推销上投入大笔资金，比较注重企业形象方面的作用，对于自身食品被贴上"垃圾"标签具有较强的抵制动力，往往借助经济资源影响、拖延或限制垃圾食品广告的助推式规制。

垃圾食品广告规制对于科学基础研究的数据和假设较为依赖，与资源处于弱势的消费者及公共组织相比，拥有专业知识优势的大型食品生产经营者能够与规制机构之间建立更为紧密的关系，从而在规制制定和执行中享有较大优势。❷ 大型食品生产经营者巧妙地将自己置于幕后权力的位置，擅长通过科研机构影响重要的健康食品公共政策，以维护其市场业绩。❸ 例如，食品生产经营者凭借经济实力赞助科研机构召开会议，并为与会专家提供经费，帮助打造针对肥胖的全国性健康活动，游说政府采取宣传锻炼而不是限制食品

---

❶　现代社会是合作社会，现代经济是合作经济，因此合作成为解决社会性问题的重要因素。但是，"看不见的手"（自由市场）不总能产生最优的合作，需要通过规制（助推）来孕育和促进有效的合作。Robert B Ahdieh. The Visible Hand：Coordination Functions of Regulatory State［J］. *Minnesota Law Review*，2010，95（1）.

❷　马克·艾斯纳. 规制政治的转轨［M］. 尹灿，译. 北京：中国人民大学出版社，2015：145.

❸　Susan Greenhalgh. Soda industry influence on obesity science and policy in China［J］. *Journal of Public Health Policy*，2019，40（1）.

生产经营活动的政策，以及在宣传和舆论上就慢性病因问题混淆视听，避免公众将注意力转移到食品健康问题。

为避免规制俘获，规制机构应当在合作规制中保持其独立性，厘清其与食品生产经营者的合作规制界限，尤其注意加强其公众健康政策咨询机构的成员、经济来源、公共活动等背景信息的透明度，避免食品生产经营者的"隐性权力"侵入规制政策和规则的制定、实施。

四、垃圾食品广告助推式规制的工具

（一）助推式规制的工具选择

对于规制工具的选择应当确立科学的标准，主要包括有效性、高效性、公平性、易管理性、合法性和政治可行性，❶ 具体至垃圾食品广告助推式规制领域，有效性、高效性、公平性的选择标准较为重要。所谓有效性，即垃圾食品广告的助推式规制目标是塑造良性食品市场信息环境，以影响消费者的食品消费选择，所以诸如减少垃圾食品消费的公益广告等提示信息应当透明易懂，并且适当解释其中的科学依据，提高相关信息的公信力，避免采取"食用垃圾食品就是慢性自杀"等潜意识广告形式。❷ 所谓高效性，即注重规制收益和成本之间的权衡，倘若规制给规制机构或食品生产经营者带来巨大的管理成本或合规成本，则应当考虑成本较小的规制工具能否产生相似的收益。例如，对发布垃圾食品广告的食品生产经营者或广告经营者采取税收工具，或者要求食品生产经营事先满足一定的健康标准，均会给规制机构或食品生产经营者产生相当的成本，但与广告规制的收益相比则不存在较为明显差距。所谓公平性，即要求成本和收益在符合条件的主体之间大体平均分配，并且将规制收益向弱势者倾斜。例如，虽然规制工具给食品生产经营者造成相似的负担，但不同规模的食品生产经营者存在负担能力的差异，对于中小

❶ 莱斯特·M.萨拉蒙.政府工具：新治理指南［M］.肖娜，等译.北京：北京大学出版社，2016：18-19.

❷ 威尔逊·布赖恩·基指出，"广告主若想引诱消费者，就必须有意在广告中安排隐晦性讯息，但其表现不能超过消费者的阈值，即感知的界限"，此种做法即"潜意识广告"。刘家林.中外广告史［M］.广州：暨南大学出版社，2004：12.

食品生产者而言，此规制工具缺乏公平性。此外，鉴于群体之间存在年龄段、区域发展和知识结构等差异性，诸如未成年人等群体应当受到干预性较强的规制工具的保障。

（二）助推式规制的工具设计

根据干预强弱程度不同，垃圾食品广告的助推式规制可以形成差异化、谱系性的系列工具设计。

在干预程度较低的一端，国家并不直接对"垃圾食品"广告设定限制，而是通过向公众提供有价值的食品信息方式进行良性食品市场信息环境的塑造：（1）向公众提供健康食品信息，例如在人流密集的公共场所张贴公益海报，提示"减盐"等核心信息，播放减少垃圾食品消费的公益广告；又如，将垃圾食品的健康危害纳入学校教育，定期开展健康食品的公共宣传活动。上述助推式规制工具的运用能够直接提高食品市场信息环境中的公益信息比例，与"垃圾食品广告"的私益信息形成制衡关系，提高公众食品消费选择的认知水平。（2）向公众提供负面信息，例如，组织公众投票选择影响最大的垃圾食品广告，并且将票选结果直接向社会公布，或者提供"加强版"措施，向排名居前位的食品生产经营者颁发"奖项"，在实际上形成干预程度最弱的声誉罚。

在干预程度的中间位置，可以采取规制的标准工具，规定垃圾食品必须符合一定信息提示标准才能发布广告。[1]例如，要求垃圾食品广告标明"少盐、少糖、少油有益健康"的字样，或者要求含盐、糖或油脂达到一定比例的食品必须在产品包装的显著位置，以及发布广告中予以标识。广告提示的标准工具要求食品生产经营者主动提示所生产经营食品的风险，以减少因广告传播而带来的负外部性，乃是外部成本内部化。比标准工具的干预程度更强的规制乃是限制食品广告的展示位置和频率，减少垃圾食品广告在食品市场信

---

[1]　《广告法》已经针对特殊品类的广告信息采取提示标准规制工具，例如第16条第2款规定："处方药广告应当显著标明'本广告仅供医学药学专业人士阅读'。医疗器械产品注册证明文件有禁忌内容、注意事项的，广告中应当显著标明'禁忌内容或注意事项详见说明书'。"第18条第2款规定："保健食品广告应当显著标明'本品不能代替药物'。"

息环境的比例，例如规定社交媒体网站、购物（导航攻略）网站不将垃圾食品广告置于显著位置以及限制推送次数等。

在干预程度最强的一端，可以直接禁止垃圾食品广告，既包括广告的区域性禁止，例如不得在重点公共区域内部和周边发布垃圾食品广告；也包括广告的受众对象禁止，例如不得向未成年人等特定群体发布垃圾食品广告；还包括两项禁止的结合适用，例如禁止在公交车或体育场馆内外展示面向未成年人的垃圾食品广告。广告的禁止规制工具极大地限制了商业表达自由，虽然商业表达自由并不意味着"非虚假，即自由"的简单规范理念，但对其限制应当接受公民健康、公众福利等公共利益价值的检验，即对垃圾食品广告的禁止应当建立在其与公益目标之间充分的正当理由和事实依据之上。有证据显示，儿童期和青少年期体重超重不仅加大成人肥胖症等非传染病的风险，而且能够造成高血压、胰岛素抵抗等若干即刻发生的健康问题。未成年人对食品的喜好、购买要求和消费规律受广告的较大影响，大力推销垃圾食品的广告对于实现健康体重等构成重大挑战，❶ 禁止面向未成年人的垃圾食品广告因此具有较为充分的正当性基础。《联合国儿童权利公约》第 17 条规定，"保护儿童不受可能损害其福祉的信息和资料之害"，诸如美国、英国、土耳其等国家亦相继禁止在电视、社交媒体、公共交通工具和体育设施内外展示面向未成年人的垃圾食品广告。

---

❶ 世界卫生组织.关于向儿童推销食品和非酒精饮料的一系列建议（2010）［EB/OL］.［2019-05-12］.https：//www.who.int/dietphysicalactivity/publications/recsmarketing/zh/.

第三章　广告媒介的法治规制

第一节　植入式广告

一、植入式广告概述

（一）植入式广告的概念

近年来，市场监督管理部门对广告播出的时间点、时长及插播等予以诸多限制，植入式广告以其灵活嵌入的方式在一定程度上规避了这些限制，成为深受广告主青睐的广告形式，活跃在影视剧、综艺节目之中。

植入式广告尚未形成普遍性认可的概念。中国人民大学舆论研究所《植入式广告研究》课题组尝试对植入式广告予以广义和狭义界定：广义上的植入式广告是指，"将商品（服务）或品牌信息嵌入媒介内容中的活动"，既包括有偿植入，亦包括无偿植入；狭义上的植入式广告是指，"受商业利益驱使而有意识使商品或服务及其品牌名称、商标、标识等信息藏匿在媒介内容中，以期影响消费者的活动"，即有偿植入。❶一般而言，狭义上的植入式广告是广告业和广告法治规制的关注重点。

一些国家或地区立法中对植入式广告予以界定。2007 年欧盟《影音媒体服务指令》（Audio Visual Media Services Directive）对成员国的植入式广告予以统一界定，"任何节目内容中以金钱或其他形式的有价形式交换，从而进行展示产品、服务或者商标的行为。至于以免费提供道具、奖品等形式获

---

❶　中国人民大学舆论研究所《植入式广告研究》课题组.植入式广告：研究框架、规制构建与效果评测［J］.国际新闻界，2011（4）.

取在相关节目中展示的行为，如果提供的价格显著，也会被认定为植入式广告"❶。美国联邦通信委员会（Federal Communication Commission，FCC）对于赞助商品牌被包含在广播电视节目的情形予以区分：商品植入（Product Placement），是指将标有品牌的商品植入广播电视节目当中，以收取费用或其他对价的行为；商品融合（Product Integration），是指将商品通过对话或者故事情节植入广播电视节目的一种广告形式。❷

综合国内外关于植入式广告的概念，并结合我国实际情况，我们认为，植入式广告可以界定为，广告主以支付费用或者提供其他赞助的形式，含蓄、委婉而有计划地将其广告内容暗含在媒介中，以达到提高商品或服务知名度目的的广而告之的一种形式，其中广告内容包括但不限于商标、品牌、经营理念，以及具有代表性的视听符号，媒介包括但不限于影视剧、综艺节目、网络游戏、报纸杂志，以及广播等载体形式。

（二）植入式广告的法律特征

1. 内容的隐蔽性

隐蔽性是植入式广告最显著的特征。植入式广告将其自身隐藏在媒介内容当中，以电影、电视剧中的剧情、网络游戏中的游戏情节、图书中的故事情节、综艺节目中的活动环节等作为媒介载体，间接地传播商品或者服务信息，在不动声色中达成了其对目标消费群体的广告诉求。

植入式广告的隐蔽性使其实现了与媒介内容的有机结合，降低了受众对于传统生硬广告的反感情绪。例如，2018年上映的电影《无敌破坏王2之大闹互联网》中，以互联网模拟世界为背景进行电影情节的展开，尽管电影中出现了谷歌、天猫、亚马逊，以及多个游戏客户端标识的广告植入，但未让观众感到厌烦。植入的内容融于对白和情节之中，成为电影的一部分，而不是以直接的广告宣传破坏剧情的完整性，使得受众欣赏媒介内容的同时，接收了商品或服务信息的营销消费选择，以一种委婉迂回方式实现其营销宣传

---

❶ 赵慧.欧盟新传媒法对置入式广告与广告法令的修改［J］.新闻记者，2008（6）.
❷ 李卫刚,牛进原.植入式广告的法律规制——欧盟、美国的经验与启示［J］.西北师范大学报：社会科学版，2013（6）.

目的。植入式广告在潜移默化中达到宣传目的，正是广告主所期望达到的宣传效果，这是植入式广告近年来呈井喷式发展的主要原因。

2.传播的渗透性

渗透性是指植入式广告通过媒介内容将信息逐渐渗透给受众，受众在观看影视节目、阅读图书或收听广播过程中接收这些广告信息时具有无意识性。与之相比较，传统广告穿插于一些影视节目播出过程中或者直接出现在画面上，影响了影视节目故事情节的紧凑性和画面感官，不但引发观众对广告的反感心理，还可能选择换台来拒绝接受广告信息，使得广告主的宣传目的落空。植入式广告与媒介内容的高度结合，受众无法将其分离，接受媒介内容的同时便潜移默化地接收了广告信息，既保证了广告的信息传递效果，也节省了广告的成本，有效实现了广告主宣传商品或服务的目的。

3.媒介的限制性

与传统广告的独立、直白宣传方式不同，植入式广告需要与媒介内容进行融合，不可避免地依赖于被植入媒介，使得它无法脱离母体而独立存在。植入式广告往往只能片面介绍商品或服务的某一功能、特性，受众难以全面了解商品或者服务的信息，无法对受众予以深度说服，因而植入式广告所能达到的宣传效果与其自身的品牌知名度成正比关系：品牌的知名度越高，受众越可能注意到广告信息的存在，事后对于植入信息的回忆率便高；相反，对于知名度不高的生产经营者，植入式广告的信息传播效果则不能得到有效的保障。

（三）植入式广告法治规制的意义

1.保护消费者合法权益

消费者作为植入式广告的接收对象，也往往成为受害者。《消费者权益保护法》第 8 条第 1 款规定，"消费者享有知悉其购买、使用的商品或者接受的服务的真实情况的权利"，植入式广告的隐蔽性特征有可能侵害消费者的知情权。植入式广告使受众在接收媒介内容过程中，不自觉地接收了广告信息，消费者没有获得该信息具有商业营销性质的提示，以致其放松了对该信息进行识别和判断的意识。

植入式广告可能侵害消费者的自主选择权。《消费者权益保护法》第9条规定："消费者享有自主选择商品或者服务的权利。消费者有权自主选择提供商品或者服务的经营者，自主选择商品品种或者服务方式，自主决定购买或者不购买任何一种商品、接受或者不接受任何一项服务。消费者在自主选择商品或者服务时，有权进行比较、鉴别和挑选。"植入式广告与其载体内容融合紧密，消费者往往购买媒介内容，却在无心理准备和选择的情况下被动接收植入式广告信息，在一定程度上损害了消费者的自主选择权。

2. 推动广告业可持续发展

植入式广告将广告主、消费者和信息产品提供者三者利益深度融合，既拓展了广告业的发展空间，又赋予信息提供活动更多的经济价值。《广告法》没有明确界定植入式广告的概念，更缺乏对植入式广告的直接规制，在一定程度上导致了监管缺位。《广告法》禁止行为往往以植入式广告的间接方式在影视剧中出现，市场监督管理部门却因缺乏直接的法律依据或监管指南而持放任态度。过量的、粗制滥造的植入式广告降低了广告载体的本身质量，例如减损影视作品的艺术性与连续性，观众的观看效果被大打折扣。若是广告主、广告经营者、广告发布者企图鱼目混珠，发布的植入式广告含有大量欺骗性信息，不仅会影响影视作品的观赏性，还将丧失受众对植入式广告的信任。因此，建立健全植入式广告的法治规制，及时纠正存在的问题，是植入式广告可持续健康发展的必然要求。

3. 维护公平竞争市场秩序

《反不正当竞争法》第11条规定，"经营者不得编造、传播虚假信息或者误导性信息，损害竞争对手的商业信誉、商品声誉"，经营者为避免与其他经营者发生直接冲突，可能以植入式广告方式隐蔽地加入商业诋毁信息。若是经营者可以在影视作品中肆意植入恶意贬损其他经营者的信息却不受法律规制，将导致市场竞争失序和影视作品营销信息泛滥，危及相关市场的良性竞争秩序构建和影视行业健康发展。

二、植入式广告的认定标准

植入式广告的隐蔽性、渗透性，使其与影视作品高度融合，对荧幕上出现的商品或服务，受众难以判断其属于广告抑或属于影视节目的一部分；同时，植入式广告与载体之间融合性或界限的模糊性导致部分经营者不惮于违反《广告法》禁止性规定，以艺术表达或剧情需要为由逃避市场监督管理部门的监管，因而认定标准是植入式广告的法治规制建设的基础问题。

《广告法》第 2 条第 1 款规定："在中华人民共和国境内，商品经营者或者服务提供者通过一定媒介和形式直接或者间接地介绍自己所推销的商品或者服务的商业广告活动，适用本法。"植入式广告可以视为此条规定的"间接地介绍"的推销方式。我国应当在法律层面明确植入式广告的认定标准，具体可以综合参考整体主观标准、可控性标准。

（一）整体主观标准

受众对植入式广告的认知能力往往因人而异，即不同受众是否将有些信息识别为广告，取决于是否具有相关消费经验或者属于广告的目标受众等多种因素。例如，有的媒介内容即便未展示商品、服务或其标识的明显特征，但由于其独特的商品或服务设计，仍可能被品牌忠诚度较高的消费者识别出来。若是将此种情形视为植入式广告，常规媒体制作者因而被课以过多审查注意义务，不利于媒介内容艺术表达的顺畅性。因此，判定媒介内容中的某一信息是否构成植入式广告，需要对受众的消费情况进行市场调查，以调查得到的受众整体主观认知状况作为判断依据。

（二）可控性标准

出现在媒介内容中的商品、服务及其标识等属于不可避免的"客观记录"，抑或"别有用心"的广告植入，可控性标准可以作为区分两者的依据。一般认为，制作者对道具、情节的可控性越弱，其中信息构成植入式广告的可能性越小；反之，可控性越强，其作为植入式广告的可能性越大。例如，街头拍摄取景受不确定的环境因素影响较大，一些与日常生活息息相关的场景标识难以避免地被录入而成为媒介内容，受众正是从"日常性"中感受到媒介提供信息的真实感，并且往往不会将注意力聚焦于此，这种不刻意的信息不属于植入式广告。又如，一档综艺节目无疑是经过周密策划的产物，具有很强的可控制性，其中出现的商品、服务及其标识等信息则应当被认定为植入式广告。

判断媒介中的信息是否属于植入式广告，需要对制作者的意图、受众普遍的认知等情况进行综合认定。

三、植入式广告的信息披露

1994 年《广告法》第 13 条规定："广告应当具有可识别性，能够使消费者辨明其为广告。大众传播媒介不得以新闻报道形式发布广告。通过大众传播媒介发布的广告应当有广告标记，与其他非广告信息相区别，不得使消费者产生误解。" 2015 年修订《广告法》第 14 条对第 2 款个别词语加以修改，"广告应当具有可识别性，能够使消费者辨明其为广告。大众传播媒介不得以新闻报道形式变相发布广告。通过大众传播媒介发布的广告应当显著标明'广告'，与其他非广告信息相区别，不得使消费者产生误解"；同时增加第 3 款，"广播电台、电视台发布广告，应当遵守国务院有关部门关于时长、方式的规定，并应当对广告时长做出明显提示"。广告具有劝诱性，消费者唯有清楚地认知其接触的信息乃是广告，才能谨慎地面对广告营销，为平衡交易双方力量，可识别性成为合法广告的必备品格。隐蔽性、渗透性是植入式广告的特征，其与非广告的信息在同一媒介上发布，容易造成消费者对于广告与非广告信息的混同，误导消费者的消费决策，损害消费者的正当利益。❶ 受众对于植入式广告的识别速度较低，难以将其明确分辨出来。总之，植入式广告的隐蔽性、渗透性和信息接收滞后性加重消费领域的信息不对称，因此植入式广告的法治规制应当通过信息工具的运用促进以可识别性为中心的信息披露。

美国对植入式广告采取较为开放的立场，主要规定有关的信息披露规则。

---

❶ 国家工商总局广告监督管理司．中华人民共和国广告法释义［M］．北京：中国法制出版社，2016：50-51．

1934 年美国《传播法》第 317 条授权联邦通信委员会制定强制广告赞助信息披露的规章，即媒介发布者播放受赞助的信息，应当主动说明是否存在赞助及其植入的形式、品牌、内容等具体信息，披露用语应当通俗易懂，披露形式需要大小适中，不得与媒介内容混淆，仅有公益捐赠商品、象征性补偿的植入活动是适用的例外。《传播法》第 501 条和第 502 条规定影视剧制作者及其员工应当对有偿植入予以主动告知，并且明确了违反义务的法律责任。❶欧盟《影音媒体服务指令》第 10 条第 1 款 c 项规定，受众应当被明确地告知赞助协议的存在，告知方式须突出商品或服务的名称、徽标和 / 或其他标识，并且标识应当在节目的开场或结尾予以播放。英国依据《影音媒体服务指令》修订《广播电视管理规则》，要求广播电视节目中出现植入式广告，应当在指定的屏幕位置以英国通信管理局规定的闪烁图标对消费者提示植入式广告的存在。

　　我们认为，我国广告立法应当以显著性为植入式广告信息披露的基本要求，即以受众能够辨识广告来源为植入式广告信息披露的标准，根据广告的方式实现对受众予以足够提醒。例如，我国广告立法可以借鉴欧盟、英国等经验，由市场监督管理部门统一规定植入式广告的界面标记提示符号或提示语。但是，植入式广告的信息披露时间或形式应当考虑广告时间长短和形式、受众对于相关信息的注意力程度等因素：一闪而过的植入内容无须予以特别提醒，因为时间过短，不会给受众留下过多的有效印象，以及产生误导，过多的提醒会破坏媒介信息的连贯性，从而影响受众的观赏感受；但是，对于多次反复出现的植入内容，应当在电影、电视剧或综艺节目的预告片中予以提醒，由受众自主选择是否及何时收看，或者在节目开始时以字幕形式提醒受众含有的植入信息，以便受众注意甄别判断。这样，一方面避免了盲目跟风的消费者对植入式广告的过度信赖，保障了消费者的知情权和选择权；另一方面可以有效避免影视作品被植入式广告捆绑化的现象，保障了其艺术完整与独立。

---

❶　李新颖 . 植入式广告法律规制研究［M］. 北京：知识产权出版社，2014：81.

四、植入式广告的禁限规范

（一）植入式广告的合理使用要求

广告的植入不应当影响媒介内容的独立性、完整性以及艺术性，以此保证影视作品的质量和观赏价值。植入式广告的合理使用要求意味着在保证影视作品质量的前提下，植入内容以一种自然、巧妙的艺术性方式与载体内容进行融合；不符合合理使用要求的植入式广告扭曲剧情或节目本来的内容，影响其独立性，给受众带来感官不适。

依据欧盟《影音媒体服务指令》规定，植入式广告被禁止过度植入：（1）第10条第1款a项规定，广告不能影响影视媒体服务、节目的内容或播放计划，不得影响服务、节目的责任感以及编辑上的独立性；（2）第10条第1款b项规定，广告不能直接向受众推销或者促使受众承租商品或服务，尤其不能直接展现与商品或服务相关的促销材料。

我们认为，合理使用要求是商业表达自由和公众接收优质影视服务的平衡点，有助于防范植入式广告滥用对公共利益的损害，亦是植入式广告法律规制的逻辑起点。我国广告立法应当对广告主、广告经营者、影视服务者予以合理使用要求，但判断植入式广告是否合理应当综合考虑植入的频率、时长、内容与媒介内容的融合程度、衔接是否自然合理，是否为情节内容所必需，受众对于植入内容的区分和接受程度等因素。

（二）植入式广告的禁限范围

为保护某些特定公共利益，各个国家或地区的广告立法对植入式广告适用范围予以明确列举式禁止或限制规定。例如，欧盟《影音媒体服务指令》第10条第2款明文禁止"主要从事香烟与烟草制造商或销售商"的赞助广告；第10条第4款禁止对新闻时事报道节目进行赞助，成员国可以根据自身需要，对儿童节目、纪录片节目及宗教节目予以选择性禁止。又如，英国《广播电视管理规则》第9条第7款禁止在新闻节目、儿童节目、宗教节目以及消费者权益保护节目、时事节目中出现植入式广告，第11条规定诸如香烟及烟草制品、处方类药物及所有医疗产品、电子或无烟雪茄、打火机、含酒精饮料、高脂肪与高糖盐食品及饮料、赌博服务、婴儿配方奶粉等不得植入广告。

我国植入式广告的法治规制应当对有关禁限范围予以明确规定，包括但不限于以下方面：（1）禁止在新闻报道中的植入式广告。新闻报道是客观与公正的代表，新闻报道中植入式广告的隐蔽性使得受众在毫无戒备心态、辨认意识的情况下默认植入信息的客观真实性，损害新闻报道的权威性和公信力，造成不良的舆论导向。《广告法》第14条第2款规定，"大众传播媒介不得以新闻报道形式变相发布广告"，2015年修订新增"变相"一词，我们认为可以包括植入式广告在内的间接形式广告。（2）禁止在针对未成年人的大众传媒中的植入式广告。未成年人心智尚未发育成熟，缺乏辨别、控制能力，为了让其树立正确的价值观，避免其盲目模仿不良行为，禁止向未成年人播放植入式广告。《广告法》第40条规定，"在针对未成年人的大众传播媒介上不得发布医疗、药品、保健食品、医疗器械、化妆品、酒类、美容广告，以及不利于未成年人身心健康的网络游戏广告。针对不满十四周岁的未成年人的商品或者服务的广告不得含有下列内容：（一）劝诱其要求家长购买广告商品或者服务；（二）可能引发其模仿不安全行为"。（3）禁止或限制在特种广告中的植入式广告。除一般广告的法律规制以外，《广告法》第二章广告准则对于医疗、药品、医疗器械、农药、兽药、饲料和饲料添加剂、烟草、食品、酒类、化妆品、教育、培训、招商、房地产、种子等特种广告予以严格地禁止或限制性规范，由于植入式广告在我国的法律地位并不明确，植入式广告隐蔽性成为规避有关法律禁限的手段。我国应当借鉴欧盟及英国的立法经验，对于植入式广告禁止项予以明确列举。但是，影视作品难免出现吸烟、饮酒、治病等镜头，对于其中出现的此类商品或服务的商标、包装等可识别性标识或台词不应视为植入式广告，予以一概禁止，而应当以整体主观标准、可控性标准等予以是否构成植入式广告的先行认定。

第二节 户外广告特许经营

一、户外广告特许经营概述

（一）户外广告特许经营的概念

户外广告是指以流动受众为传递目标，通过户外场所、空间、设施等发布的广告。❶户外广告需要占据一定公共空间，各国往往采取特许经营方式分配户外广告的公共空间使用权限。

特许可以分为民事特许和行政特许：前者是一种附加利益的权利赋予，例如 2007 年《商业特许经营管理条例》第 2 条第 1 款，"本条例所称商业特许经营（以下简称特许经营），是指拥有注册商标、企业标志、专利、专有技术等经营资源的企业（以下称特许人），以合同形式将其拥有的经营资源许可其他经营者（以下称被特许人）使用，被特许人按照合同约定在统一的经营模式下开展经营，并向特许人支付特许经营费用的经营活动"；后者是一种行政许可，2019 年修正《行政许可法》第 12 条第 2 项规定，"有限自然资源开发利用、公共资源配置以及直接关系公共利益的特定行业的市场准入等，需要赋予特定权利的事项"，从事经营行为的特许被称为行政特许经营或政府特许经营。

因此，户外广告特许经营是指政府按照有关法律法规的规定，引入市场竞争机制，许可户外广告经营者在限定期限、范围之内经营户外广告。

（二）户外广告特许经营的法律特征

1. 数量有限性

户外广告本身需要占用一定空间资源，空间资源在一定期间内总量是有限的，为了维护公共空间秩序，保护生产经营者的使用权利，户外广告须予

---

❶ 王桂霞.广告法律法规［M］.北京：清华大学出版社，2016：105–106.

以一定数量限制。依据《行政许可法》第12条第2项规定，特许经营的对象为有限自然资源开发利用、公共资源配置以及直接关系公共利益的特定行业的市场准入，一般具有数量上的限制。❶户外广告特许经营的主体数量及其设置户外广告的数量均是有限的，此限定性可以充分发挥户外广告的商业价值，也有利于优化城市管理和维护公共利益，实现商业价值和公共利益的平衡。

2. 不可转让性

户外广告特许经营权是政府综合考虑被授权主体的资质、能力和特定条件等因素而授予特定主体的公法意义上的权利，目的在于引入市场竞争机制，实现户外广告空间资源合理有效配置，维护户外广告市场的平稳有序发展。因此，未获得授予机关批准，户外广告特许经营主体不得擅自转让，并且未经批准的有关协议亦不产生转让的法律效力。在特殊情况下，户外广告特许经营权需要转让的，亦应当符合被转让主体资格的审查、经授予主体的同意及至政府办理转让手续等要求。

3. 资源公共性

户外广告不是独立存在的，要依托特定的设施、载体，往往需要占用城市公共空间资源。依据2018年修正的《宪法》第10条第1款和第2款规定，土地属于国家所有或集体所有，但土地之上的建筑物、构筑物及其附属设施等属于国家、集体及私人所有，户外广告占据空间资源与建筑物所有权密切相关，以致其属性存在争议。但是，我国户外广告有关的规章、规范性文件一般认为户外广告资源是政府管理的公共资源之一，例如2005年《山东省人民政府办公厅转发省财政厅、建设厅、工商局关于加强户外广告资源有偿使用收入管理的意见》（鲁政办发〔2005〕55号）指出："户外广告资源是城市公共资源，广告经营者设置户外广告获取经济收益，占用城市公共空间资源，必须依法缴纳有偿使用收入，这是政府对城市空间资源所有权的重要体现。"

4. 经营收益性

行政特许，大体可以分为从事经营行为的特许和非经营性的特许。❷户外

---

❶ 姜明安. 行政法与行政诉讼法［M］. 6版. 北京：高等教育出版社，2015：223.
❷ 王智斌. 行政特许的私法分析［M］. 北京：北京大学出版社，2008：24.

广告特许经营权主体凭借对特定公共空间资源上户外广告经营，及其进行与之有关的占有、使用等行为而获得收益，具有经营收益性。经营而取得收益是户外广告特许经营权人实现广告商业价值的手段之一，构成被授权主体取得特许经营权的目的，是户外广告特许经营存在的基础。因此，户外广告特许经营的法治规制应当关注特许经营产生的收益及其分配，增进其程序、结果的正当性。

（三）我国户外广告特许经营的法治规制现状

关于户外广告行政管理，1987 年《广告管理条例》第 13 条规定，"户外广告的设置、张贴，由当地人民政府组织工商行政管理、城建、环保、公安等有关部门制订规划，工商行政管理机关负责监督实施。在政府机关和文物保护单位周围的建筑控制地带以及当地人民政府禁止设置、张贴广告的区域，不得设置、张贴广告"；第 15 条第 2 款规定，"户外广告场地费、建筑物占用费的收费标准，由当地工商行政管理机关会同物价、城建部门协商制订，报当地人民政府批准"。1994 年《广告法》第 33 条规定，"户外广告的设置规划和管理办法，由当地县级以上地方人民政府组织广告监督管理、城市建设、环境保护、公安等有关部门制定"。国家工商行政管理局在 1995 年制定《户外广告登记管理规定》，并且在 1998 年修改，2006 年国家工商行政管理总局又颁布《户外广告登记管理规定》，并且印发《户外广告登记申请表》《户外广告登记证》等文书式样。

2015 年修订《广告法》第 41 条进行更为明确规定，"县级以上地方人民政府应当组织有关部门加强对利用户外场所、空间、设施等发布户外广告的监督管理，制定户外广告设置规划和安全要求。户外广告的管理办法，由地方性法规、地方政府规章规定"。鉴于《广告法》第 41 条第 2 款对户外广告立法权的明确规定，国家工商行政管理总局《户外广告登记管理规定》等有关文件失效，同时关于户外广告的地方性法规、地方政府规章及地方规范性文件大量涌现。

此外，《广告法》对于户外广告的内容和方式予以限制，例如第 22 条第 1 款规定，"禁止在大众传播媒介或者公共场所、公共交通工具、户外发布烟草广告"，又如第 42 条规定，"有下列情形之一的，不得设置户外广告：（一）利用交通安全设施、交通标志的；（二）影响市政公共设施、交通安全设施、交通标志、消防设施、消防安全标志使用的；（三）妨碍生产或者人民生活，损害市容市貌的；（四）在国家机关、文物保护单位、风景名胜区等的建筑控制地带，或者县级以上地方人民政府禁止设置户外广告的区域设置的"。2017年《城市市容和环境卫生管理条例》基于城市市容和环境管理的要求，对于户外广告设置予以规范，第 11 条规定，"在城市中设置户外广告、标语牌、画廊、橱窗等，应当内容健康、外形美观，并定期维修、油饰或者拆除。大型户外广告的设置必须征得城市人民政府市容环境卫生行政主管部门同意后，按照有关规定办理审批手续"。

二、户外广告特许经营的权力（利）配置

（一）户外广告空间权

囿于生产力和科学技术，人类早期的土地利用以地表平面为主，罗马法的土地绝对所有权的客体不仅为土地地表，而且泛指"上达天宇，下及地心"的地表之上的空中和之下的地中。❶19 世纪工业革命后，随着城市化快速推进、土地资源日益稀缺以及建筑技术的进步，人类对土地表面的平面利用，转向表面、空中、地下的立体利用，与土地权利既密切联系，又具有独立性的空间权应运而生。户外广告发布需要占用特定空间资源，对于此空间资源被用于户外广告的权利，称为户外广告空间权。

目前，我国民事立法尚未明确承认空间权，仅有《物权法》第 136 条关于建设用地使用权分层设立的规定，"建设用地使用权可以在土地的地表、地上或者地下分别设立。新设立的建设用地使用权，不得损害已设立的用益物权"。虽然根据物权法定原则，空间权尚缺乏明确的法律依据，但空间权是客观存在、可感知、可被利用的。关于空间权的法律性质，主要存在以下三种观点：（1）空间权是一项不动产财产权，可以分为空间所有权和空间利用权，

---

❶ 王卫国，王广华.中国土地权利的法制建设［M］.北京：中国政法大学出版社，2002：31.

后者又可以分为"物权性质的空间利用权"和"债权性质的空间利用权"。❶
（2）空间权是一项不动产物权，作为法律上的不动产，土地上下空间是具有
物权属性的法律客体。❷（3）空间权是一项新型用益物权，可以与土地所有权、
使用权相分离，主要特性和经济价值是对空间资源的开发、利用。❸我们认为
将空间权定性为用益物权，不仅充分利用空间的经济价值，而且与我国民事
法律体系相融合，因此户外广告空间权亦是用益物权。

关于户外广告空间权的权属配置，应当考虑户外广告占据的场所、空间
和设施等不动产的权属：私人所有的建筑物、构筑物以及集体所有土地之上
可以设置户外广告的，相关所有权人享有户外广告空间权；公共所有的建筑
物、构筑物以及国有土地之上可以设置户外广告的，相关所有权人享有户外
广告空间权，此项户外广告所有权为不动产所有权的权能，因行使户外广告
空间权的权能而获得的收益归属所有权人。相关不动产所有权人可以转让户
外广告空间权的权能，独立的户外广告空间权主体可以享有户外广告空间利
用的收益。

（二）户外广告空间资源管理权

因为户外广告占据场所、空间和设施等不动产的权属不同，户外广告空
间权被不同主体所享有，但是户外广告设置的空间资源具有公共属性，是一
座城市的公共空间资源。

作为公共资源，户外广告空间资源具有稀缺性并且关涉公共利益，地方
政府作为城市管理者因而拥有对户外广告空间资源管理权。户外广告空间资
源管理权是一项公权力，构成对户外空间权的限制，但不能剥夺户外空间权
的收益权能。

（三）户外广告特许经营权

利用空间资源发布户外广告的权利还被称为户外广告发布权，但户外广

❶ 刘德宽.民法诸问题与新展望［M］.北京：中国政法大学出版社，2002：72-77.
❷ 钱明星.论我国用益物权的基本形态［M］//易继明.私法（第1辑第2卷）.北京：北京大学出版社，2002.
❸ 王利明.空间权：一种新型的财产权［J］.法律科学，2007（2）.

告发布权概念却无法说明其的基础权利,是户外广告空间权抑或户外广告空间资源管理权?我国户外广告地方立法往往回避权利本源性规定,只能依稀发现不同权利观的痕迹:北京、上海和重庆等户外广告管理地方法规,依据户外广告空间权衍生逻辑,规定私人建筑物、构筑物和集体土地上的户外广告发布权归私人建筑物、构筑物的业主以及集体所有土地的集体所有,政府除行政许可外不加干涉;兰州、太原和哈尔滨等户外广告管理地方法规,则依据户外广告空间资源管理权衍生逻辑,规定无论私人抑或公共建筑物、构筑物和集体土地或国有土地,户外广告发布权均由地方政府以特许经营方式予以统一授予。我们认为,户外广告空间资源具有双重属性,仅有户外公共空间权不足以实现公共资源的有效配置,因此户外广告发布权的权利来源应当是户外广告空间资源管理权,可以称之为户外广告特许经营权。换言之,户外广告特许经营权是基于地方政府行使户外广告空间资源管理权的公权力而产生一项私权利。

三、户外广告特许经营权的授予机制

户外广告特许经营权源自户外广告空间资源管理权,地方政府作为权力主体,应当依据城市规划,按照法定方式,授予户外广告特许经营权,并且予以确权。

(一)户外广告的设置规划

林立的户外广告是城市繁荣的标志之一,但缺乏合理规划的户外广告在一定程度上会破坏景观环境、市场秩序,甚至公共安全,户外广告特许经营应当以良好规划为前提。目前,我国户外广告的设置存在部分设计、事后规划,缺乏科学统一的事前规划、整体设计等问题。

1.设置规划的实体规范

加强户外广告设置规划,是避免户外广告杂乱丛生的关键,《广告法》第41条明确要求县级以上地方人民政府应当组织有关部门制定户外广告设置规划,但缺乏户外广告设置规划的法律效力规定。同时,户外广告设置规划应当与城市规划相匹配,根据城市规划的要求对户外广告设置予以统一设计。

户外广告的设置规划需要考虑城市的整体布局和设计，结合城市风貌、城市定位、区域功能、建筑风格等实际情况，因地制宜地规范户外广告的风格、内容、色彩、尺寸、形式、布局、朝向、高度等，确保户外广告与周围建筑物、构筑物的环境协调，实现城市发展和城市规划设计的一致性。

户外广告的设置规划重点是依据区域功能的差异对户外广告的数量、规格、类型、形式等予以具体规定，即户外广告的设置区域可以分为禁止区、限制区及一般区：(1) 禁止区的设立应当符合《广告法》第 42 条规定，同时由各地方政府根据本地不同情况予以具体明确，以此充分发挥地方政府的积极性，并且避免地方政府滥用行政权力。(2) 在限制区设置的户外广告，不得对区域环境、建筑物或构筑物风貌，以及安全产生影响，例如禁止在建筑物、构筑物上设置屋顶广告，以防止坠落产生的安全隐患，又如严格控制区域内户外广告的密度，对其设置予以行政指导。❶ (3) 一般区规划在商业活动、餐饮娱乐、火车站等人流密集的地区和路段，可以减少对户外广告设置的限制，鼓励安装与周边环境相协调的户外广告，但重点对户外广告设置的安全性加以要求。

2. 设置规划的公众参与

户外广告的设置规划具有较强专业性，设置规划应当由城市规划等行政部门组织城市管理方面的专家进行专业论证，并且规划设置涉及城市管理者、生产经营者和公众等多方主体的利益，应当采取协商民主方式，吸收多方主体参与，充分听取各方意见，通过设置规划制定的民主性来增进其科学性。

公众是户外广告设置规划的重要利益主体，促进设置规划的公众参与，有助于提升公众参与城市管理的意识，强化公众对设置规划的监督，确保设置规划的长久性、有效性和可执行性，我国应当针对户外广告设置规划设计行之有效的公共参与机制：(1) 明确公众参与的法律地位。户外广告的设置规划具有明显命令性质，对户外广告的设置行为产生强制性效果，应当明确将公众参与作为户外广告设置规划合法有效的前提。(2) 扩大公众参与的主体

---

❶ 邱晓红. 城市户外广告设置规划初探 [J]. 城市问题，2006 (6).

范围。公众参与的核心在于征求相关利害关系人的意见，户外广告设置规划的利害关系人除了政府有关职能部门、代表公众利益的群体、广告经营者及其行业协会外，还应当包括户外广告空间权主体。（3）延伸公众参与的程序阶段。考虑公众参与贯穿户外广告设置规划制定的全过程，不仅在户外广告设置规划草案编制阶段，公众参与设置规划范围、因素等方面，而且草案应当及时向社会公众公布，广泛地听取公众的意见和建议，最终形成户外广告设置规划，经规划部门批准后予以公布实施。（4）健全公众参与的活动方式。公众可以通过参加听证会、座谈会等方式参与户外广告的设置规划。相关职能部门应当高度重视公众的意见和建议，建立户外广告设置规划的多渠道、常态化的公众参与机制。

（二）户外广告特许经营权的授予方式

户外广告特许经营权本质上是一种垄断权，即地方政府基于户外广告公共资源管理权授予特定主体在限定空间资源上享有独家发布广告的权利。为避免行政垄断，户外广告特许经营权的授予应当以竞争性方式为主，例如拍卖或招标。

但是，户外广告空间资源不应当一概予以商业化利用，公益户外广告特许经营权授予不宜一刀切采取拍卖或招标方式，以免增大公益广告成本。我们建议，户外广告特许经营权授予应当考虑将商业广告和公益广告予以区别对待，或者在户外广告特许经营权拍卖或招标中做出保留一定比例公益广告位的要求。

四、户外广告特许经营权的收益分配

户外广告空间资源管理权主体以拍卖或招标方式授予户外广告特许经营权而取得的收益，目前存在不同的分配模式。

（一）政府的收益独占模式

此模式下，相关职能部门不考虑户外空间权主体的差异，统一对户外广告特许经营权予以拍卖或招标，所得收益不归属于场所或设施所有人，而是全部上缴财政，用于城市公共事业发展。例如，2011年《长春市户外广告设置管理办法》第 24 条规定："户外广告设置占道费按照价格部门规定的标准收取。户外广告设置占道费和招标、拍卖户外广告设置权所得费用应当在财政专户存储，专项用于城市市容建设。"

（二）政府与私人的收益分成模式

此模式下，户外广告特许经营权拍卖或招标所得收益在政府和户外空间权的私主体之间按特定比例分配。例如，2012 年《石家庄市户外广告设置管理办法》第 14 条第 2 款规定："拍卖户外广告设置位置所得收入，全部上缴市财政专户。拍卖非公共产权建筑物、构筑物、场所的广告设置位置使用权所得收入，由市财政按拍卖成交价款 50% 的比例 1 个月内划拨给业主单位。"

我们认为，地方政府依据自己享有户外广告空间权而获取收益，并无疑义；但是，对于其他主体享有户外广告空间权的，地方政府依据户外广告空间资源管理权而获取收益，无论独占抑或分成，均缺乏法理上的正当性。因此，对于户外广告特许经营权拍卖或招标取得的收益，扣除必要成本、费用后，应当依据户外广告空间权予以分配。同时，对于拍卖或招标而取得户外广告特许经营权收益及其分配情况应当公之于众，以增强公众对户外广告特许经营的认可度，并且加强对其的公众监督。

第四章　互联网广告的法治规制

第一节　社交媒体广告

一、社交媒体广告概述

（一）社交媒体广告的概念

随着 web 2.0 技术的发展，社交媒体取得了爆炸性增长，其与经济社会高度融合，对广告业产生深刻影响。社交媒体依托互联网实时性、交互性的优势，对于目标消费者定位远比其他任何媒体都要精确，❶互联网广告尤其是社交媒体广告在整个广告收入中的比重因而迅速提升，并且越来越多的生产经营者积极投身于社交媒体广告所带来的商业浪潮。

2016 年原国家工商行政管理总局出台的《互联网广告管理暂行办法》第 3 条规定："本办法所称互联网广告，是指通过网站、网页、互联网应用程序等互联网媒介，以文字、图片、音频、视频或者其他形式，直接或者间接地推销商品或者服务的商业广告。前款所称互联网广告包括：（一）推销商品或者服务的含有链接的文字、图片或者视频等形式的广告；（二）推销商品或者服务的电子邮件广告；（三）推销商品或者服务的付费搜索广告；（四）推销商品或者服务的商业性展示中的广告，法律、法规和规章规定经营者应当向消费者提供的信息的展示依照其规定；（五）其他通过互联网媒介推销商品或者服务的商业广告。"所谓社交媒体，是指微信、微博、图片和视频分享、社交

---

❶ 温斯顿·弗莱彻.广告［M］.张罗，陆赟，译.南京：译林出版社，2014：61.

图书营销和社交新闻等互联网用户自主创造内容的新媒体。❶ 作为一种特殊的互联网广告，我们认为，社交媒体广告是指以互联网为载体，广告主自行或委托他人通过社交媒体平台，用声音、文字、图像或视频等多种形式公开向社会公众传播商品或服务信息的广告。

（二）社交媒体广告的分类

1.按发布主体划分

根据发布主体的身份特征，社交媒体广告可以分为普通自然人广告和自然人荐证者广告：（1）前者由普通自然人发布，在客户端界面编辑广告，利用自己的微信朋友圈、微博好友圈、QQ 空间、短视频分享软件及亲友转发等方式，面向较小范围的好友或粉丝进行广告宣传。但是，诸如出售自用的二手房产、汽车等偶发性信息发布，因不具有持续经营性质，不属于《广告法》规制范围，应当适用一般性民事法律规范。（2）后者往往由明星、微博"大V"、知名博主或网红等知名度较高的自然人在社交媒体进行商品或服务的推荐和证明。由于自然人荐证者拥有广泛的公众基础和粉丝团体，其发出的社交媒体信息可以迅速、广泛地传播，并且关注者往往基于信赖或仿效而购买商品或接受服务。某些领域的专家学者在社交媒体上宣传商品或服务，因其专业权威性而受到公众的普遍认可，亦产生广泛的影响力。

2.按发布平台划分

根据发布平台的类型不同，社交媒体广告可以分为以下类型：（1）即时通讯社交媒体广告。在我国，占据主导地位的即时通讯社交媒体是腾讯公司推出的"微信"，"微信"的"朋友圈""公众号"及"微信群"等在方便互联网用户沟通交流、了解资讯的同时，成为广告嵌入的重要载体。朋友圈广告是最活跃的形式之一，互联网用户只需简单操作便可以在朋友圈中添加商品或服务的图片和文字，一则社交媒体广告随即呈现在客户端界面，引发好友转发、点赞、评论等信息传播效果。公众号亦是比较流行且受欢迎的商品或服务营销方式，例如，"人类关怀计划"公众号在每篇文案后会巧妙地衔接某化

---

❶ 李学龙，龚海刚.大数据系统综述［J］.中国科学：信息科学，2015（1）.

妆品广告，并设置跳转淘宝的链接，以吸引读者消费。此外，一些生产经营者专门从事微商活动，将众多消费者拉进特定微信群，通过群消息推送广告，并且伴随裂变式传播，群内消费者将更多消费者邀请进群，以得到商品或服务的促销优惠。（2）微型博客社交媒体广告。新浪公司推出的新浪微博是大众娱乐服务信息分享与交流的重要平台。微博结合关键词和新型关联技术，记录互联网用户的搜索习惯，生产经营者据此可以准确定位互联网用户的个人偏好，基于互联网用户日常的浏览习惯而通过"粉丝"身份关注互联网用户。此外，作为粉丝关注的信息来源，一些"大 V"在微博上推荐、证明自己代言的商品或服务，发挥隐性广告的营销宣传作用。（3）短视频分享社交媒体广告。抖音等短视频分享社交软件可以通过短暂时间内让消费者直观感受到商品或服务特征，甚至有些服装类经营者通过此类社交媒体来展示其经营的服饰穿着效果，引导消费者的购买需求。

（三）社交媒体广告的特点

1. 即时性

相比于传统广告的单一、固定传播方式，社交媒体广告借助电脑端、移动终端等进行传播，不受时空约束，可以随机灵活的发布广告。许多社交媒体平台还具有消息设置功能，如果互联网用户在安装之初不选择关闭，那么这些广告会随时提醒互联网用户浏览，只要有网络，用户端不论在世界何地，均可以收到即时资讯，避免了传统媒体广告定时发布、周期长的劣势。

2. 裂变性

社交媒体广告一经发布就会极速传播，受众范围十分广泛。某一互联网用户转载了包含广告信息的讯息，此互联网用户的所有好友或粉丝不仅会看到此条广告，若纷纷予以转发，将产生类似细胞分裂的效果，即由点到面的裂变式传播。

3. 交互性

在以互联网为载体的社交媒体平台上，消费者可以将其购买商品或接受服务的体验效果方便地反馈，例如购物网站上的互联网用户评价，将不再是一对一，而是延伸到一对多、多对多的形式，由此引发广告的雪球传播

效应。❶

4. 多样性

在大数据时代背景下，社交媒体平台的数据分析和分享技术水平快速提高，社交媒体广告呈现更加广泛的开放程度，平台的多样化为互联网用户和生产经营者提供更多选择的可能。总体而言，社交媒体广告平台主要有搜索引擎广告、移动客户端的网络广告和其他终端为载体的网络广告等，表现方式包括搜索结果、弹窗、问答嵌入链接、界面或内容载入等。

（四）社交媒体广告法治规制的意义

1. 构建完善的广告法律体系

我国广告法律制度主要针对的是传统广告，社交媒体广告具有即时性、裂变性、交互性和多样性等特点，以致《广告法》等适用于社交媒体广告，存在诸如主体界定不清、平台规则缺失、监管落后、责任规制等较多问题。建立健全社交媒体广告的法治规制，实现互联网自由和传统法律价值保护之间的倾斜和平衡，已经成为我国广告法律规范体系建设的重要内容之一。

2. 保护消费者合法权益

相较传统广告，社交媒体广告可能在更多方面侵害消费者权益。例如，不法分子可能利用社交媒体广告进行诈骗和盗窃犯罪活动，有的广告发布者发布带有网络链接的广告，互联网用户只要输入账号密码就能领"红包"折抵金额，结果造成互联网用户银行卡、信用卡账户信息被窃取，导致经济损失，侵害消费者的隐私权、财产权。又如，一些电商为赚取商业利益雇用专业刷单员"刷单"，虚构销量和评价，并将其在社交媒体中宣传以误导消费者，侵害消费者知情权。利用社交媒体广告侵害消费者合法权益的现象层出不穷，社交媒体已经成为虚假广告的"重灾区"，亟待从保护消费者立场出发强化对社交媒体广告的法律规制。

3. 维护市场经济秩序

广告主体不但会利用社交媒体的优势引导消费者，更可能通过洞悉并掌

---

❶ 李淑芳. 广告伦理研究［M］. 北京：中国传媒大学出版社，2009：35-37.

控消费者心理来实现商业效益，甚至诋毁同行的商业信誉，从事不正当竞争行为。诸如虚假销量和评价的广告行为在侵犯消费者权益的同时，也打压同行的市场生存空间，破坏了本行业的竞争环境，对市场诚信体系建设也造成严重的损害。

（五）社交媒体广告的法治规制现状

2015 年《广告法》修订，增加了互联网广告条款。《广告法》第 44 条规定，"利用互联网广告从事广告活动，适用本法的各项规定。利用互联网发布、发送广告，不得影响互联网用户正常使用网络。在互联网页面以弹出等形式发布的广告，应当显著标明关闭标志，确保一键关闭"；第 45 条规定，"公共场所的管理者或者电信业务经营者、互联网信息服务提供者对其明知或者应知的利用其场所或者信息传输、发布平台发送、发布违法广告的，应当予以制止"。《广告法》关于互联网广告的原则性规定，适用于社交媒体广告，但过于笼统且缺乏可操作性，亟待次级立法予以具体规定。2016 年原国家工商行政管理总局颁布的《互联网广告管理暂行办法》推进《广告法》对于互联网广告的法律适用，但缺乏关于社交媒体广告的针对性规范。

2018 年《电子商务法》第 2 条第 2 款规定，"本法所称电子商务，是指通过互联网等信息网络销售商品或者提供服务的经营活动"，同时第 3 款规定，"法律、行政法规对销售商品或者提供服务有规定的，适用其规定。金融类产品和服务，利用信息网络提供新闻信息、音视频节目、出版以及文化产品等内容方面的服务，不适用本法"。由此可见，社交媒体平台不同于电子商务平台，其主要从事社会交往活动而不是经营活动，属于《电子商务法》第 2 条第 3 款的除外范围。但是，在互联网平台功能日益聚合的背景下，社交媒体平台若是开放生产经营者入驻功能，允许其依托平台开展生产经营活动，则在此种应用场景下社交媒体平台便兼具了电子商务平台的属性，即《电子商务法》第 9 条第 2 款规定，"本法所称电子商务平台经营者，是指在电子商务中为交易双方或者多方提供网络经营场所、交易撮合、信息发布等服务，供交易双方或者多方独立开展交易活动的法人或者非法人组织"❶，从而适用《电子商务法》规定。

近年来，我国加强互联网治理，国家互联网信息办公室针对社交媒体先后出台 2016 年《互联网直播服务管理规定》、2017 年《互联网论坛社区服务管理规定》、2017 年《互联网群组信息服务管理规定》、2017 年《互联网用户公众账号信息服务管理规定》及 2018 年《微博客信息服务管理规定》等规范文件，旨在规范社交媒体等互联网服务，促进互联网行业健康有序发展，但遗憾的是，社交媒体广告的针对性规定暂付阙如。

二、社交媒体平台的审查义务

社交媒体广告发布需要依托特定社交媒体平台，因此充分发挥社交媒体平台的作用，是实现社交媒体广告法治规制的关键，应当由社交媒体平台承担广告主体准入和广告内容审查法律义务。

（一）社交媒体平台的广告主体准入义务

1995 年《广告法》采取传统广告的"三方架构"，其中第 2 条第 2 款、第 3 款和第 4 款规定："本法所称广告主，是指为推销商品或者提供服务，自行或者委托他人设计、制作、发布广告的法人、其他经济组织或者个人。本法所称广告经营者，是指受委托提供广告设计、制作、代理服务的法人、其他经济组织或者个人。本法所称广告发布者，是指为广告主或者广告主委托的广告经营者发布广告的法人或者其他经济组织。"2015 年《广告法》修订，第 2 条新增第 5 款："本法所称广告代言人，是指广告主以外的，在广告中以自己的名义或者形象对商品、服务作推荐、证明的自然人、法人或者其他组织。"总之，我国广告立法建立广告主、广告经营者、广告发布者和广告荐证者的四方主体架构。同时，依据《广告法》第 32 条规定："广告主委托设计、制作、发布广告，应当委托具有合法经营资格的广告经营者、广告发布者。"即广告经营者、广告发布者还存在准入限制。但是，在社交媒体广告中，存

---

❶ 电子商务法起草组.中华人民共和国电子商务法条文释义［M］.北京：法律出版社，2018：48–49.

在多方主体混同的现象，例如广告主自行发布广告，其同时亦是广告发布者；广告发布者以自己名义对商品或服务进行推荐的，同时亦是广告荐证者。不同法律主体依法承担不同的法律义务和法律责任，厘清社交媒体广告各方主体的法律地位，是社交媒体广告法治规制的基础和前提。

社交媒体平台应当对于广告主体予以准入审查，对于相关主体的法律地位及其真实信息予以确认：（1）社交媒体平台应当对申请进入平台内的广告主体提交的身份信息证明予以真实有效性审查，广告发布者应当具备相关资质，在取得形式与实质双重要件后，方可允许广告发布者在平台内发布广告；（2）社交媒体平台应当对广告主、广告发布者、广告荐证者的网络地址予以记录并留存备案，并且建立定期公布有关主体的信息档案，以便于社会监督；（3）社交媒体平台应当向市场监督管理部门报送广告主、广告发布者、广告荐证者的身份信息，为其办理行政登记提供便利；（4）社交媒体平台与相关广告主体在准入阶段应当以平台服务协议和交易规则等方式明确其有关义务，以保护消费者的合法权益。

（二）社交媒体平台的广告内容审查义务

《广告法》第34条规定："广告经营者、广告发布者应当按照国家有关规定，建立、健全广告业务的承接登记、审核、档案管理制度。广告经营者、广告发布者依据法律、行政法规查验有关证明文件，核对广告内容。对内容不符或者证明文件不全的广告，广告经营者不得提供设计、制作、代理服务，广告发布者不得发布。"《互联网广告管理暂行办法》第12条进一步规定："互联网广告发布者、广告经营者应当按照国家有关规定建立、健全互联网广告业务的承接登记、审核、档案管理制度；审核查验并登记广告主的名称、地址和有效联系方式等主体身份信息，建立登记档案并定期核实更新。互联网广告发布者、广告经营者应当查验有关证明文件，核对广告内容，对内容不符或者证明文件不全的广告，不得设计、制作、代理、发布。互联网广告发布者、广告经营者应当配备熟悉广告法规的广告审查人员；有条件的还应当设立专门机构，负责互联网广告的审查。"

社交媒体广告中，除广告发布者或广告荐证者对广告内容审查以外，我们认为，应当由社交媒体平台进一步加强对广告主体后续行为的审查，其审查义务包括但不限于以下：（1）参照《广告法》第14条第2款规定，社交媒体平台应当对广告标识予以审查，即广告主、广告发布者、广告荐证者发布广告的，应当显著标明"广告"，以便于消费者辨别区分；（2）参照《电子商务法》第38条第2款规定，对于社交媒体上发布的关系消费者生命健康的商品或者服务广告，社交媒体平台应当对其内容的合规性、真实性予以审查，对于违反有关法律规范或虚假广告予以删除、屏蔽、断开链接的处理；（3）参照《电子商务法》第39条第1款规定，社交媒体平台应当建立对有关广告主体的信用评价制度，公示信用评价规则，为消费者提供对社交媒体广告进行评价的途径，并且便利消费者对于有关信用评价信息的查询。

三、社交媒体广告的行政监管

对于传统广告的行政监测已经是广告行政监管的难题，其困难被社交媒体广告进一步放大。互联网技术的突飞猛进，让既有的广告行政监测相形见绌，给广告监测队伍建设、人员配置和技能要求带来新的挑战。同时，社交媒体广告发布灵活，删除或清理违法广告的机动性也较强，以致市场监督管理部门存在取证难问题。我们认为，应当进一步加强广告行政监测能力建设：（1）加大对广告行政监测的财力支持，完善广告行政监测的软硬件，尽快制定社交媒体广告的技术性标准，建立高素质的专业执法队伍，提升市场监督管理部门的广告行政机关总体水平；（2）创新对于违法广告的证据提取手段，运用信息技术工具广泛地采集社交媒体广告中违法内容，利用加密技术固定证据，并且存储到数据库中保存证据，提高证据的证明力；（3）健全对于有关证据采集、保存过程的监控，形成完整的证据链，确保过程的公开与取证的合法性。

此外，我国应当进一步加强行政监管和社交媒体平台及其行业组织的合作。客观上，广告行政监测的效率较低，尤其是互联网技术快速发展造成社交媒体广告主体的技术规避负激励效应。但是，社交媒体平台本身承担广告主体准入和广告内容审查法律义务，其行业组织拥有技术和资源优势，因此市场监督管理部门与社交媒体平台及其行业组织的合作，有助于行政监管成本的节约。例如，参照《电子商务法》第 31 条规定，要求社交媒体平台对发布的社交媒体广告予以记录、保存，并且保存时间自发布之日起不少于 3 年，市场监督管理部门可以与社交媒体广告平台的数据库链接，提取有关记录作为违法广告行政监管的重要证据。

第二节　互联网定向广告

一、互联网定向广告中个人信息安全风险

随着互联网技术的广泛应用和迅猛发展，互联网定向广告应运而生。互联网定向广告又被称为精准广告、个性化广告，其核心运作机制是借助 Cookies 等信息数字技术，收集互联网用户在线行为信息，通过对有价值信息的分析与挖掘，建立个人信息库，根据预测出的互联网用户偏好和需求规律，进行精准地商品或服务信息个性化投放。互联网定向广告能够为消费者提供更准确、更便利的消费信息，增强其交互体验感，并且为广告投放者节约成本，获取更多经济效益。但是，互联网定向广告因其所具有的复杂性与不透明性等因素，对个人信息保护产生破坏性影响。在充分发挥互联网技术促进定向广告发展的同时，需要运用法律手段防范互联网定向广告对个人信息的侵害，以减少互联网定向广告的负面影响，充分实现其正面功能。

1987 年《民法通则》没有关于隐私和个人信息的规定，1988 年最高人民法院出台《关于贯彻执行〈民法通则〉若干问题的意见（试行）》（法（办）发〔1988〕6 号）规定，"以书面、口头等形式宣扬他人的隐私……造成一定影响的，应当认定为侵害公民名誉权的行为"，即以名誉权保护涵盖隐私保护，尔后诸多立法又以隐私涵盖个人信息，例如《行政处罚法》第 42 条第 1 款第 3 项、《民事诉讼法》第 66 条等均以"国家秘密、商业秘密和个人隐私"统称需要予以特殊保护的信息。2009 年《侵权责任法》第 2 条第 2 款将隐私

权单列民事权益之一。2012 年全国人大常委会《关于加强网络信息保护的决定》（简称 2012 年《决定》）关于"识别公民个人身份和涉及公民个人隐私的电子信息"提法，在一定程度上区分隐私与个人信息。2016 年《网络安全法》第 45 条首次将个人信息、隐私和商业秘密并列。2017 年《民法总则》对隐私权和个人信息保护并行规定在前后条款之中，即第 110 条第 1 款将隐私权列为自然人具体人格权之一，第 111 条规定自然人的个人信息受法律保护以及相对方的保护义务。2018 年《电子商务法》第 25 条、第 87 条坚持个人信息、隐私和商业秘密并列的立法模式。隐私与个人信息的交错关系映射于互联网定向广告之中，更为复杂乃至模糊，因此应当基于互联网定向广告视角，通过隐私权和个人信息保护比较，厘清其范围和内容。

（一）互联网定向广告中个人信息安全风险的范围

2016 年《网络安全法》第 76 条第 5 项规定："个人信息，是指以电子或者其他方式记录的能够单独或者与其他信息结合识别自然人个人身份的各种信息，包括但不限于自然人的姓名、出生日期、身份证件号码、个人生物识别信息、住址、电话号码等。"个人信息的识别性及其与特定自然人的关联性是区别其他信息的关键。❶刘金瑞按照个人信息所负载利益的对其予以类型化：（1）个人私密信息，系一旦披露导致人格尊严受损的个人信息；（2）个人特征信息，系能够直接识别主体身份的个人信息；（3）可能影响人的消极自由的个人信息，系滥用此类个人信息，可能侵扰当事人不被打扰的生活安宁；（4）可能影响人的积极自由的个人信息，因个人行为所伴生的个人生活经历信息和个人足迹信息。前两类与个人尊严存在直接关系，后两类与个人尊严没有直接关系。❷

互联网定向广告利用 Cookies 等技术在线抓取的互联网用户 ID、浏览网页、搜索关键词、浏览时间等个人信息，进而分析其兴趣爱好、媒介习惯等消费人群特征，该环节主要使用的是第（4）类个人信息，但在互联网定向广

---

❶ 陈甦.民法总则评注（下）[M].北京：法律出版社，2017：786.
❷ 刘金瑞.个人信息与权利配置——个人信息自决权的反思与出路[M].北京：法律出版社，2017：134–136.

告投放环节则可能使用的是第（3）类信息。因为互联网定向广告以设备信息或互联网标识为定向，一般不会涉及姓名、身份证号、肖像等第（2）类信息，第（1）类信息对互联网定向广告基本上没有意义。申言之，就个人信息本身而言，互联网定向广告使用的 Cookies 等信息一般不涉及个人尊严的问题。但是，一旦互联网定向广告使用的信息与诸如消费信息、社交网络等其他能够识别本人身份的信息相结合，则极有可能引发对人格尊严的侵害，即构成对隐私权侵害。当然，隐私范畴不限于信息性隐私，还包括个人生活空间、个人生活方式等非信息性载体的隐私。❶因此，法律应当对信息使用者的信息收集、保存、转移和使用行为予以明确要求。

（二）互联网定向广告中个人信息安全风险的内容

隐私权保护与个人信息保护在内容上存在交叉和重合，但隐私权主要强调个人秘密不受他人的非法披露，因此法律保护重点是对个人私密信息的非法披露予以预防和救济。个人信息保护的核心是个人对相关信息的支配和自主决定，因此权利保护的内容包括互联网用户对个人信息被收集、使用等行为的知情权，以及自己使用或者授权他人使用的决定权等，即便是可以公开且必须公开的个人信息，互联网用户也应当予以一定控制，权利化术语称之为"信息自决权"。互联网定向广告是对记录互联网用户在线行为的 Cookies 等信息予以收集、保存、使用，Cookies 等信息不是隐私权客体，披露也仅涉及保存单一环节，因此隐私权保护不能成为互联网定向广告中个人信息法律保护的权利基础。互联网定向广告中个人信息安全的侵害主要是未经许可而收集和使用个人信息，表现为非法搜集、非法使用、非法存储、非法加工或非法倒卖个人信息等行为形态。

（三）互联网定向广告中个人信息安全的风险表现

互联网定向广告所运用的定向技术极其复杂，其可能会不当收集、使用和泄露个人信息，以致个人信息的风险与日俱增。

---

❶ 朱芸阳.定向广告中个人信息的法律保护研究——兼评"Cookie隐私第一案"两审判决［J］.社会科学，2016（1）.

1. 互联网定向广告中个人信息的不当收集风险

互联网用户对自己个人信息的控制存在较为严重的技术障碍，虽然可以通过拒绝或删除浏览器上Cookies等方式阻断个人信息被收集，但越来越多的网络服务提供者将追踪技术与本地共享对象关联，使得互联网用户难以删除有关信息，无法控制个人信息是否被收集。经营者可能会超出互联网定向广告对个人信息的需要，收集大量非必要或完全无关但具有敏感性的个人信息，例如身份证号码、宗教信仰、党派信息、配偶资料乃至联系人资料等。这些个人信息具有身份的高度关联性，与互联网用户生活经历信息和个人数字信息串联起来，虽有助于经营者对个人信息的资源开发，但严重侵害"裸奔"数据人的人格尊严。随着大数据分析技术的发展，经营者享有更多的便利可以较为全面了解消费者，❶ 即对非身份个人信息进行数据建模，加之分析互联网用户在网络活动中透露出的其他信息，就能够描绘出个人特征，进而对大量未知信息予以识别，因此互联网用户对收集自己的个人信息行为处于不知情或无法控制的困境。

2. 互联网定向广告中个人信息的不当使用风险

互联网定向广告经营者收集的个人信息，一方面被用于本身商业目的数据分析，另一方面可能被用于共享或交易，从而流入其他经营者手中。互联网定向广告经营者之间为了合作利益而展开信息交流，共享各自收集到的个人信息，使得个人信息会被更多经营者所利用，由此对个人信息予以侵害。有些互联网定向广告经营者为了获取更多利益而将个人信息作为商品来打包销售，尤其吸引信贷、保险等机构购买者，后者对购买的个人信息展开二次开发。这些个人信息的共享和交易行为因互联网定向广告的不透明性难以被互联网用户所知悉，个人信息的二次开发过程又缺乏监管，互联网用户不知晓自己的个人信息是否挪作他用，更无法控制个人信息被收集后的使用。

3. 互联网定向广告中个人信息的不当泄露风险

个人信息一旦被收集，就存在被泄露的风险。个人信息泄露的原因不外

---

❶ 朱松林.论行为定向广告中的网络隐私保护［J］.国际新闻界，2013（4）.

乎互联网定向广告经营者的数据保护技术不够严谨和发达，或者被恶意攻击数据库以获取个人信息的违法行为，抑或二者叠加。❶ 无论互联网用户的疏忽披露，信息收集者的擅自提供、越权买卖，还是他人的非法盗取，个人信息一旦被泄露，就会连锁产生极大的风险，尤其敏感性个人信息的泄露，可能带来严重的财产损失、精神损害等。一些互联网用户为了获取免费商品或服务，将个人信息泄露给互联网定向广告经营者，倘若产生许多无法预料的后果，经营者往往以受害人同意为抗辩理由阻断其获取个人信息的违法性。❷

（四）我国互联网定向广告中个人信息安全风险的法治规制现状

个人信息保护乃是信息社会的发展基础，法律对个人信息收集、使用行为予以规制，有助于信息的产业化进程，以及应对大数据和互联网对个人信息的冲击。我国个人信息保护立法以刑法先行，2009 年《刑法修正案（七）》增设第 253 条之 1 的侵犯公民个人信息罪。2012 年《决定》对公民个人电子信息予以较为全面的保护。2013 年《消费者权益保护法》修改，第 13 条规定消费者享有个人信息依法得到保护的权利，第 29 条对经营者的个人信息保护义务予以规定，第 50 条、第 56 条规定经营者侵害消费者个人信息的法律责任。2016 年《网络安全法》专设第四章网络信息安全，承袭 2012 年全国人大常委会《关于加强网络信息保护的决定》和《消费者权益保护法》，对网络运营者的个人信息保护义务予以较为全面、深入地规定。2017 年《民法总则》单设第 111 条规定自然人的个人信息受法律保护以及相对方的保护义务。2018 年《电子商务法》除第 22 条对经营者的收集、使用互联网用户个人信息的行为予以规范，还在第 23 条首次明确互联网用户查询、更正、删除与注销等信息自决权的内容以及经营者相应的义务。总之，个人信息保护已经成为近年来我国法律制定、修改的关注焦点，初步形成以刑事、民事基本法为基础，网络安全、消费者保护、电子商务专门立法为支撑的个人信息法律规制体系。

---

❶ 程明，赵静宜.论大数据时代的定向广告与个人信息保护——兼论美国、欧盟、日本的国家广告监管模式［J］.浙江传媒学院学报，2017（4）.

❷ 王全弟，赵丽梅.论网络隐私权的法律保护［J］.复旦学报：社会科学版，2002（1）.

2014 年在中国广告协会网络互动分会的主持下，新浪、搜狐、网易、腾讯、百度等主流互联网企业、广告公司、第三方公司和广告主多方参与，发布了《中国互联网定向广告用户信息保护行业框架标准》（以下简称《框架标准》），通过行业自律手段保护互联网用户的个人信息，将个人信息安全作为互联网数据使用的前提。《框架标准》规定了较为具体的操作办法，建立合规审查、互联网用户投诉等个人信息保护机制。但是，《框架标准》仅是行业协会提出的行业标准，不具有法律效力，况且我国也缺乏美国式行业自律机制。因此，对于互联网定向广告对个人信息的侵害无法依赖于行业自律，还需要建立法律主导下个人信息侵害行为的规制体系。

目前，我国个人信息保护的法律规定较为分散且不够具体，立法碎片化严重影响个人信息的法律规制。因此，加强个人信息保护的顶层设计，制定《个人信息保护法》，尽快统一各领域各行业个人信息保护的立法，已经成为普遍共识。同时，鉴于互联网定向广告侵害个人信息的问题具有差异性、特殊性和复杂性，应当在《个人信息保护法》统一规定的同时，对互联网定向广告的个人信息保护予以专门立法，进一步明确互联网定向广告经营者等相关主体的义务与责任，健全个人信息的法律保护体系。

二、互联网定向广告用户的自主控制

互联网用户对个人信息的自决控制是互联网定向广告中个人信息安全风险防范的关键，主要包括互联网用户对个人信息的事前授权和事后退出。

（一）用户对个人信息的事前授权

2012 年全国人大常委会《关于加强网络信息保护的决定》规定："网络服务提供者和其他企业事业单位在业务活动中收集、使用公民个人电子信息，应当遵循合法、正当、必要的原则，明示收集、使用信息的目的、方式和范围，并经被收集者同意，不得违反法律、法规的规定和双方的约定收集、使用信息。网络服务提供者和其他企业事业单位收集、使用公民个人电子信息，应当公开其收集、使用规则。"《消费者权益保护法》第 29 条第 1 款、《网络安全法》第 41 条第 1 款采取近乎一致的规定，此被称为个人信息的"告知—

同意"机制，即信息控制者对互联网用户告知其收集的个人信息种类、使用目的、用途、是否进行二次开发等事宜，互联网用户自主决定其个人信息是否、在何种范围、向何人如何公开。

"告知"与"同意"有机结合，知情是授权的前提，也是个人信息自决控制的信息要素。❶ 互联网定向广告经营者一般以"隐私政策声明"方式向互联网用户予以告知，但隐私政策声明通常冗长且内容过于专业，互联网用户难以理解。在现实中，绝大多数互联网用户不会阅读隐私政策声明而直接选择同意；部分互联网用户点开且大概浏览，但不会仔细了解相关内容；仅有极少数互联网用户会仔细阅读条款，但由于条款的晦涩难懂，互联网用户无法真正理解互联网定向广告的 Cookies 技术对个人信息收集与使用。此种情形下的"同意"不是充分获取、了解"告知"并考虑后做出的选择，以致隐私政策声明形同虚设，不能真正保障互联网用户对个人信息的自决控制。我国应当加强互联网定向广告个人信息收集、使用立法，以更为详细的法律规范替代经营者各行其是的隐私政策声明，使之集中于经营者独具特色的方面，同时应当建立以互联网用户个体认知为基础的告知义务履行标准，督促互联网定向广告经营者以通俗易懂的方式向互联网用户阐明隐私政策。

"同意"是互联网用户对个人信息被收集、使用的授权，未经互联网用户同意不得采集其个人信息。"同意"形式包括明示同意和默示同意两种，在理论上，明示同意会加大互联网定向广告经营者收集互联网用户个人信息的难度，最大程度上保障互联网用户的知情权和选择权，更好地实现互联网用户对个人信息的控制。但是，明示同意势必降低互联网用户的消费体验，并不一定受到互联网用户欢迎，也会制约互联网行业的创新和发展。鉴于明示同意的做法过于严厉反而缺乏执行力，目前互联网定向广告普遍地采用的是默示同意形式。我国应当采取个人信息分级制度，敏感性较强的信息适用"明示同意"；敏感性一般的信息可以允许适用"默示同意"。同时，互联网用户对互联网定向广告经营者的隐私条款仅有被动接受和拒绝的选择自由，一旦

---

❶ 齐爱民.拯救信息社会中的人格——个人信息保护法总论［M］.北京：北京大学出版社，2009：260.

拒绝便无法使用经营者提供的互联网商品或服务，缺乏对隐私政策条款的协商。我国应当以法律方式要求互联网定向广告经营者根据隐私政策的不同提供差异化的互联网商品或服务，建立以消费者协会为互联网用户代表与经营者的隐私政策协调机制。

（二）用户对个人信息的事后退出

互联网用户对个人信息的自决控制，既包括有权决定本人的个人信息可否被收集、被收集的范围、被收集的时间，亦包括当互联网用户不愿意个人信息持续被收集时，可以自行退出。《电子商务法》第24条规定："电子商务经营者应当明示用户信息查询、更正、删除以及用户注销的方式、程序，不得对用户信息查询、更正、删除以及用户注销设置不合理条件。电子商务经营者收到用户信息查询或者更正、删除的申请的，应当在核实身份后及时提供查询或者更正、删除用户信息。互联网用户注销的，电子商务经营者应当立即删除此用户的信息；依照法律、行政法规的规定或者双方约定保存的，依照其规定。"目前，若互联网用户关闭 Cookies 需要预先在浏览器选项中手动将 Cookies 设置为禁用模式，才能避免被"追踪"。❶ 但是，此 Cookies 的关闭方法一般规定在互联网定向广告经营者的隐私政策声明中，大多数互联网用户并不知道这一操作，加之操作不具有便捷性，在实践中较少被使用。因此，我国法律应当要求互联网定向广告经营者为互联网用户提供简洁化的事后退出机制，例如窗口提醒等方式建议互联网用户关闭 Cookies 等，方便互联网用户行使退出的选择权。同时，还应当要求互联网定向广告经营者为互联网用户选择定向广告投放时间等提供及时便利，避免其对互联网用户的过多打扰。

三、互联网定向广告经营者的保护义务与责任

互联网定向广告经营者收集的个人信息数量巨大且十分复杂，包括身份信息、经济信息、一般兴趣爱好、社交信息等，一旦泄露会产生较为严重的

---

❶ 杨秀. 大数据时代定向广告中的个人信息保护——《中国互联网定向广告用户信息保护行业标准框架》分析［J］. 国际新闻界，2015（5）.

后果。但是，互联网定向广告具有不透明性，互联网用户在个人信息被收集、使用过程中处于信息不对称的弱势地位，因此在互联网用户对个人信息自决控制的同时，还应当明确互联网定向广告经营者对收集的个人信息负有安全维护义务，以及违反此项义务所应当承担的责任。

互联网定向广告经营者应当在信息分级基础上，建立个人信息安全保护的机制。经营者应当对收集的个人信息根据主体和内容差异予以风险评估，并采取重点保护措施。例如，未成年人属于个人信息安全的重点群体，复杂的互联网环境容易对未成年人造成不良影响，我国法律应当对互联网定向广告经营者向未成年人收集个人信息和投放广告行为予以严格规制。又如，敏感性等级较高的个人信息应当定期进行风险评定，及时调整安全保护措施。

《电子商务法》第18条第2款规定："电子商务经营者向消费者发送广告的，应当遵守《中华人民共和国广告法》的有关规定。"《广告法》虽然经过2015年修订、2018年修正，但其仍以传统广告为主要规制对象，没有针对互联网定向广告予以规定，亦未规定互联网定向广告中个人信息安全风险的法律防范。《广告法》关于广告主、广告经营者和广告发布者等传统广告主体分类不能适应互联网定向广告的主体复杂特点。因此，我国法律应当对互联网定向广告中广告主、广告投放平台、接受广告投放的平台及对信息二次开发主体的个人信息安全责任予以明确：（1）广告主有责任保证其选择的广告投放平台是安全的，对于因其选择投放平台的过错造成的互联网用户损失，广告主应当承担相应责任；（2）广告投放平台应当加强对其收集的个人信息的保存和管理，不经互联网用户同意不得用于信息交易，确保其不被泄露给任何第三方；（3）接受投放广告的平台负有审查监管责任，应当核实广告的真实性与合法性；（4）信息二次开发主体应当确保其开发行为已经获得互联网用户的明确授权，其使用方式、途径合法，不会损害互联网用户合法权益。此外，我国法律还应当建立广告监督管理信息系统，将广告主、广告经营者、广告发布者等违法行为记入信用档案，对社会予以公示。

第三节　互联网付费搜索

一、互联网付费搜索概述

（一）互联网付费搜索的概念

付费搜索是指由客户自行选购关键词，搜索服务提供者根据客户对相同关键词的付费高低，对其数据信息予以排序，并且根据点击量计费的一种商业模式。❶换言之，当互联网用户选择某一关键词作为搜索项，付费生产经营者的数据信息以最符合互联网用户查询条件的形式显示在搜索结果中，并且其在网站上所处的具体位置取决于生产经营者支付费用高低，一般费用越高排名越居前。付费搜索的本质是以价定位，故又称之为竞价排名。

付费搜索结果与自然排名、固定排名存在显著差异：（1）自然排名是指按照互联网用户的指令，搜索服务提供者搜集网络空间相关数据信息依特定规则自动生成的排序。质言之，自然排名下的网页、链接、标题等独立来自搜索服务提供者的内部数据，依特定规则进行自动排序，在客观上搜索服务提供者不能对其所展示的数据信息进行选择或编辑，从而减少人为控制因素，因而具有中立性的优势。与之相反，付费搜索的人工干预程度较高，排名主要依据客户付费高低和推广链接之间的质量度高低，是自然排名与人为控制共同作用的结果。（2）在固定排名中，搜索服务提供者对预先参与排名的客户收取一定费用，当互联网用户搜索某一关键词时，其保证客户的网站链接在一定期间内出现在搜索结果网页的固定位置或网页范围内。固定排名与付费搜索的商业运作模式基本一致，均通过付费方式对搜索结果排名予以人工干预。但是，固定排名在事前确定排名价格，并且无法修改关键词设定，合同期限亦较长；付费搜索则更加灵活，其依赖消费者搜寻商品或服务的主动

---

❶ 文炯.搜索引擎之竞价排名研究［J］.江西图书馆学，2006（1）.

性，客户可以在约定期间依据消费者的浏览习惯随意地设置、修改关键词，排名价格按点击量收取，客户由此付出少量费用却吸引大量有需求的互联网用户，从而降低生产经营者的宣传成本，网页更具针对性。❶

（二）互联网付费搜索的法律性质

付费搜索法律性质的认定是搜索服务提供者的法律义务、法律责任及其解决适法冲突的基础和前提。

1. 信息检索说

搜索服务提供者基于搜索引擎的技术特性，提供与关键词相关的技术链接，并不提供超链接之外的任何信息，❷ 同时《广告法》并未明确规定付费搜索服务属于广告，付费搜索链接由互联网用户直接点击，不属于直接宣传与推广。❸ 依据此观点，呈现付费搜索结果的网站内容并不是广告信息，搜索服务提供者对付费搜索结果只是提供链接技术支持，真正具有广告功能的是链接背后的生产经营者的网页，付费搜索在本质上仍属于信息检索。2016 年国家互联网信息办公室出台的《互联网信息搜索服务管理规定》持此观点，其中第 2 条第 2 款规定，"本规定所称互联网信息搜索服务，是指运用计算机技术从互联网上搜集、处理各类信息供用户检索的服务"，同时第 11 条第 1 款虽然要求醒目地区分自然搜索结果与付费搜索信息，但未将付费搜索纳入第 2 款的商业广告信息服务范畴。2015 年北京市高级人民法院发布了《关于涉及网络知识产权案件的审理指南》，对北京法院审理网络知识产权案件的有益经验予以总结，内容涉及网络著作权、商标权、不正当竞争纠纷中的热点、难点法律问题，其中明确指出："搜索引擎服务提供者提供的竞价排名服务，属信息检索服务。"诸如深圳市精英商标事务所与重庆猪八戒网络有限公司北京百度网讯科技有限公司侵害商标权纠纷案❹ 等司法实践中，广东省深圳市中级人民法院（2017）粤 03 民初 890 号民事判决书，将付费搜索定位为网络搜索服务。

---

❶ 刘扬，张晓飞.网络排名广告形式比较分析［J］.经济导刊，2010（6）.

❷ 张玲玲.竞价排名服务商侵权责任认定［J］.知识产权，2011（4）.

❸ 邓宏光，周园.搜索引擎商何以侵害商标权？——兼论"谷歌"案和"百度"案［J］.知识产权，2008（5）.

❹ 广东省深圳市中级人民法院（2017）粤 03 民初 890 号民事判决书。

2. 广告宣传说

参与付费搜索服务的关键词链接都是指向特定的商品、服务及其品牌，❶ 商品或服务的生产经营者通过购买相关关键词，使得其网站链接在搜索结果排名中居前，以更大可能进入消费者视野，对商品或服务推广起到直接作用。❷ 依据此观点，之所以商品或服务的生产经营者付出大量资金参与付费搜索，是因为此项服务可以将其商品或服务信息通过搜索结果形式主动展现给广泛的在线检索互联网用户，具有十分明显的广而告之作用，付费搜索因而属于商业广告。2016 年原国家工商行政管理总局出台《互联网广告管理暂行办法》持此观点，其中第 3 条第 2 款对部分互联网广告予以明确列示，其中第 3 项为"推销商品或者服务的付费搜索广告"。在司法实践中，诸如台山港益电器有限公司诉广州第三电器厂、北京谷翔信息技术有限公司侵犯注册商标专用权案、❸ 田军伟与北京百度网讯科技有限公司虚假宣传纠纷上诉案、❹ 南京万事如意信息咨询有限公司诉南京麦火信息科技有限公司广告合同纠纷案、❺ 杭州六度信息科技有限公司与成都今铠甲科技有限公司侵害商标权纠纷案❻ 等，均将付费搜索定位为广告。

3. 折衷说

依据此观点，搜索服务提供者在网络虚拟空间对客户推广商品或服务的网站链接予以排序的行为，兼具直接或间接介绍商品或服务的广而告之功能与搜索引擎自身的信息检索技术特点。根据《广告法》第 2 条第 1 款规定，"在中华人民共和国境内，商品经营者或者服务提供者通过一定媒介和形式直接或者间接地介绍自己所推销的商品或者服务的商业广告活动，适用本法"，付费搜索符合广告三大构成要件：（1）商品或服务的生产经营者以付费方式获得竞价排名服务，旨在提高其网站点击率，从而达到商品或服务的推广目

---

❶ 宋亚辉. 竞价排名服务中的网络关键词审查义务研究［J］. 法学家，2013（4）.
❷ 胡洪. 法律视角下的竞价排名业务——从搜索引擎服务商角度出发［J］. 网络法律评论，2010（1）.
❸ 广东省广州市白云区人民法院（2008）云法民三初字第 3 号民事判决书.
❹ 北京市第一中级人民法院（2013）一中民终字第 9625 号民事判决书.
❺ 江苏省南京市中级人民法院（2017）苏 01 民终 8894 号民事判决书.
❻ 浙江省杭州市中级人民法院（2016）浙 01 民终 5963 号民事判决书.

的；（2）付费搜索结果的网页展示具有抓取互联网用户眼球的效果，方便互联网用户对信息简单地浏览，尔后点击进入商品或服务的生产经营者所提供的网页；（3）付费搜索属于广告的一定媒介和形式，商品或服务的生产经营者以付费方式获得搜索结果，以搜索引擎网站与技术链接为宣传介质，实现对其商品或服务的宣传目的，因而具备广告性质，但其以检索关键词为触发命令，由搜索服务提供者对已存在的付费链接予以而生成，又具有一定信息搜索的技术特点。

（三）互联网付费搜索的法治规制现状

我国传统法律法规基于技术中立对待搜索服务提供者，其法律义务仅限于接到违法或侵权通知后的删除或断开链接范围，例如2006年《信息网络传播权保护条例》第14条规定，"对提供信息存储空间或者提供搜索、链接服务的网络服务提供者，权利人认为其服务所涉及的作品、表演、录音录像制品，侵犯自己的信息网络传播权或者被删除、改变了自己的权利管理电子信息的，可以向该网络服务提供者提交书面通知，要求网络服务提供者删除该作品、表演、录音录像制品，或者断开与该作品、表演、录音录像制品的链接。通知书应当包含下列内容：（一）权利人的姓名（名称）、联系方式和地址；（二）要求删除或者断开链接的侵权作品、表演、录音录像制品的名称和网络地址；（三）构成侵权的初步证明材料。权利人应当对通知书的真实性负责"；第23条规定，"网络服务提供者为服务对象提供搜索或者链接服务，在接到权利人的通知书后，根据本条例规定断开与侵权的作品、表演、录音录像制品的链接的，不承担赔偿责任；但是，明知或者应知所链接的作品、表演、录音录像制品侵权的，应当承担共同侵权责任"。宽松的法治环境促进我国互联网信息搜索服务的发展，但亦为部分服务提供者实施违法行为提供了极大的便利和空间，引发公众信任危机，2016年"魏则西事件"成为付费搜索法治建设的转折点。

根据付费搜索具有的不同法律性质，形成不同角度的法律规制：（1）2016年国家互联网信息办公室《互联网信息搜索服务管理规定》基于信息搜索服务的法律规制，第11条第1款规定，"互联网信息搜索服务提供者提供付费搜索信息服务,应当依法查验客户有关资质,明确付费搜索信息页面比例上限,醒目区分自然搜索结果与付费搜索信息,对付费搜索信息逐条加注显著标识"。(2)2015年《广告法》修订,针对互联网广告予以专门规定,但较为宽泛,并且缺乏付费搜索的针对性规范。2016年《互联网广告管理暂行办法》第3条第2款第3项虽然明确规定付费搜索属于互联网广告,但只是笼统性规定,并未结合付费搜索的表现形式、技术特征、运行模式等予以具体规定。

此外,2018年《电子商务法》第18条第1款规定,"电子商务经营者根据消费者的兴趣爱好、消费习惯等特征向其提供商品或者服务的搜索结果的,应当同时向该消费者提供不针对其个人特征的选项,尊重和平等保护消费者合法权益";第40条规定,"电子商务平台经营者应当根据商品或者服务的价格、销量、信用等以多种方式向消费者显示商品或者服务的搜索结果;对于竞价排名的商品或者服务,应当显著标明'广告'",其中义务主体"电子商务经营者""电子商务平台经营者"均不是搜索服务提供者,因此并不适用于付费搜索。

二、互联网付费搜索服务提供者的法律地位

依托报纸、电视等媒体的传统广告,所涉及广告法律关系清晰简单,《广告法》因而依据广告主、广告发布者、广告经营者的区分,分别设定不同主体的权利义务。但是,随着互联网技术的快速发展,互联网已经成为最强大的广告宣传渠道。付费搜索以互联网为媒介来传播商品或服务信息,比传统广告更容易制作和发布,加之互联网的跨区性和互动性,造成广告主体身份的混淆,甚至存在多重法律角色集于同一主体的情形。《广告法》第2条第2款规定,"本法所称广告主,是指为推销商品或者服务,自行或者委托他人设计、制作、发布广告的自然人、法人或者其他组织",因此为宣传自己的商品或服务,购买关键词而参与搜索结果排名的生产经营者为广告主,殆无疑问。但是,搜索服务提供者的法律地位确认则较为困难,以致难以确认其权利和义务,发生付费搜索致害行为后,被侵权人亦无法迅速确定责任主体。在司

法实践中，有的案件刻意回避对搜索服务提供者的法律定位，以致前后认知不统一，例如广东群英网络有限公司、茂名市群英网络有限公司与杭州六度信息科技有限公司侵害商标权纠纷案，❶判决虽然明确付费搜索属于广告，但对于涉案的搜狗运营商仅视为信息检索服务提供者予以法律对待。

关于搜索服务提供者的法律地位存在不同认识：（1）广告经营者说。《广告法》第2条第3款规定，"本法所称广告经营者，是指接受委托提供广告设计、制作、代理服务的自然人、法人或者其他组织"。付费搜索结果与广告主的网站相链接，乃至展示与之相关的商品、服务简要信息，构成前端广告。此观点认为，在此前端广告中，广告主为自主选择的关键词向搜索服务提供者支付竞价费用，搜索服务提供者设定此关键词的匹配规则并记录入技术后台的总数据库，从而实现对互联网用户的搜索结果的干预，其中建立链接以及与搜索关键词的关联行为属于广告的设计、制作，因此搜索服务提供者是广告经营者。（2）广告发布者说。《广告法》第2条第4款，"本法所称广告发布者，是指为广告主或者广告主委托的广告经营者发布广告的自然人、法人或者其他组织"。参与付费搜索的广告主依托搜索引擎技术的链接，向消费者呈现自己的宣传信息，实现推广商品或服务的目的，关键词仅是信息检索的必要的前置性要求，因此搜索服务提供者是广告发布者。❷（3）兼具广告经营者和发布者说。此观点认为，在传统广告中，广告经营者与广告发布者的法律地位不存在交叉，一方为广告主设计、制作、代理广告，一方只是负责发布广告，但搜索服务提供者兼具广告经营者、发布者双重法律地位。❸

搜索服务提供者的法律地位，是广告经营者、广告发布者抑或两者兼而有之，我们认为不能予以一概而论。一般而言，搜索服务提供者应当定位为广告发布者，付费搜索已经成为广告主推销商品或服务的重要渠道之一。与传统的广告发布者不同，搜索服务提供者对其发布内容控制存在较大局限性，虽然能够修改搜索结果网页，进而对于广告主网站链接享有一定掌控权，但

❶ 广州知识产权法院（2015）粤知法商民终字第14号民事判决书。
❷ 杨立新.电子商务侵权法［M］.北京：知识产权出版社，2005：26-29.
❸ 徐敬宏，吴敏.论搜索引擎竞价排名的广告属性及其法律规制［J］.学习与实践，2015（8）.

难以对海量互联网信息予实时监控。同时，部分搜索服务提供者介入广告内容的修改，通过将广告主的广告信息经过其润色而增加点击率，此种情形中的搜索服务提供者则属于广告经营者。

三、互联网付费搜索服务提供者的义务与责任

（一）付费搜索服务提供者的合理人工干预义务

经济、社会在数字技术推动下得以快速地数字化，但信息供给者和需求者之间的鸿沟呈现扩大化趋势：一方面，信息量呈现海量增长，并且生产出数量庞大的相关度低甚至对互联网用户而言无丝毫作用的垃圾信息，信息供给与信息需求的匹配日益困难，存在信息超载问题；另一方面，信息需求者处于信息爆炸的环境之中，往往陷入"数据迷雾"，难以准确地获取对自己有效的信息。互联网用户运用搜索引擎来收集、检索需求的相关信息，信息供给者也通过搜索引擎为互联网用户提供信息，搜索引擎为双方提供了信息交流的通道。在目前的国内外互联网市场上，搜索服务提供者根据搜索算法和位置配置规则无偿地提供自然检索结果。"搜索中立"观点主张，禁止搜索服务提供者行使排序权，搜索结果网页应当按照相关性的强弱予以排序，搜索服务提供者不得以获取商业利益为目的，对自然搜索结果予以人工干预。

"搜索中立"的要求，对于非公益组织的搜索服务提供者而言过于苛刻，由此主张法律应当明确要求绝对排除搜索服务提供者的适当人工干预，显然属于因噎废食。搜索服务提供者需要大量运营资金，以维护和投资硬件、技术支持及监测系统等服务设施，确保向互联网用户供给免费搜索服务的可持续性。搜索结果网页的位置并不是无限制的，吸引互联网用户的注意力是信息供给者争相抢夺的资源，广告主通过付费方式使其运营的网站在搜索结果网页的排序中抢占前列，其他相关的网站因未付费而处于其后，此乃是搜索服务提供者基于付费搜索的人工干预。付费搜索因此成为搜索服务供给的核心商业模式，是搜索服务提供者的最重要的获益来源，保障搜索服务提供者可以推进更多的技术革新，或者对其他互补性生产经营者进行并购，从而扩

展其互联网用户数量，提供更高质量的搜索服务。对于信息供给者而言，搜索互联网用户基数越大，其越愿意向搜索服务提供者付费；对于搜索互联网用户而言，信息供给越多，其检索到的信息越多，搜索引擎对其吸引力便越强。作为多边平台市场，搜索引擎产生更高的黏性，进而形成良性循环。❶搜索服务具有典型的高固定成本和低边际成本的特征，提供付费搜索，可以降低信息传递服务的边际成本，并且互联网用户基数越大，运营搜索引擎的成本就会越低。基于自身经营利润以及技术特点的需要，搜索服务提供者基于搜索付费对搜索结果予以人工干预，给予付费搜索优先排序，乃是其对营运资源的整合与优化，具有某种程度上的正当性。

搜索服务提供者若是缺乏付费搜索商业模式，其是否能够持续运营，乃至生存，均将存在问题；但是互联网用户所获得的福利则是高质量的自然搜索结果，两者所追求的目标并不具有同一性，甚至彼此矛盾。付费搜索数量过多，明显降低搜索结果的质量，会对互联网用户产生不利影响；相反地，自然搜索的结果质量越高，降低付费搜索比例，则会直接影响搜索服务提供者的经营收益。我国法律需要在两者之间寻求平衡点，确定人工干预的合理范围，保证搜索服务提供者的搜索结果既与互联网用户的关键词搜索相关，又能在此范围内保障搜索服务提供者的经营利润。基于互联网用户重点浏览前几页搜索结果的习惯，我们认为，搜索服务提供者应当对前几页付费搜索数量予以控制，例如一页不超过四个或五个等。

搜索服务提供者以限制或排除竞争为目的，对搜索结果的操纵即属于不合理的人工干预行为，并且往往构成反垄断法上的滥用市场支配地位行为。例如，谷歌作为全球首屈一指的搜索服务提供者，在国际搜索引擎市场的份额比较高，在多个国家和地区被搜索服务相关市场上的竞争对手投诉存在滥用市场支配地位的情形。美国联邦贸易委员会认为，谷歌在搜索结果中优先呈现自有内容虽然会对竞争对手带来一些偶然的负面影响，但其选择性地改变搜索算法并非基于排除或限制竞争的目的，对于竞争对手的不利影响只是

---

❶　王磊，张昕竹.论搜索结果操纵行为的限制竞争效应［J］.财经问题研究，2012（4）.

基于提高搜索质量而产生的附加性结果。欧盟委员会则基于谷歌垂直性的搜索服务和网络广告排他协议的做法，认为谷歌存在滥用搜索服务市场支配地位的行为，在搜索结果网页的排序有利于自有内容，损害竞争秩序，并对消费者产生不利影响。由此可见，对于搜索服务提供者的人工干预行为应当予以反垄断审查。具有搜索服务相关市场支配地位的提供者，若是恶意对竞争性网页链接予以降序甚至封闭，以实现隐性强迫交易或者其他自利目的，则具有明显的排除或限制竞争倾向，应当认为属于不合理的人工干预，并且予以禁止。

（二）互联网付费搜索服务提供者的广告标示义务

搜索服务提供者根据广告主购买关键词付费高低对其网站链接予以排序干预，亦属于经济自由行为，不宜予以法律上的责难，但其作为互联网资源的整合者，具有一定社会传媒的公共属性，有责任保证技术服务的客观公正，便于帮助互联网用户高效选取需求信息，因而付费搜索服务和纯粹技术性的自然排名若不区分显示，存在较为严重危害性：一方面，互联网用户往往基于对搜索引擎技术客观公正的信任而对排名列前的广告信息予以较高信任。付费搜索的广告属性决定搜索引擎不能以公平合理方式显示搜索结果——广告主网站链接置于前列，自然检索的信息排名列后，乃至可能被迫"消失"，因而影响互联网用户对搜索结果的判断与获取，提高搜寻有效信息的时间成本，可能会造成消费者财产损失或人身损害。另一方面，基于付费搜索的商业利益优先原则而产生的搜索结果，与互联网用户搜索需求相关度不一定高，乃至是垃圾信息、虚假信息，降低信息检索服务质量，伤害搜索引擎作为信息中介的行业权威，并且过多付费搜索广告的植入会导致"有效信息"的淹没，❶不利于整个社会资源的利用和技术发展。因此，在"眼球经济"时代下，应当平衡付费搜索信息与自然搜索信息的供给，明确区分两者的界限。

2002 年美国联邦贸易委员会向搜索服务提供者发出公开信，要求其付费

---

❶ 赵勋.论搜索引擎服务的准公共产品属性与竞价排名［J］.理论导刊，2011（2）.

搜索标注应当符合清晰、显著的标准。❶鉴于此，Google 通过颜色和警示语对付费搜索予以标注。具体而言，Google 在推广网页左右两边设置广告投放位，但予以严格的数量限制：左侧放置不超过 3 个以上的广告展示位，并且在相应位置上添加浅黄色底色，以提示互联网用户注意识别广告与自然搜索信息；右侧虽未添加底纹颜色，但设置的 8 个广告位标注足够引起消费者注意的"赞助商链接"记号。除了以上指定的广告投放位置，搜索平台网页其他地方都不允许发布广告，而是依照相关算法规则而呈现的自然搜索结果。总之，Google 利用位置数量、颜色、用语等让广告排名与自然排名的界限一目了然，方便消费者区分不同搜索信息。

《广告法》第 14 条第 1 款规定，"广告应当具有可识别性，能够使消费者辨明其为广告"，第 2 款明确要求通过大众传播媒介发布的广告应当显著标明"广告"。《互联网广告管理暂行办法》第 7 条第 1 款规定，"互联网广告应当具有可识别性，显著标明'广告'，使消费者能够辨明其为广告"，第 2 款进一步要求，"付费搜索广告应当与自然搜索结果明显区分"。《电子商务法》第 40 条要求对于竞价排名的商品或者服务，电子商务平台经营者应当显著标明"广告"。我国相关立法除了较为明确的"广告"标明以外，其他区分程度和标准要求较为宽泛。在实践中，搜索服务提供者虽然在网页上使用广告字样和底纹区分，但"广告"二字颜色较浅、位置不明显，淡化、隐匿广告标识，以避免引发互联网用户的注意。❷搜索服务提供者对于付费搜索信息的投放数量、位置亦不尽相同，有的搜索前几页大半位置被"软广告"占据，甚至有的整个搜索界面展示的都是"软广告"，以此混淆正常信息与广告信息的界限，损害互联网用户的合法权益。我们认为，我国应当借鉴美国相关经验，付费搜索标注可以通过字体、字号的变化而增加显著性，以及底纹应当采取特殊背景颜色设置，达到互联网用户一眼即可认出广告服务的要求，并且搜索服务提供者可以设置专门广告区域，保证每页广告出现在固定的位置。

---

❶ 李明伟.论搜索引擎竞价排名的广告属性及其法律规范［J］.新闻与传播研究，2009（6）.

❷ 李岑.竞价排名机制中搜索引擎服务商的侵权责任认定——以中外司法实践对比为视角［J］.电子知识产权，2015（1）.

（三）互联网付费搜索服务提供者的广告审查义务与责任

付费搜索具有信息数量庞大、呈现形式多样、传播速度迅速等特征，对搜索引擎形成依赖的互联网用户又十分广泛，相关虚假信息的危害尤重，同时广告责任主体又具有虚拟性、隐蔽性和多元性，以致付费搜索虚假广告乱象层出不穷。搜索服务提供者处于市场一线，具有信息掌控和管理优势、处理信息技术能力，通过其履行广告审查义务及承担有关法律责任，可以弥补行政资源匮乏而产生的政府规制缺陷，可以较为高效地解决付费搜索虚假广告问题。

1. 付费搜索的虚假广告认定

《广告法》第 28 条对虚假广告予以抽象界定和具体列举："广告以虚假或者引人误解的内容欺骗、误导消费者的，构成虚假广告。广告有下列情形之一的，为虚假广告：（一）商品或者服务不存在的；（二）商品的性能、功能、产地、用途、质量、规格、成分、价格、生产者、有效期限、销售状况、曾获荣誉等信息，或者服务的内容、提供者、形式、质量、价格、销售状况、曾获荣誉等信息，以及与商品或者服务有关的允诺等信息与实际情况不符，对购买行为有实质性影响的；（三）使用虚构、伪造或者无法验证的科研成果、统计资料、调查结果、文摘、引用语等信息作证明材料的；（四）虚构使用商品或者接受服务的效果的；（五）以虚假或者引人误解的内容欺骗、误导消费者的其他情形。"付费搜索的虚假广告主要包括两种类型：（1）搜索推广链接的网站与宣传内容不存在相关性。广告主购买某些引发广告链接的特定关键词，主要目的是增加互联网用户的点击率，获取对于自身网站的关注度，但有时被选择的关键词与广告主的宣传信息的关联性较弱，仅仅是为赚取眼球。（2）推广的商品或服务本身具有虚假性。一般而言，付费广告主在搜索结果链接附加简短说明，向互联网用户介绍有关商品或服务的有关情况，但上述主动展示的内容极易被夸大、甚至扭曲。例如，谎称取得许可、获奖等证书，对有关商品或服务的质量、功能的虚假表述，以及凭空捏造并不存在的商品或服务。

2.付费搜索服务提供者的广告审查义务

《广告法》第34条规定广告经营者、发布者的广告审查义务:"广告经营者、广告发布者应当按照国家有关规定,建立、健全广告业务的承接登记、审核、档案管理制度。广告经营者、广告发布者依据法律、行政法规查验有关证明文件,核对广告内容。对内容不符或者证明文件不全的广告,广告经营者不得提供设计、制作、代理服务,广告发布者不得发布。"《互联网广告管理暂行办法》第12条规定:"互联网广告发布者、广告经营者应当按照国家有关规定建立、健全互联网广告业务的承接登记、审核、档案管理制度;审核查验并登记广告主的名称、地址和有效联系方式等主体身份信息,建立登记档案并定期核实更新。互联网广告发布者、广告经营者应当查验有关证明文件,核对广告内容,对内容不符或者证明文件不全的广告,不得设计、制作、代理、发布。互联网广告发布者、广告经营者应当配备熟悉广告法规的广告审查人员;有条件的还应当设立专门机构,负责互联网广告的审查。"在传统广告模式下,广告的发布范围有限,广告发布者相较广告主具有明显的优势地位,可以对广告主的资质予以审查。基于互联网虚拟性的付费搜索,与传统广告的发布方式、传播模式存在较大不同。若是简单比照传统的广告经营者或发布者,要求搜索服务提供者逐一、细致地审查广告的所有内容,则会过度加重营运成本,唯有大幅度提高互联网用户的搜索引擎使用费用或提高付费搜索广告的价格,以转嫁成本。搜索服务提供者因此获取的收益小于成本,甚至会出现付费搜索服务退出相关市场的情况,造成此种新型商业模式的死亡。我们认为,搜索服务提供者受限于相关信息的海量和空间距离的遥远,事实上无法对于广告内容的真实性予以全面、深入审核,因此我国法律应当考量传统广告与付费搜索的差异,合理确定搜索服务提供者的广告审查义务标准。

我们认为,付费搜索服务提供者的广告审查义务应当遵循以下标准:(1)理性消费者标准。付费搜索提供者应当根据不同商品或服务的理性消费者标准,对于付费搜索予以广告审查,以一般社会经验或理性思维的人所具有的常识,审查一般商品或服务广告;相反地,对于特殊商品或服务,则以特定消费者的认知能力予以审查。❶（2）必要性标准。付费搜索传递的信息对于消费者决策影响不一，搜索服务提供者审查广告的重点是影响消费者决策的必要信息，既不可以予以缩小理解，又不能为了过度保护消费者而恣意扩张阐述。（3）善良管理人标准。付费搜索服务提供者在履行广告审查义务时，应当秉持善意态度管理付费搜索广告，尽到通知、报告、说明、警告等义务，接到虚假广告举报或通知，应当及时采取有效措施进行核对、查证或删除。

3. 付费搜索虚假广告侵权的归责原则及责任形态

《广告法》第56条规定："违反本法规定，发布虚假广告，欺骗、误导消费者，使购买商品或者接受服务的消费者的合法权益受到损害的，由广告主依法承担民事责任。广告经营者、广告发布者不能提供广告主的真实名称、地址和有效联系方式的，消费者可以要求广告经营者、广告发布者先行赔偿。关系消费者生命健康的商品或者服务的虚假广告，造成消费者损害的，其广告经营者、广告发布者、广告代言人应当与广告主承担连带责任。前款规定以外的商品或者服务的虚假广告，造成消费者损害的，其广告经营者、广告发布者、广告代言人，明知或者应知广告虚假仍设计、制作、代理、发布或者作推荐、证明的，应当与广告主承担连带责任。"我国对于虚假广告侵权适用二元归责体制，并且责任形态亦存在区别。

搜索服务提供者的付费搜索商品或服务，若是关系消费者生命健康，依法应当采取客观归责，即产生消费者损害后果的，搜索服务提供者应当与广告主、其他广告经营者、广告发布者、广告荐证者共同承担连带责任，不需要对主观是否存在过错予以判定。❷

对于不关系消费者生命健康的商品或服务，搜索服务提供者的付费搜索应当采取主观归责，并且主观过错不同，责任形态亦有所差别。若是明知或应知广告虚假仍设计、制作、代理、发布，属于主观上的故意或重大过失，依据《广告法》第56条第3款，搜索服务提供者应当与广告主、其他广告经营者、广告发布者、广告荐证者共同承担连带责任。搜索服务提供者承担广

---

❶ 章凯业.虚假广告中的"引人误解"要件研究［J］.汕头大学学报：人文社会科学版，2016（5）.
❷ 杨立新，韩煦.我国虚假广告责任的演进及责任承担［J］.法律适用，2016（11）.

告审查义务，若是不能提供广告主的真实名称、地址和有效联系方式的，可以视为存在过失，消费者可以要求其予以先行赔偿。搜索服务提供者的过失行为虽然为虚假广告侵权提供条件，但毕竟为两个独立行为，因此构成竞合侵权，搜索服务提供者的先行赔付属于附条件的不真正连带责任，❶其赔付后向虚假广告的广告主追偿，由广告主承担最终的侵权责任。

---

❶ 杨立新.多数人侵权行为及责任理论的新发展［J］.法学，2012（7）.

第五章　广告的法治保障

第一节　广告语的法治保障

一、广告语的法治保障概述

（一）广告语的概念

广义上的广告语即为广告词，是指广告中的语言表达部分。狭义上的广告语是指生产经营者为加强目标受众对其及品牌、商品或服务的印象，在广告中予以长期反复使用的简明扼要的口号性语句，又称为广告口号（Slogan），❶广告主题句（Themenline）、广告标语（Tagline）等。广告语通过高度凝练、朗朗上口的表达形式宣传生产经营者及其品牌、商品或服务，从而提醒、影响、引导受众，是广告的基本构成要素。

（二）广告语的特征

1. 诉求明确，内涵丰富

广告语一般为一两句完整的句子，但其内涵并不单一，以明确的语句传递较为丰富、深刻的观念性信息，充分地阐释生产经营者对某种生活方式的倡导、价值理念的建立或企业文化的塑造。

2. 简短有力，易懂好记

一则广告语，不简短就不便于重复，也不利于记忆和传播，同时广告语

---

❶ Slogan 从词源上分析有 "呐喊，呐喊声" 的意思。苏格兰高地的民众在危急的时候发出的呐喊声就是 Slogan。广告语的概念与之具有共通之处，即对特定对象反复地提醒，以得到亲近和善意。植条则夫.广告文稿策略——策划、创意与表现［M］.俞纯麟，俞振伟，译.上海：复旦大学出版社，1999：71.

的表达若软弱无力，亦无法坚定自信地传播观念性信息。广告语除了以高频度、多层次、多媒介的重复传播以加深印象，还应当采用简洁精炼的句式、朴素的遣词造句风格、流畅押韵的音律节奏。❶若是广告语过于晦涩深奥或过于冗长，造成拖沓的印象，会大大影响广告的传播效果。

3. 相对稳定，反复运用

广告语往往保持长期不变，具有相对的稳定性，在各种媒介、每个广告作品中均以相同的面貌乃至在同一位置、用同一种书写方式反复多次出现。一则成功的广告语，可以经年累月地连续使用，除非生产经营者或其商品、服务的核心观念发生变化，一般不轻易改变。广告语正是在长期反复不变的诉求中，向目标受体传达了同一种观念、同一个形象、同一项利益诉求，从而形成一以贯之、个性独特的深刻印象。

4. 新鲜生动，富于情趣

极富感染力和吸引力的广告语，才能给人以独特的感受、深刻的印象，从而产生预期的广告效果。广告语因而往往蕴含丰富的人生观、价值观、审美态度、生活哲理等内容，需要构思新颖别致、不落俗套，具有新鲜感。❷

（三）广告语法治保障的意义

1. 促进消费者的福利

随着市场经济的高速发展，商品或服务日益丰富并呈现同质化，消费者面对琳琅满目的商品或服务，选择的不是商品或服务的本身，而是自己所认可的商品或服务。广告语相较商标、包装等其他商业标识承载更多信息量，加之语言的交流和沟通功能，广告语可以在消费者群体与商品或服务之间建立更加稳固的联系，此种联系既有助于充分发挥广告语的信息传递优势，又可以激励广告主体不断改良自身商品或服务。

2. 保护生产经营者的合法权益

广告语可以承载生产经营者及其品牌、商品或服务，优秀广告语的创作需要投入大量成本，如果缺乏有效的法律保护机制，任凭抄袭者、搭便车者

---

❶ 王志．广告文案［M］．武汉：华中科技大学出版社，2014：121.
❷ 林溪声．广告语创作与评析［M］．长沙：中南大学出版社，2007：14.

擅自使用或更改已在市场上具有一定影响力的广告语，将损害生产经营者的商誉，缩短广告营销的生命周期，从而挫伤生产经营者在广告语创作上的积极性，使之通过提高商品、服务水平而积累商誉的激励机制失灵。

3. 维护市场健康有效的竞争

抄袭、模仿或更改其他生产经营者的广告语，或以误导性方式使用他人的广告语，损害了生产经营者的竞争利益，不利于发挥广告语区分商品或服务来源的作用，并且在一定程度上扰乱市场竞争秩序。若是上述情况长期得不到有效规制，既损害相关商品或服务市场的良性竞争，又不利于塑造广告行业内良好的竞争环境，对创作原创性广告语产生负激励作用。

二、广告语作品属性的著作权法保障

（一）广告语著作权的认定

1. 广告语构成作品的要件

简短、精炼的广告语能否获得著作权法的保护，需要判断其是否符合著作权客体即作品的构成要件。2010 年修正《著作权法》第 3 条、2013 年《著作权法实施条例》第 4 条、第 5 条对作品类型予以列举和解释，广告语不在明示范围之列，需要结合作品的构成要件予以分析。《著作权法实施条例》第 2 条规定："著作权法所称作品，是指文学、艺术和科学领域内具有独创性并能以某种有形形式复制的智力成果。"申言之，《著作权法》上的作品应当具有以下要件：（1）独创性，（2）可复制性，（3）智力成果。广告语可以通过印刷、数据拷贝等方式实现批量的复制，具有可复制性殆无疑问。同时，广告语是广告创意人员即广告语作者以商业宣传和形象展示为目的，对广告的字词挑选、修辞运用和表现形式予以高度凝练的文字表达，是作者精心安排与取舍的结果，具有独特的穿透力和表现力，成为作者脑力和智慧的成果，当属于智力成果的范畴。因此，广告语符合作品的后两项构成要件，而是否具备独创性要件，才是《著作权法》能否予以保护的关键。

"在各国立法例上，维系作品可版权化的基石是'独创性'，而无表达形式上的数量或篇幅的限制，易言之，洋洋洒洒几百万言与简简单单三五字，都有可能构成作品，量的差异性并不是作品可版权化的决定性因素。"❶字数并非《著作权法》上判定作品的决定性因素，不能一味地以字数多寡去衡量作品的独创性，对于有些作品而言，所追求的就是高度凝练与简洁。正如诗人通过凝练的短诗表情达意，广告语也可以借助凝练语言传递商业信息，不能因广告语的商业属性或较少字数而否定其成为作品的可能性。

2. 广告语的独创性标准

所谓作品的独创性，既要求作者独立完成，不得抄袭，又对创造性予以要求，但创造性标准应当区分作品的不同类型，广告语作为语言凝练的艺术，不可能同其他普通文字作品具有较大的创作空间，应当对其创造性适用略低的要求，❷其至少应当符合以下要求：（1）广告语的选词不属于公共领域的素材。例如，阳光财产保险公司"同担风雨，共享阳光"广告语，在发布前已分别是《中国邮政报》某篇文章标题和中央电视台某节目导语，因而不具备作品的独创性。❸又如，广告语"月星家居，我心中的家"的重点词汇是"心中的家"，但这是一种极其日常化的表达，在日常生活中的使用频率高、运用范围广，并且"某某（商品、服务或生产经营者名称），怎样怎样"主谓表达方式在广告语中亦较为普遍，所以基于一般认知并不具备独创性，不构成作品。❹又如，"人生若只是初见"等已处于公共领域的诗词，为保护其他主体的正常使用，亦不应当受《著作权法》的保护。（2）词语的简单搭配或者对某类商品、服务的功能、性质的通常描述，均不能认定为《著作权法》上的作品，例如，"国宴用酒""满足所有办公需求"等动宾搭配的表达形式较为简单，不满足著作权的最低创造程度，不能成为《著作权法》意义上的作品。（3）广告语应当鲜明地反映广告对象的特点，体现商品或服务的功能和价值理念，并与生产经营者的文化、理念完美融合，构成广告语独创性判断的重要依据。例如，百事可乐的"新一代的选择"广告语，既体现了百事可乐的

---

❶ 段芸蕾，谢晓尧. 广告语：短句中的法律复杂性［J］. 知识产权，2012（12）.

❷ 郑友德. 广告语的知识产权法律保护初探［J］. 华中理工大学学报：社会科学版，1995（2）.

❸ 北京市朝阳区人民法院（2008）朝民初字第 1224 号民事判决书.

❹ 上海市第二中级人民法院（2012）沪二中民五（知）终字第 11 号民事判决书.

商品定位，又向消费者传达一种创新与活力精神，而兼具艺术性与鉴赏性。

3. 广告创意与广告作品

广告创意与广告作品是一对既相互依托又彼此区分的概念，但常常被混淆。两者的相互依托主要表现为，广告作品的独创性表达必然以思想为基础，缺乏思想内容的表达无所谓构成作品；而思想本身也需要借助语言表达出来，不然就是在大脑中的思维过程，思想需要被清楚地表述与认知。根据思想 / 表达的二分法，《著作权法》保护表达并不及于思想，因此判断一则广告语能否受《著作权法》保护，尚须区分其属于广告创意还是广告作品。"思想更倾向于是关于'命题（Propostitional）'的知识，侧重于认知性（Episteme），表达更倾向于是一种细节性知识，具有很强的技艺性（Techne），表现为通过语言编码对思想进行'具体化'。" ❶ 作品的表达越具体，细节性知识填充得越多，作品的个性化和独特风格便越显著，表达的独创性就越容易被肯定。广告语作品由字、词语、短句、段落的单位序列构成，当其他经营者的广告语或标题越接近作品的最小单位时，越可能有抄袭嫌疑，不得以借鉴思想为抗辩。例如中国移动的"我能"广告语就有抄袭匹克公司"我能，无限可能"的广告语作品嫌疑。因此，当广告语的文字表达与词语本身通常的思想含义相隔甚远时，即不属于思想、广告创意的范畴，而是广告作品。

（二）侵犯广告语作品著作权的认定

广告语作品与商业利益紧密相连，生产经营者之间、广告经营者之间的逐利竞争在一定程度上引发对广告语作品的侵权行为。广告语抄袭是广告作品侵权最为常见的类型，应当采用"接触 + 实质性相似"标准判定存在广告语作品的抄袭行为， ❷ 即观察原作品与侵权作品的相似度，同时侵权人需要具有能够接触原作品的可能性。

1. 侵权人能够接触被侵权的广告语作品

原广告语作品的权利人应当证明广告语符合作品的构成要件，以及本人作为广告语作品的著作权人的适格性，著作权可以由广告语作品的作者原始

---

❶ 段芸蕾，谢晓尧．广告语：短句中的法律复杂性［J］．知识产权，2012（12）．

❷ 陈锦川．著作权侵权诉讼举证责任的分配［J］．人民司法，2007（5）．

取得；亦可以由相关广告主体与作者通过约定方式而继受取得。具备上述两个前提，著作权人应当证明侵权人存在接触过原广告语作品的可能性，即排除侵权人未接触过原广告语作品的独立创作可能性。广告语公开发布并且在相关市场中传播，若是两则广告语的目标市场相同或相似，属于同一或近似种类的商品或服务，传播效果的覆盖面基本一致，可以推定侵权人接触过权利人的原广告语作品。❶但是，若是两部广告语作品的相似度达到各自不可能独立完成的程度，权利人无须证明侵权人接触过原广告语作品，通过"实质性相似性"便可直接推定侵权人接触过权利人的广告语作品。

2. 侵权广告语构成实质性相似

实质性相似是一个抽象概念，对于侵权作品与原广告语作品是否构成实质性相似存在两种判断方法：（1）分割比较法。分割比较法又称"三步侵权认定法"，首先根据思想/表达二分法将具有独创性与缺乏独创性的两个部分分开，排除缺乏独创性的部分，剩下的表达核心部分受《著作权法》保护；其次，将不属于原广告语著作权范围内的他人、前人的成果过滤出去；最后，对剩下的核心部分进行对比，判断相似的程度。❷此种方法较为高效，但又比较机械，以致存在两则广告语并无一个字重复的，却给人明显抄袭的感觉，因而适用此种方法应当区分不同情况。（2）核心比较法。核心比较法侧重于受众对广告作品的主观感受，强调以普通人的角度审视两则广告作品，若是受众以客观、理性人立场认为二者是相似的，则构成实质性相似。此种方法一般适用于电视广告、音乐类广告、平面海报类等整体性较强的广告。❸广告语作为广告作品的一部分，单单抄袭广告语有时并不必然导致广告作品侵权的结果，例如摩托罗拉对讲机制作的"真金不怕火炼"广告视频与金正 VCD机的广告词一致，但因广告语的字体、排列、图案以及商品名称存在较大区别，整体画面效果亦不相同，而没有被认为存在抄袭。此种方法因此适合偏重表达意境的广告作品，一般由法官和人民陪审员担任普通受众的角色，也

---

❶ 谢晨，吴登楼. 模仿广告特点的侵权行为［J］. 人民司法，2000（8）.

❷ 郑政蓉. 剽窃的法律认定研究［D］. 北京：中国政法大学，2010.

❸ 贾治国. 两步法还是三段论——著作权侵权行为认定方法之借鉴［N］. 人民法院报，2004-04-25.

可以由专业机构召集更多公众并进行抄袭意见的收集和统计。

以上两种方法分别从"量"或"质"的角度对广告语侵权予以判定，量的角度可以认定疑似抄袭的作品模仿了原广告语作品的大部分内容，质的角度又能确保抄袭了原广告语作品的实质内容。因此，应当采取"质与量"的双重判定，即唯有同时满足"质与量"的要求，才能构成实质性相似，❶ 以避免只关注某个因素而对抄袭的判断出现偏差。

（三）广告经营者和发布者的审查义务

1994 年《广告法》第 27 条规定，"广告经营者、广告发布者依据法律、行政法规查验有关证明文件，核实广告内容。对内容不实或者证明文件不全的广告，广告经营者不得提供设计、制作、代理服务，广告发布者不得发布"；第 28 条规定，"广告经营者、广告发布者按照国家有关规定，建立、健全广告业务的承接登记、审核、档案管理制度"。2015 年《广告法》修订，第 34 条合并原第 27 条和第 28 条，"广告经营者、广告发布者应当按照国家有关规定，建立、健全广告业务的承接登记、审核、档案管理制度。广告经营者、广告发布者依据法律、行政法规查验有关证明文件，核对广告内容。对内容不符或者证明文件不全的广告，广告经营者不得提供设计、制作、代理服务，广告发布者不得发布"。比较而言，"核实"变"核对"，"内容不实"变"内容不符"，在一定程度上弱化广告经营者或发布者的审查义务，不再审查证明文件的真实性与广告语的合法性。❷ 但是，我们认为，此条修改意味广告经营者或发布者对广告语作品的著作权审查应当承担与其能力相适应的注意义务，一旦广告经营者或发布者发现或者能够发现广告语作品对他人的著作权造成侵害，应当及时予以制止或停止侵权行为。若是广告经营者或广告发布者未尽到审查义务，对于广告语作品的侵权后果应当承担相应的法律责任。

---

❶ 程开源.论对抄袭的认定［J］.现代法学，1992（5）.
❷ 姚志伟，刘润涛.广告发布者的著作权审查义务问题研究［J］.知识产权，2016（4）.

三、广告语商业标识功能的商标法与竞争法保障

（一）广告语的商业标识属性

1993 年《反不正当竞争法》第 5 条第 1 项、第 2 项和第 3 项规定，明确列举商业混淆的对象为注册商标，知名商品特有的名称、包装、装潢，企业名称或姓名。2017 年《反不正当竞争法》修订，第 6 条明确列示商品名称、包装、装潢，有一定影响的企业名称（包括简称、字号等）、社会组织名称（包括简称等）、姓名（包括笔名、艺名、译名等），有一定影响的域名主体部分、网站名称、网页等，并且提出"标识"的概念，即可以统称为商业标识。"从广义上讲，商业标识是指商业活动中使用的任何具有某种特定指向意义的符号、记号；从狭义上讲，商业标识则是指一切用以将不同的产品、服务或其生产者、提供者区分开来的符号、记号。"❶

商标具有以下功能：（1）标明商品和服务的实际来源，（2）保证商品和服务的身份来源，（3）保证商品和服务的质量，（4）作为标明某种支持或关联的印记，（5）实现消费者对其生活方式的宣言。商标是最典型的商业标识，广告语经申请被注册为商标，或者符合未注册驰名商标要件，均可以获得《商标法》的保障。❷

同时，广告语可以在受众与特定生产经营者及其商品或服务之间建立稳定的联系，成为指向相关主体或客体的标识，因此本身具有商业标识的属性，1996 年世界知识产权组织（World Intellectual Property Organization，WIPO）制定的《关于反不正当竞争保护的示范规定》未周延列举商业标识涵盖商标、商号、商品外观、徽章、标志、标语、广告、店铺风格等，即广告被归属商业标识范畴之内。但是，广告语尚未形成与《商标法》相同的专门财产法，对其须诉诸具有行为法属性的《反不正当竞争法》予以兜底、补充性保障。

---

❶ 刘春田.知识产权法［M］.北京：法律出版社，2009：225.
❷ 杰里米·菲利普斯.商标法：实证分析［M］.马强，译.北京：中国人民大学出版社，2014：20–24.

（二）广告语作为注册商标受到商标法保障

1. 广告语与商标显著性

2019 年修正《商标法》第 9 条第 1 款规定，"申请注册的商标，应当有显著特征，便于识别，并不得与他人在先取得的合法权利相冲突"，申言之，显著性（Distinctiveness）应为商标构成要素，亦是商标注册的实质要件与积极要件。❶《商标法》并未明确规定广告语是否可以申请注册为商标，但 2016 年原国家工商行政管理总局《商标审查及审理标准》规定，"表示商品或服务特点的短语或句子、普通广告宣传用语"属于"其他缺乏显著特征的"，因此广告语能否可以被注册为商标，关键在于是否具有显著性。在我国实务中，一些具有显著性的广告语被注册为商标，例如，红牛公司的"送你一对翼"、应用于无酒精饮料商品的"椰风挡不住"、李宁公司的"一切皆有可能"等广告语被成功注册为商标。

依据商标的显著性取得方式不同，分为固有显著性和获得显著性。❷ 根据美国弗兰德利法官确立的 Abercrombie 分类法，根据固有显著性强弱，标识可以分为臆造性商标（Fanciful Mark）、任意性商标（ArbitraryMark）、暗示性商标（Suggestive Mark）、描述性标志（Descriptive Mark）和通用名称（Generic Term）。广告语若是臆造性、任意性，则具有较强固有显著性，可以注册为商标。广告语作为一种文字标识，主要发挥联想力和指向力作用，因而臆造性、任意性的广告语偏少。广告语更多的是暗示性、描述性类型：对于需要思考、联想、理解才能真正了解的广告语具有暗示性，亦较易被注册为商标；描述商品或服务用途、性能、效果或者生产经营者类别等描述性广告语普遍存在，但难以获得商标注册。例如，《商标法》第 11 条第 1 款规定，"下列标志不得作为商标注册：（一）仅有本商品的通用名称、图形、型号的；（二）仅直接表示商品的质量、主要原料、功能、用途、重量、数量及其他特点的；（三）其他缺乏显著特征的"，即将描述性标识排除于注册商标。但是，《商标法》第 11 条第 2 款又规定，"前款所列标志经过使用取得显著特征，

---

❶ 曾陈明汝.商标法原理［M］.北京：中国人民大学出版社，2003：26.
❷ 邓宏光.商标法的理论基础——以商标显著性为中心［M］.北京：法律出版社，2008：28.

并便于识别的，可以作为商标注册"。换言之，缺乏固有显著性的描述性广告语，经过长期、广泛、反复的使用而取得显著性，对于受体产生"第二含义"，亦可以成为注册商标。因此，广告语是否具备显著性特征，从而注册为商标还取决于生产经营者对于广告语的使用，只是促进商品或服务的销售，抑或构建广告语与某一商品、服务及其生产经营者的固定关联。例如，天和药业集团发布的"早贴，早轻松"广告语，仅是对其商品骨痛贴膏药的功能用途的推广、传播，无意建立广告语与骨痛贴膏药之间的固定联系，该广告语未在商标意义上予以使用，因此不具备显著性特点。❶

2. 广告语与文字商标

广告语注册商标属于文字商标，因此应当符合文字商标的语言结构、独创性等特征。

我国文字商标多为1~4个音节所组成，其中双音节的最多，三音节的稍次，❷ 此种文字商标的音节特点，基本符合我国消费群体的语言习惯和偏好。广告语依据语言结构可以划分为词组类、短语类、句子类等类型：词组类文字不宜成为广告语，但较为容易注册商标；短语类广告语受音节数量、偏正结构等影响，不宜注册为商标；句子类广告语则因缺乏商标的可识别性，而缺乏商标显著性，例如，"每个人都是生活的导演"使用在计算机编程等服务项目上，易使消费者理解为前述服务项目的广告宣传语而非作为商标进行识别，难以起到区分服务来源的作用，缺乏商标应有的显著性。❸

作为文字商标，是否具有独创性亦是判断其显著性的重要因素，2016年《商标审查与审理标准》之所以明确"普通广告宣传用语"不得注册商标，主要是因为其缺乏独创性。广告语是否具备独创性，应当考虑其所属行业的用语习惯，行业中经常使用的表示商品或服务特点的短语或句子具有较弱的独创性，亦不宜作为注册商标。

---

❶ 北京市高级人民法院（2011）高行终字第1221号行政判决书。

❷ 中央文明办，国家工商总局，国家语委.商标企业名称广告语言文字应用规范指要［M］.北京：学习出版社，2008：14.

❸ 商标评审委员会商评字〔2012〕第09923号《关于第7164581号"每个人都是生活的导演"商标驳回复审决定书》。

（三）广告语作为未注册驰名商标受商标法保障

商标注册是商标的授权，而不是简单地商标确权，经注册的商标脱胎换骨获得注册商标专用权。❶但是，未注册商标符合特定条件亦受商标法保障，例如《商标法》第13条第2款、第15条第2款、第32条、第58条。《商标法》第13条第2款规定："就相同或者类似商品申请注册的商标是复制、摹仿或者翻译他人未在中国注册的驰名商标，容易导致混淆的，不予注册并禁止使用。"换言之，符合商标显著性要求但未注册的广告语，若是产生阻却他人商标注册事由，应当符合以下要件：（1）广告语所宣传的商品或服务相同或者类似，（2）主张予以保护的广告语在中国属于驰名商标，（3）在他人使用存在导致混淆的可能性。❷其中，商品或服务是否相同或者类似，依据生活经验或者商品分类表等较为容易认定，关键在于广告语是否构成未注册驰名商标以及是否存在混淆的可能性。

1. 广告语为未注册驰名商标

《商标法》第13条第1款规定，"为相关公众所熟知的商标，持有人认为其权利受到侵害时，可以依照本法规定请求驰名商标保护"，第14条第1款规定，"驰名商标应当根据当事人的请求，作为处理涉及商标案件需要认定的事实进行认定。认定驰名商标应当考虑下列因素：（一）相关公众对该商标的知晓程度；（二）该商标使用的持续时间；（三）该商标的任何宣传工作的持续时间、程度和地理范围；（四）该商标作为驰名商标受保护的记录；（五）该商标驰名的其他因素"。鉴于此条款的非闭合型表达，除了明确列举的4项因素以外，还可以援引其他因素辅助证明驰名商标。我们认为，关于相关公众熟知程度的判断，可以考虑具体广告语所标识商品或服务的销售收入、市场份额、净利润、销售区域等，特别是对此广告语的广告宣传方式、发布媒体、推送频率及投放总量等给予重点分析，可以聘请专业调查机构协助展开市场调查以取得相关数据信息，以便做出准确判断、公正认定。

---

❶ 孔祥俊. 商标与反不正当竞争法：原理与判例［M］. 北京：法律出版社，2009：30.
❷ 杜颖. 广告语的商业标识功能及其法律保护［J］. 法学，2018（2）.

2.他人使用类似广告语导致混淆的可能性

广告语作为驰名商标而受《商标法》保护，目的在于确保其被用于区分商品或服务，避免产生混淆，从而维护市场秩序和消费者利益，《商标法》第13条第2款对未注册驰名商标保护的规定中引入"容易导致混淆"的判断标准。2017年《最高人民法院关于审理商标授权确权行政案件若干问题的规定》（法释〔2017〕2号）第12条的规定："当事人依据商标法第十三条第二款主张诉争商标构成对其未注册的驰名商标的复制、摹仿或者翻译而不应予以注册或者应予无效的，人民法院应当综合考量如下因素以及因素之间的相互影响，认定是否容易导致混淆：（一）商标标志的近似程度；（二）商品的类似程度；（三）请求保护商标的显著性和知名程度；（四）相关公众的注意程度；（五）其他相关因素。商标申请人的主观意图以及实际混淆的证据可以作为判断混淆可能性的参考因素。"结合上述多因素综合分析，判断广告语构成未注册驰名商标而予以商标法保障，我们认为应当重点考察以下因素：（1）广告语的文字构成。具备商业标识功能的广告语多以复合词组成文字商标或者口号商标。广告语的语言结构包括描述性形容词和名词，对两组词汇近似程度的分析应当重点考察所用名词的相似度。[1]若是两组广告语所用的名词相似度越高，作为商标的广告语近似程度亦会越高，构成混淆可能性越大。（2）商品或服务类别。两类商品或服务的特征、主要用途、功能作用、消费者认可等存在着较高关联度，即使两则广告语的近似程度稍低，构成混淆可能性仍较大。（3）相关公众的注意程度。2014年《驰名商标认定和保护规定》第2条第2款中"相关公众包括与使用商标所标示的某类商品或者服务有关的消费者，生产前述商品或者提供服务的其他经营者以及经销渠道中所涉及的销售者和相关人员等"，上述相关公众的消费心理、认知能力、文化程度等因素对混淆可能性的认定具有影响，应当予以考量。

（四）广告语作为商业标识受竞争法保障

除商标法保障机制以外，具有商业标识功能的广告语还可以寻求竞争法

---

[1]　孟静，李潇湘.商标混淆可能性认定问题探析［J］.法学杂志，2011（4）.

保障。与传统知识产权法相比，竞争法有着补充知识产权法定主义类型化不足的优势。❶虽然《反不正当竞争法》是对传统知识产权法的补充，但《著作权法》《商标法》《反不正当竞争法》并不存在适用次序，三者相互独立，由权利人自由选择全部或部分保护方法。《反不正当竞争法》对商业标识意义上的广告语保护涉及第2条第1款、第2款和第6条第1项、第4项的混淆行为。

1.《反不正当竞争法》第6条的保障

广告语并不是《反不正当竞争法》第6条明确列举的商业标识，但第6条第1项"等"和第4项"其他"兜底条款可以涵盖具有商业标识功能的广告语，质言之，《反不正当竞争法》第6条保障广告语，应当以广告语具有商业标识功能为前提，同时还应当符合第6条的其他要求。

1993年《反不正当竞争法》第5条第2项要求相关商业标识"知名"，2007年《最高人民法院关于审理不正当竞争民事案件应用法律若干问题的解释》（法释〔2007〕2号）第1条第1款规定，"在中国境内具有一定的市场知名度，为相关公众所知悉的商品，应当认定为反不正当竞争法第五条第（二）项规定的'知名商品'"。2017年《反不正当竞争法》修订，以"一定影响"代替"知名"，降低门槛并且与《商标法》第32条、第58条第3款保持一致。《最高人民法院关于审理商标授权确权行政案件若干问题的规定》（法释〔2017〕2号）第23条第2款规定，"在先使用人举证证明其在先商标有一定的持续使用时间、区域、销售量或者广告宣传的，人民法院可以认定为有一定影响"。具有商业标识功能的广告语符合"一定影响"的要求，即可得到《反不正当竞争法》第6条第1项保障。

2017年《反不正当竞争法》修订，增设第6条第4项其他情形，但原"使购买者误认为""引人误认为"修改为"足以引人误认为"，即现实结果要件变为潜在结果要件，因此具有商业标识功能的广告语被擅自使用足以造成相关公众混淆，即可得到《反不正当竞争法》第6条第4项保障。

---

❶ 易继明.知识产权的观念：类型化及法律适用［J］.法学研究，2005（3）.

2.《反不正当竞争法》第 2 条的保障

《反不正当竞争法》第 2 条第 1 款和第 2 款规定："经营者在生产经营活动中，应当遵循自愿、平等、公平、诚信的原则，遵守法律和商业道德。本法所称的不正当竞争行为，是指经营者在生产经营活动中，违反本法规定，扰乱市场竞争秩序，损害其他经营者或者消费者的合法权益的行为。"此条款属于《反不正当竞争法》一般条款，具有《反不正当竞争法》及其他知识产权专门法的兜底功能。为避免一般条款被滥用或向一般条款的逃逸，《反不正当竞争法》第 2 条第 1 款和第 2 款适用受到严格限制：（1）依据《行政处罚法》第 3 条第 2 款，"没有法定依据或者不遵守法定程序的，行政处罚无效"，行政机关不能适用此条款查处包括广告语在内的不正当竞争行为；❶（2）司法机关应当优先使用有关知识产权专门立法或《反不正当竞争法》第二章，尔后才可以依据此条款对不正当竞争行为予以认定。质言之，对于具有商业标识功能的广告语，即使无法满足《反不正当竞争法》第 6 条第 1 项、第 4 项，亦应当以此条款的原则性规定予以进一步分析，以判断能否得到《反不正当竞争法》保障。

第二节 互联网广告屏蔽的竞争法规制

一、互联网广告屏蔽的竞争法规制概述

（一）互联网广告屏蔽行为的概念

互联网广告屏蔽，又称为互联网广告拦截，即与视频网站有竞争关系的经营者（以下统称为屏蔽技术提供者）运用自主开发或他人开发的具有屏蔽功能技术，以浏览器、路由器等为载体，对视频网站投放的贴片广告、网

---

❶ 王瑞贺. 中华人民共和国反不正当竞争法释义［M］. 北京：法律出版社，2018：6-7.

页广告、弹出广告❶等予以屏蔽，使互联网用户在无广告情况下观看视频的行为。

互联网广告屏蔽主要包括以下三种方式：（1）浏览器屏蔽。浏览器屏蔽是指浏览器经营者自主开发广告屏蔽软件并上传至浏览器，若互联网用户开启广告屏蔽功能后，通过此浏览器观看视频，则视频网站投放的广告将会被屏蔽。例如，猎豹安全浏览器自主开发了"网页广告过滤"功能，当互联网用户通过此浏览器访问优酷视频并开启此项功能，优酷视频的页面广告便会被屏蔽。❷（2）路由器屏蔽。路由器屏蔽是指互联网用户选择下载安装路由器经营者自主开发并上传到云平台上的屏蔽广告插件，使用此路由器上网进入视频网站观看视频，即可屏蔽视频网站投放的贴片广告。例如，互联网用户下载并安装极路由云平台上的广告屏蔽插件后，通过极路由观看爱奇艺网站的视频，便可屏蔽视频的片前广告。❸（3）第三方插件屏蔽。第三方插件屏蔽指除互联网用户将浏览器经营者之外第三方开发的具有广告屏蔽功能的插件上传至浏览器或播放软件，互联网用户通过此浏览器、播放软件播放视频并同时开启此插件，即可实现屏蔽广告的目的。例如，网民"珲珲哥"开发并上传"屏蔽百度广告"插件，互联网用户将其上传至奇虎浏览器的扩展中心平台，网页将不再显示推广链接。❹

互联网广告屏蔽的对象包括以下三种：（1）贴片广告。贴片广告是指使用流式视频技术，将广告视频插播到视频内容中，并与视频内容一同播放。根据插播时间的不同，可分为前贴（Pre-roll）、中贴（Mid-roll）、后贴（Post-roll）。一般而言，互联网用户未购买视频网站会员，则须观看此类广告，不能选择快进或关闭，因此贴片广告具有一定强制性，为大部分视频网站所青睐。（2）页面广告。页面广告一般以横幅型（Banner）、动画型（Flash）、文字

---

❶ 《广告法》第44条第2款规定："利用互联网发布、发送广告，不得影响用户正常使用网络。在互联网页面以弹出等形式发布的广告，应当显著标明关闭标志，确保一键关闭。"不断弹出或无法关闭的广告应当认定为违法广告，视频网站不得播放此类广告，本书不再讨论对于此类广告的屏蔽问题。

❷ 北京市海淀区人民法院（2013）海民初字第13155号民事判决书。

❸ 北京市海淀区人民法院（2014）海民初字第21694号民事判决书。

❹ 北京市东城区人民法院（2013）东民初字第08310号民事判决书。

链接型等形式放置在视频播放的页面中，是互联网广告的主要形式之一。其在视频网站中通常位于视频内容的四周或多个板块之间的缝隙处，展示广告主的名称、品牌、商品或服务。随着互联网技术的发展，视频网站通常以大数据为基础，对用户的浏览、搜索行为进行追踪，定向推送个性化、精准化的页面广告。（3）弹出广告。弹出广告主要是指互联网用户在视频网站等待观看视频或观看视频的过程中自动弹出的一个或多个浏览视窗，吸引互联网用户浏览相关内容，以增加弹出广告的浏览率或点击率。此类广告通常位于视频画面边缘，一定程度上遮挡视频内容，而且部分弹出广告必须手动关闭，影响互联网用户观看视频的体验，目前大型视频网站几乎很少投放此类广告，但在规模较小的视频网站仍大量存在。

（二）互联网广告屏蔽的特征

1. 隐蔽性

不论互联网广告的投放，抑或互联网广告的屏蔽，均以互联网技术为依托，具有高度的技术化程度。随着互联网技术的成熟，广告屏蔽技术也不断升级，呈现出隐蔽性特征，对于互联网广告屏蔽的认定带来诸多挑战。互联网是虚拟空间，相关证据大多为电子证据，若视频网站未在广告屏蔽发生后及时取证并予以证据保全，屏蔽技术提供者往往通过技术手段销毁相关证据。对于在浏览器、播放软件中上传互联网广告屏蔽插件的第三方，其真实身份的认定需要专业互联网技术人员进行调查及取证。至于经营者的广告屏蔽与视频网站的广告收入减少之间因果关系的认定，对于互联网技术方面专业知识亦提出较高的要求。

2. 重复性

屏蔽技术提供者通过其自主开发或他人开发的屏蔽技术对多个视频网站的广告进行屏蔽，即使其中一个视频网站维护自己的权益并且获得法律支持，此屏蔽技术提供者也往往不会停止针对其他视频网站的广告屏蔽。例如，上海市闵行区人民法院在爱奇艺诉大摩不正当竞争纠纷案中，禁止经营者向互联网用户提供具有屏蔽爱奇艺广告功能的"Adsafe"软件；❶在聚力诉大摩不正当竞争纠纷案中，再次判决经营者停止运营"Adsafe"软件。❷由此可见，互联网广告屏蔽的重复性不仅导致法律资源的浪费，而且对互联网行业以及经济社会的发展产生严重的不利影响。究其原因，屏蔽技术软件提供者的违法成本较低，而视频网站的维权成本较高。对于互联网广告屏蔽的惩治力度还较为薄弱。

3. 交互性

屏蔽技术提供者与视频网站之间往往存在交互侵权现象。屏蔽技术提供者对视频网站投放的广告实施屏蔽，视频网站则对屏蔽技术提供者采取身份识别，采取技术手段阻止安装屏蔽插件。例如，在合一诉金山不正当竞争纠纷案中，2013 年 5 月 29 日，合一公司起诉金山公司通过浏览器修改优酷网视频服务及参数，屏蔽优酷网视频广告行为违反《反不正当竞争法》；❸2013 年 12 月 27 日，金山公司起诉合一公司针对猎豹浏览器进行不兼容提示，并且同样安装第三方广告屏蔽插件的情况下，仅对猎豹浏览器予以限制视频播放。❹合一公司与金山公司之间相互侵权的恶性竞争，若任由其自由发展，将会对市场秩序造成极大破坏。

（三）我国互联网广告屏蔽的法治现状

1. 互联网广告屏蔽的著作权与侵权责任法规制

《著作权法》第 10 条第 1 款规定，"保护作品完整权，即保护作品不受歪曲、篡改的权利"，属于著作权的范畴。视频网站往往对图片、文字以及视频组成的网页享有著作权，互联网广告屏蔽被认为侵害汇编作品的完整性，使用广告屏蔽技术的互联网用户是直接侵权人，而屏蔽技术提供者构成引诱侵权，若是屏蔽技术由第三方开发，浏览器经营者疏于审查或者审查后未移除的，构成帮助侵权。但是，网页的本质是一种超文本标记语言，即 HTML

---

❶ 上海市闵行区人民法院（2015）闵民三（知）初字第 271 号民事判决书。
❷ 上海市闵行区人民法院（2015）闵民三（知）初字第 637 号民事判决书。
❸ 北京市海淀区人民法院（2013）海民初字第 13155 号民事判决书。
❹ 北京市海淀区人民法院（2013）海民初字第 17359 号民事判决书。

（Hypertext Markup Language），诸如图片、动画、视频等资源并不属于网页代码一部分，只是作为多媒体源文件存储在服务器中的某一区域。互联网用户观看视频网站时，网页以相对或绝对路径的方式引用多媒体源文件，并且按照 HTML 标签设定的样式，实现文本、图片、动画等的混合排列和显示。换言之，屏蔽技术并未造成源文件发生变化，而是改变多媒体源文件的操作环境，使得 HTML 标签中的广告链接失效。❶ 由此可见，互联网广告屏蔽尚不构成对视频作品本身的修改，并未侵犯汇编作品的完整性，难以适用《著作权法》予以规制。

视频网站经营者与广告主之间存在合法有效的广告合同，屏蔽技术提供者仍故意不当地实施互联网广告屏蔽，造成视频网站经营者的广告收入严重损害，构成第三人侵害债权行为。第三人侵害债权源自英国法，突破债权作为相对权利不受侵权行为法保护的传统理论，❷《侵权责任法》第 2 条第 1 款规定，"侵害民事权益，应当依照本法承担侵权责任"，虽然债权不在第 2 条第 2 款明确列举的人身、财产权益之列，但可以归入"等"的范围，因而互联网广告屏蔽属于第三人侵害债权不无不可。不过鉴于《侵权责任法》的模糊性，第三人侵害债权仍存在不少争议，实务上较少被使用，❸《侵权责任法》对于互联网广告屏蔽虽然存在适用空间，但难以形成有效地规制。

2. 互联网广告屏蔽的《反不正当竞争法》第 12 条规制

2017 年《反不正当竞争法》修订，增设第 12 条专门针对互联网领域的新型不正当竞争行为予以规制，被称之为"互联网专条"，"经营者利用网络从事生产经营活动，应当遵守本法的各项规定。经营者不得利用技术手段，通过影响用户选择或者其他方式，实施下列妨碍、破坏其他经营者合法提供的网络产品或者服务正常运行的行为：（一）未经其他经营者同意，在其合法提供的网络产品或者服务中，插入链接、强制进行目标跳转；（二）误导、欺

---

❶ 胡海容，黄光辉.天使与魔鬼之辩：第三方开发广告过滤软件引发的法学思考［J］.知识产权，2014（10）.

❷ 胡海容，黄光辉.天使与魔鬼之辩：第三方开发广告过滤软件引发的法学思考［J］.知识产权，2014（10）.

❸ 黄武双，刘建臣.中美屏蔽网页广告行为法律规制比较［J］.竞争政策研究，2015（1）.

骗、强迫用户修改、关闭、卸载其他经营者合法提供的网络产品或者服务；（三）恶意对其他经营者合法提供的网络产品或者服务实施不兼容；（四）其他妨碍、破坏其他经营者合法提供的网络产品或者服务正常运行的行为。"申言之，《反不正当竞争法》第12条主要包括以下三层含义：（1）第1款针对传统不正当竞争行为在互联网领域的延伸，并且明确依据第2章第6条至第11条予以规范；❶（2）经营者违反第2款第1项至第3项明确列举的3种具体的新型互联网不正当竞争行为；（3）经营者违反第2款第4项兜底条款，即经营者利用技术手段的其他妨碍、破坏其他经营者合法提供的网络产品或者服务正常运行的行为。在第（2）、（3）情形下，依据第17条要求不正当竞争者承担民事责任，以及依据第24条追究不正当竞争者的行政责任。

在"互联网专条"推出之前，为适应互联网的飞速发展引发的互联网领域经营模式、竞争形态的不断变化，往往按照"其他不正当竞争纠纷"为立案案由，并且依据《反不正当竞争法》第2条第1款和第2款的一般条款予以裁判。❷"互联网专条"的设立是互联网时代的标志性事件，成为我国网络法治的里程碑特征，与2011年《规范互联网信息服务市场秩序若干规定》（工业和信息化部令第20号）、2013年中国互联网协会《互联网终端安全服务自律公约》等软硬法共同构成互联网不正当竞争法治的规则框架。虽然"互联网专条"是对互联网领域不正当竞争典型案例的提炼总结，但普遍适用性有限，宣示意义大于其实际价值，❸例如难以适用于互联网广告屏蔽。不仅互联网广告屏蔽无法与第12条第2款第1项至第3项具体行为相匹配，即使第4项的兜底条款，要求经营者利用技术手段"影响用户选择或者其他方式"，但互联网广告屏蔽均是基于互联网用户的主动选择才得以实施，因而"互联网专条"不适用于互联网广告屏蔽。

3. 互联网广告屏蔽的《反不正当竞争法》第2条规制

《反不正当竞争法》第2条第1款和第2款可以称为一般条款，即对于此

---

❶ 王瑞贺.中华人民共和国反不正当竞争法释义［M］.北京：法律出版社，2018：43.

❷ 田小军，朱英.新修订《反不正当竞争法》"互联网专条"评述［J］.电子知识产权，2018（1）.

❸ 孔祥俊.论新修订《反不正当竞争法》的时代精神［J］.东方法学，2018（1）.

法第 2 章未特别规定的类型化不正当竞争行为，在确有必要时可以按照此条的原则性规定予以认定，在此意义上，此条可以视为不正当竞争行为的概括性（兜底）规定，可以作为认定不正当竞争行为的单独依据。❶关于《反不正当竞争法》一般条款的适用应当遵循以下标准：（1）《反不正当竞争法》第 2 章对此行为未作出明确规定，（2）此行为在客观上确实扰乱市场竞争秩序、损害其他经营者或者消费者的合法权益，（3）此行为违反法律和商业道德。❷

2016 年原国家工商行政管理总局《互联网广告暂行管理办法》第 16 条第 1 项规定，互联网广告活动中不得"提供或者利用应用程序、硬件等对他人正当经营的广告采取拦截、过滤、覆盖、快进等限制措施"，但属于部门规章，不符合一般条款关于"法律"的要求。2011 年最高人民法院印发《关于充分发挥知识产权审判职能作用推动社会主义文化大发展大繁荣和促进经济自主协商发展若干问题的意见》（法发〔2011〕18 号）关于"加强不正当竞争案件的审判，维护市场公平竞争"中，明确指出，"正确把握诚实信用原则和公认的商业道德的评判标准，以特定商业领域普遍认同和接受的经济人伦理标准为尺度，避免把诚实信用原则和公认的商业道德简单等同于个人道德或者社会公德"。互联网属于特定商业领域，但关于互联网广告屏蔽难以运用互联网领域的公认商业道德予以判定。互联网领域的竞争往往以吸引用户流量为目的，手段多种多样，互联网广告屏蔽亦是为吸引互联网用户，在"用户为王"的互联网时代难以按道德标准予以评价。同时，互联网领域的经营者必须不断地创新与变化，才能适应互联网的飞速发展，相关商业道德则唯有经过反复实践才得以形成，商业道德因此必然处于流变之中，难以固化，呈现出滞后与虚化的特性。故而，公认的商业道德在互联网领域存在适用困难，易泛化为不受约束的自由裁量，不宜作为互联网广告屏蔽的正当性认定依据。

近年来，"非公益必要不干扰"成为我国关于互联网不正当竞争行为的一般条款适用的具体依据。百度诉奇虎不正当竞争纠纷案的二审判决书首次提

❶　孔祥俊.反不正当竞争法创新性适用［M］.北京：中国法制出版社，2014：89.
❷　最高人民法院（2009）民申字第 1065 号民事裁定书。

出"非公益必要不干扰",即互联网商品或服务之间原则上不得相互干扰,确实出于保护互联网用户等社会公众的利益的需要,经营者在特定情况下不经互联网用户知情并主动选择以及其他互联网产品或服务提供者同意,也可干扰他人互联网商品或服务的运行,但是,应当确保并证明干扰手段的必要性和合理性。我们认为,"非公益必要不干扰"本质上是举证责任倒置,即行为人对干扰行为的公益目的及必要性、合理性承担举证责任,此有悖于《民事诉讼法》第64条第1款规定,"当事人对自己提出的主张,有责任提供证据"。同时,互联网广告屏蔽的公益认定较为困难,尤其竞争利益存在相对性及其损害的相互性。一方在市场竞争中的竞争利益增加,另一方竞争利益会随之减少,若是着重保护一方利益,必然会对另一方利益产生限制。❶ 在互联网广告屏蔽中,视频网站经营者与屏蔽技术提供者乃是互联网领域内的竞争对手,二者实施的竞争行为均为争取更多的商业机会,获取更多的用户流量,从而实现盈利目的。简单地适用"非公益必要不干扰",禁止互联网广告屏蔽,保护视频网站,缺少所涉各方利益的衡量,显得过于刚性。我们认为,应当全面衡量经营者、消费者以及市场竞争秩序之间的利益冲突,并且对互联网广告屏蔽不正当竞争行为构成要件予以全面设计,避免一般条款及其衍生"非公益必要不干扰"适用的脱序。

（四）互联网广告屏蔽竞争法规制的意义

近年来,视频网站发展迅猛,根据《2018中国网络视听发展研究报告》,截至2018年6月,我国网络视频用户6.09亿,占网民总体的76%,半年增长率5.2%。手机视频用户数量达到5.78亿,短视频用户5.94亿,直播用户4.25亿,音频用户3.0亿,互联网电视激活用户2.18亿,截至2018年9月底,互联网电视累计覆盖终端达到3.22亿台。网络视听内容已经成为我国网络用户的精神文化消费刚需,超四成用户每天必看,重度用户则多集中于一线30~39岁人群,50岁以上中老年用户比例超过四成。45.8%的网络视频用户已经不再接触报纸、杂志等传统媒体。50/60后用户亦远离传统媒体,43.5%

---

❶ 宋亚辉.网络干扰行为的竞争法规制——"非公益必要不干扰原则"的检讨与修正 [J].法商研究,2017（4）.

的 50/60 后过去半年未接触传统媒体。❶ 同时，视频网站竞争形态愈发复杂，互联网广告屏蔽纠纷案件频繁发生，涉及腾讯视频、爱奇艺、优酷、搜狐视频、聚力传媒、暴风影音等综合性视频网站前列梯队的成员，以及百度、猎豹、360、乐视等知名浏览器或路由器运营者。互联网广告屏蔽的竞争法规制，对于视频网站经营者、屏蔽技术提供者以及每一个互联网用户，乃至整个互联网环境均至关重要。

1. 保护经营者的合法权益

《反不正当竞争法》第 1 条规定，"为了促进社会主义市场经济健康发展，鼓励和保护公平竞争，制止不正当竞争行为，保护经营者和消费者的合法权益，制定本法"，保护经营者的合法权益是反不正当竞争法的立法目的之一。

受《反不正当竞争法》保护的经营者合法权益，应当通过维护经营者的正当行为、制止不正当竞争行为而实现，是与公平竞争秩序密切相关的一种财产利益。❷ 若是一个行为对公平竞争秩序未产生任何不利影响，即使此行为损害了经营者权益或消费者权益，从《反不正当竞争法》角度，亦不应当被认定为不正当竞争行为，其必然与竞争有所联系。❸ 我们认为，与互联网广告视频屏蔽密切相关的经营者合法权益主要包括交易机会和营业自由。交易机会是经营者的合法权益之一，乃是经营者对达成商业交易的一种期待利益。经营者努力提高自身的核心能力，形成难以模仿或复制的竞争优势，目的在于增加交易机会，实现商业交易，获取经济利益。故而，经营者凭借竞争优势所获得的交易机会，是经营者权益之根本体现。❹ 但是，由于交易机会本身并不具有排他性和确定性，并非法律明确规定的权利，并且经营者在市场机制下争夺交易机会，本为竞争的应有之义，不宜武断地认定其他经营者争夺

---

❶　中国网络视听节目服务协会.2018 中国网络视听发展研究报告［EB/OL］.［2019-05-20］.http://www.cnsa.cn/index.php/industry/industry_week.html.

❷　孔祥俊.反不正当竞争法的创新性适用［M］.北京：中国法制出版社，2014：77.

❸　孙琬钟.反不正当竞争法实用全书［M］.北京：中国法律年鉴社，1993：27.

❹　王磊.法律未列举的竞争行为的正当性如何评定———一种利益衡量的新进路［J］.法学论坛，2018（5）.

交易机会的行为侵害经营者的权益。❶营业自由亦是经营者以公平的竞争机会为前提，基于独立的主体资格，自主选择商品或者服务，不受法律、行政法规、政府规章以及其他相关主体不合理的干预与限制，最终实现营利目的自由。❷但是，我国法律上并未明确地承认"营业自由"，因而难以予有效地法律保护。❸我们认为，在《反不正当竞争法》框架下，经营者自主决定其经营方式并获取经济收入的概括性利益，是一种虽受到保护但未提升为绝对权的法益。

质言之，无论经营者的交易机会抑或营业自由，均非积极性权利，唯有其他经营者通过不正当手段争夺经营者的交易机会或干扰经营者的经营自由时，反不正当竞争法才会制止此类不正当竞争行为，进而形成对经营者权益的保护。在互联网广告屏蔽中，经营者权益通常表现为自由地开展经营活动，获取交易机会和经济利益的权利。对于视频网站而言，其访问流量、用户数量、广告投放收入以及与广告主之间的交易机会在不同程度上因广告屏蔽技术的使用而减少，若是互联网广告屏蔽被认定为不正当竞争行为，《反不正当竞争法》理应对视频网站经营者权益予以保护。

2. 保护消费者的合法权益

1993 年《反不正当竞争法》第 1 条明确规定，"为保障社会主义市场经济健康发展，鼓励和保护公平竞争，制止不正当竞争行为，保护经营者和消费者的合法权益，制定本法"，但第 2 条第 2 款关于不正当竞争的界定，却仅指向"损害其他经营者的合法权益"。2017 年《反不正当竞争法》修订，对第 2 条第 2 款予以修改，明确规定，"本法所称的不正当竞争行为，是指经营者在生产经营活动中，违反本法规定，扰乱市场竞争秩序，损害其他经营者或者消费者的合法权益的行为"，充分肯定消费者权益在不正当竞争行为认定中的重要地位。申言之，消费者权益应当成为互联网经济的发展航标，不仅得

---

❶ 王磊.商业机会获得反不正当竞争法保护的要件分析——评广汇公司诉近湖公司不正当竞争纠纷一案［N］.中国知识产权报，2014-11-28.

❷ 钱宇丹，徐卫东.论我国中小企业的营业权制度［J］.当代法学，2014（4）.

❸ 孔祥俊.《民法总则》新视域下的反不正当竞争法［J］.比较法研究，2018（2）.

到《消费者权益保护法》的保护，还应当发挥其自身的"裁判官"功能，对竞争行为予以正当性评价，从而获得《反不正当竞争法》保护。❶

互联网广告屏蔽涉及经营者和消费者彼此交错对立的合法权益，屏蔽技术提供者往往抗辩称广告屏蔽技术是由互联网用户即消费者主动选择安装并使用，而其开发并传播此类技术是基于消费者合法利益的考量，满足其拒绝观看广告的需求，提升其观看视频的体验，因而符合保护广大消费者合法权益的要求。换言之，互联网广告屏蔽使得互联网用户在浏览网页、观看视频时免受互联网广告的困扰，避免互联网用户在获取信息时注意力被分散，提升互联网用户的上网体验，有助于消费者实现其自主选择的权利，最终实现消费者利益的提升。一些域外互联网广告屏蔽行为案例亦支持此认识，例如，在美国 Fox 诉 Dish Network 案中，广告屏蔽行为被认为满足了消费者的需求，消费者权益成为屏蔽行为正当性认定的首要因素，❷ 又如 Zango 诉卡巴斯基案中，消费者权益被认为在不正当竞争行为认定中具有重要地位，虽然认定涉案软件具有屏蔽广告的功能，但是否使用此功能却取决于消费者的主观选择，法院因此不予以干涉，❸ 还有德国法院在各大媒体公司诉 AdBlock Plus 广告屏蔽案中，均认为 AdBlock Plus 软件最大限度地支持互联网用户自主选择权的行使，广告屏蔽行为因此不应被认定为违法。❹

我们认为，应当保护消费者的整体而非局部的、长期而非短期的利益，互联网广告屏蔽损害消费者的整体且长远的权益：（1）不是所有的广告均被互联网用户所唾弃。基于广告替罪羊效应，互联网广告遭到社会公众的较大误解。需要澄清的是，"广告"和"信息"在受众的信息需求层面存在重合之处，互联网用户需要接收的是能够满足自身个性化需求的"信息"，以"广告"的形式存在的"信息"只要能够满足个性化需求也是为互联网用户所乐

---

❶ 陈耿华.互联网时代消费者在中国竞争法中的角色重塑与功能再造——兼论《反不正当竞争法》的修改［J］.江西财经大学学报，2018（2）.

❷ Fox Broadcasting Co. v. Dish Network，LLC（C.D. Cal. January 12，2015）.

❸ Zango，Inc v. KasperskyLab，Inc，568 F.3d 1169（9th Cir.2009）.

❹ 史欣媛.利益衡量方法在屏蔽视频广告行为正当性判定中的适用［J］.中南大学学报：社会科学版，2017（1）.

于接受的。（2）互联网广告屏蔽带来消费者利益的提升是局部的。除了安装屏蔽软件的互联网用户外，购买视频网站 VIP 的互联网用户同样享有是否观看广告的选择权。对于视频网站的 VIP 会员而言，屏蔽技术并未给其带来任何福利，反而会使其心理上产生不平衡。（3）屏蔽软件带来消费者利益的提升是短期的，从长远来看，视频网站会通过技术手段对屏蔽软件进行"反屏蔽"，此类技术攻防所产生的成本最终将由消费者承担。抑或视频网站减少免费视频的播放率，互联网用户无法观看免费的高质量视频。无论哪种方式，消费者利益都将受到减损。

此外，消费者的合法权益与经营者的合法权益处于同一位阶，对消费者合法权益的保护并不意味放弃对经营者权益保护，保护消费者合法权益本身就要求经营者严格遵守商业道德底线并以消费者福利作为评价标尺是完全正当的。❶

3. 维护市场的竞争秩序

自由竞争以追求效率为目的，激发市场主体的积极性、主动性和创造性，使市场充满生机和活力，从而实现最优的资源配置。竞争法和竞争政策应当以保护市场主体的自由竞争为立足点。若是法律对于经营者的自由竞争不做任何形式的规制，经营者为追求利润将毫无底线地损害其他经营者的合法权益，破坏市场竞争秩序，消费者在此种情况下亦无法享受到最优的商品或服务。故而，自由竞争应当以公平竞争为前提和条件，❷以公平为边界，超过一定限度的自由竞争会对市场竞争秩序造成一定程度破坏。自由竞争与公平竞争关系在事实上是公有领域与法律禁区的关系：自由竞争属于公有领域，是市场经济发展的"发动机"；以公平为边界对自由竞争进行干预，属于法律设定的禁区。法律禁区的范围不宜过大，否则构成对公有领域不当限缩。❸《反不正当竞争法》第 1 条以"鼓励公平竞争"为立法目的之一，第 2 条第 2 款

---

❶ 杨紫烜，徐杰．经济法［M］．5 版．北京：北京大学出版社，2009：43.
❷ 孔祥俊．反不正当竞争法的创新性适用［M］．北京：中国法制出版社，2014：14.
❸ 孔祥俊．反不正当竞争法的司法创新和发展——为《反不正当竞争法》施行 20 周年而作（上）［J］．知识产权，2013（11）.

以"扰乱市场竞争秩序"作为不正当竞争行为的要件之一。破坏竞争，严重损害市场机制、市场结构和社会秩序，并非简单的个人利益或微观利益，而是对社会公共利益的破坏。自由、公平的市场竞争秩序作为一种社会制度，应当是社会公共利益中最为重要的一个方面。❶

毋庸置疑，互联网领域的竞争应当以自由竞争为优先原则。作为一个新兴行业，一方面，互联网行业进入障碍较低，竞争者数量较多，行业内竞争较为激烈；另一方面，由于法律的滞后性，互联网行业自由竞争的边界并不清晰，导致互联网新型不正当竞争案件时常发生，对市场竞争秩序造成极大破坏。有序的互联网竞争环境对于经营者权益、消费者权益的实现至关重要，因此对互联网广告屏蔽行为予以正当性判定应当考虑此行为对市场竞争秩序的影响。

在互联网广告屏蔽中，自由竞争应当以视频网站经营者权益、消费者权益与市场竞争秩序即社会公共利益的平衡结果为边界，以防止过度的自由竞争破坏市场竞争秩序。互联网广告屏蔽行为中的视频网站经营者与屏蔽技术提供者均是互联网领域的经营者，应当遵守自由竞争原则展开经营活动，不能以不正当的手段获取利润，损害其他经营者利益。对于屏蔽技术提供者而言，自由竞争意味着其有权依照自己的意愿进行技术创新，开发互联网广告屏蔽技术，吸引更多的互联网用户参与，以争夺交易机会而获取经济利益。但是，屏蔽技术提供者未经视频网站经营者允许便擅自将广告屏蔽，对视频网站经营者的权益造成了严重的、实质性的损害。若是法律不对互联网广告屏蔽行为予以规制，任由其在市场上自由发展，则视频网站经营者与屏蔽技术提供者之间形成恶性竞争与技术对抗，此种竞争与对抗，一方面乃是本不应当发生的无意义行为，没有为社会创造任何价值；另一方面会造成社会资源的浪费，增加无用的社会成本，同时降低市场交易的效率。❷质言之，自由竞争并非毫无边界，屏蔽技术提供者所谓的"自由竞争"违反了公平竞争原

---

❶ 邱本.论市场竞争法的基础［J］.中国法学，2003（4）.
❷ 曹丽萍.技术运用与商业模式竞争的边界——评析浏览器过滤视频广告行为的不正当竞争性质［J］.电子知识产权，2015（5）.

则，构成对自由竞争原则的滥用，必须以公平为边界对屏蔽技术提供者的行为加以限制，以防止出现过度的自由竞争破坏市场秩序。

二、互联网广告屏蔽不正当竞争行为的构成要件

关于不正当竞争行为的构成要件，《反不正当竞争法》未作出明确规定，域外国家和地区的立法及未来发展趋势对一般条款的表述虽然不尽相同，但均可抽象为较为完整的构成要件。❶ 依此而言，互联网广告屏蔽不正当竞争行为的构成要件主要包括主体要件、行为要件、结果要件、因果关系要件等。

（一）主体要件

1993 年《反不正当竞争法》第 2 条第 3 款规定，"本法所称的经营者，是指从事商品经营或者营利性服务（以下所称商品包括服务）的法人、其他经济组织和个人"。2016 年国务院法制办公室公布《反不正当竞争法（修订草案送审稿）》，扩大了经营者的含义范围，第 2 条第 3 款修改为，"本法所称的经营者，是指从事或者参与商品生产、经营或者提供服务（以下所称商品包括服务）的自然人、法人和其他组织"。2017 年 2 月，全国人大常委会第二十六次会议对《反不正当竞争法（修订草案）》一次审议后，修订草案对经营者概念再次做出修订，恢复营利性目的的要求，第 2 条第 3 款规定，"本法所称的经营者，是指从事商品经营或者营利性服务（以下所称商品包括服务）的自然人、法人和其他组织"。2017 年 10 月，全国人大常委会第二十九次会议二次审议后，修订草案又去除营利性目的的要求，第 2 条第 3 款规定，"本法所称的经营者，是指从事商品生产、经营或者提供服务（以下所称商品包括服务）的自然人、法人和非法人组织"。2017 年《反不正当竞争法》修订，第 2 条第 3 款最终采取此法律定义。我们认为，我国市场经济快速发展，互联网技术也不断提升，互联网新型不正当竞争行为层出不穷，《反不正当竞争法》回应最新经济形势与市场竞争，取消营利性目的的要求，弱化经营主体资格的要求，解决了实践中因主体不适格导致的《反不正当竞争法》适用局

---

❶ 黄娟.《反不正当竞争法中》的一般条款研究［J］.山东社会科学，2013（1）.

限，体现最优的法律适用效果。

　　在百度诉奇虎不正当竞争案中，北京百度网讯科技公司与北京奇虎科技公司均符合经营者标准。但是，北京奇虎科技公司辩称，其所经营的360浏览器通过设置扩展中心平台来提供技术服务，目的是为自主开发应用插件的互联网用户提供一个存储、展示的平台，也供其他互联网用户选择下载与使用相关插件。案件所涉及的广告屏蔽插件是由网民"珲珲哥"制作并上传，自己未曾参与插件的制作与运行，亦未实施教唆诱导等帮助行为，故不应承担相关责任。❶暂且不论奇虎科技公司对网民上传软件的审查义务，网民"珲珲哥"作为开发以及上传互联网广告屏蔽软件的第三方，尽管符合《反不正当竞争法》第2条第3款关于经营者的界定，但与北京百度网讯科技公司之间并不存在竞争关系，不应受到《反不正当竞争法》的规制。质言之，竞争关系存在是认定不正当竞争行为主体要件的关键。同业竞争关系亦可称为直接竞争关系，即在同一地域范围内，经营相同或相似的商品或服务的经营者之间对商业机会进行争夺的关系。❷《反不正当竞争法》施行之初，法院往往认为经营者之间提供的商品或服务不具有替代关系，即不存在同业竞争关系，不受《反不正当竞争法》的规制。❸

　　我们认为，互联网广告屏蔽应当以"竞争利益说"作为竞争关系的认定依据，通过经营者对于互联网用户、商业机会等资源是否存在争夺的考察，对竞争关系做扩大解释，而不局限于同业竞争关系。例如，合一诉优视不正当竞争纠纷案中，法院认为，竞争关系的认定，不必严格限定于经营相同或相似、具有替代关系的商品或服务，而应认定经营者在实施相关行为时是否对商业机会、用户流量等资源进行争夺。❹究其原因，随着互联网技术的发展与成熟，传统商品或服务的地域限制被打破。在互联网广告屏蔽中，屏蔽技术提供者与视频网站经营者设法增大更多的用户流量以获取竞争优势，视频

---

❶ 北京市东城区人民法院（2013）东民初字第08310号民事判决书。
❷ 孔祥俊.反不正当竞争法原理［M］.北京：知识产权出版社，2005：65.
❸ 北京市高级人民法院（2000）高知初字第19号民事判决书。
❹ 北京市海淀区人民法院（2013）海民初字第24365号民事判决书。

网站的受众大多为有意愿观看视频的互联网用户，而广告屏蔽技术的受众则为有意愿观看视频但不愿意受广告困扰的互联网用户，二者在事实上具有高度的一致性，因此屏蔽技术提供者与视频网站经营者实质上是针对同一互联网用户群体展开竞争，此竞争关系属于间接的竞争关系，乃是竞争关系的扩大化。❶我们认为，竞争关系认定的扩大化并不是竞争关系的扩展没有界限，竞争关系的存在仍应作为不正当竞争行为认定的前置标准。若是将所有违背诚实信用原则的行为均认定为不正当竞争行为，《反不正当竞争法》的调整范围就变得过于宽泛，虽然可以规制某些违法行为，却有悖于法律适用的基本逻辑，容易引起《反不正当竞争法》与其他法律制度之间的重叠与冲突，无法针对行为的特定属性提出更有效的规制措施。❷

（二）主观标准

《反不正当竞争法》对不正当竞争行为的主观要件应当予以明确规定。我们认为，《反不正当竞争法》以经营者"不得"为规制取向，即不正面列示正当竞争行为的规范，以致经营者缺乏明确指引可供参考，因而评价竞争行为的正当性应当重点考察是否具有明显的道德可责性，❸即应当予以更高层次的主观要求，不宜以过失作为不正当竞争行为的主观标准。2011年《规范互联网信息服务市场秩序若干规定》（工业和信息化部令第20号）第5条规定，"互联网信息服务提供者不得实施下列侵犯其他互联网信息服务提供者合法权益的行为：（一）恶意干扰用户终端上其他互联网信息服务提供者的服务，或者恶意干扰与互联网信息服务相关的软件等产品（"与互联网信息服务相关的软件等产品"以下简称"产品"）的下载、安装、运行和升级；（二）捏造、散布虚假事实损害其他互联网信息服务提供者的合法权益，或者诋毁其他互

---

❶ 有观点认为，以竞争关系的存在为前提来判断行为对竞争秩序的影响，已不再具有普遍适用性。一方面，竞争关系的认定不但造成司法资源的普遍浪费，而且加大法院审理相关案件的复杂程度；另一方面，《反不正当竞争法》主体范围的扩大使得传统竞争关系的内涵与外延过于狭隘，适用存在困难，不正当竞争案件中竞争关系的认定不再具有制度合理性。谢晓尧.一般条款的裁判思维与方法——以广告过滤行为的正当性判断为例[J].知识产权，2018（4）.

❷ 焦海涛.不正当竞争行为认定中的实用主义批判[J].中国法学，2017（1）.

❸ 周樨平.竞争法视野中互联网不当干扰行为的判断标准——兼评"非公益必要不干扰原则"[J].法学，2015（5）.

联网信息服务提供者的服务或者产品；（三）恶意对其他互联网信息服务提供者的服务或者产品实施不兼容；（四）欺骗、误导或者强迫用户使用或者不使用其他互联网信息服务提供者的服务或者产品；（五）恶意修改或者欺骗、误导、强迫用户修改其他互联网信息服务提供者的服务或者产品参数；（六）其他违反国家法律规定，侵犯其他互联网信息服务提供者合法权益的行为"。质言之，互联网不正当竞争行为的主观过错被表述为"恶意"。"恶意"与"故意"二者在本质上并无区别，恶意并不是故意的更高恶性程度的表达，只是在表意上恶意更侧重于对行为目的和动机的考察，在互联网广告屏蔽中，竞争行为的动机更能表达行为人的主观恶意，❶因此，我们认为，将"恶意"作为互联网广告屏蔽行为不正当认定中的主观标准更为妥当。

有观点认为，互联网广告屏蔽不符合不正当竞争行为认定中的主观要件，因为屏蔽软件的开发属于技术的革新，迎合了互联网用户的需要，屏蔽软件的使用也是互联网用户的主动选择，而且屏蔽软件并不针对某一特定经营者，因此屏蔽软件的开发者不具备主观恶意。❷我们认为，考察行为是否属于互联网领域内正当的、理应受到推崇的技术创新活动，应当以经营者权益、消费者权益以及市场竞争秩序为标准予以论证。具言之，不能因为屏蔽行为存在技术上的革新，就简单地认定屏蔽技术提供者的主观是善意的，而是判断屏蔽行为本身能否最大限度地保护经营者权益、消费者权益，以及能否促进互联网领域正当竞争秩序的形成。屏蔽技术提供者以"用户利益""技术中立"为由标榜行为的合法性，掩盖其欲吸引更多流量的目的，以广告屏蔽功能为噱头实施技术干扰行为，可以认定其主观明显具有侵害的恶意。

（三）行为要件

互联网广告屏蔽的行为要件应当经过比例原则的严格审查。例如在优酷诉 UC 浏览器不正当竞争案中，依据比例原则的正当性分析：（1）屏蔽手段对目的的实现是否起到促进作用，即具有适当性。UC 浏览器屏蔽优酷网视频广

---

❶ 周樨平.竞争法视野中互联网不当干扰行为的判断标准——兼评"非公益必要不干扰原则"［J］.法学，2015（5）.

❷ 朱静洁.浏览器过滤视频贴片广告的违法性认定研究［D］.重庆：西南政法大学，2016.

告在一定程度上让互联网用户达到避免观看广告的目的，增强用户观看视频的舒适度，因此可以认定行为符合适当性标准。（2）屏蔽手段是否对其他利益损害最小，不存在其他对损害明显更小并且同样能够改进用户体验的替代方式，即具有必要性。UC浏览器屏蔽广告对优酷网"免费+广告"的商业模式造成破坏，进而造成优酷网经营者利益的减损。值得注意的是，满足互联网用户的观看体验，存在损害更小、优势更强的方式。互联网广告与互联网用户不是完全对立的关系，研究表明，随着科技的发展，广告将会超越广告自身，成为人们未来生活的一部分。❶优酷网可以优化广告形式，合理化广告时间，注重消费者对广告参与度的研究与消费者动态决策数据的收集，获取消费者的即时信息，同时要加强个人信息的保护以获取消费者对广告的信任。近年来，视频网站的广告形式不断改进，诸如综艺节目《吐槽大会》将广告融合在段子中并在节目结束后以彩蛋形式播出、电视剧《延禧攻略》采用小剧场形式拍摄广告并在视频播放过程中插播放映。此类广告不但不遭到互联网用户的诟病，反而会起到很好的宣传效果。与互联网广告屏蔽相比，此种方式虽然增加广告发布的成本，但不会对优酷网利益产生实质性损害。因此，该行为不符合必要性原则，具有正当性。（3）根据比例原则的三阶理论分析，无须对屏蔽行为是否符合均衡性原则进行考察，可以认定互联网广告屏蔽行为不符合比例原则，具有不正当性。

（四）结果要件

毋庸置疑，互联网广告屏蔽破坏了视频网站的"免费+广告"商业模式，但商业模式并不是《反不正当竞争法》的保护对象，其属于市场经济自由竞争的产物。视频网站"免费+广告"的商业模式理应存在于优胜劣汰的自由竞争领域，若以《反不正当竞争法》的角度对商业模式给予保护，不仅没有法律依据，而且会破坏互联网领域的自由竞争。因此，不能将商业模式的破坏作为屏蔽行为认定的结果要件之一。

有观点认为，广告屏蔽对视频网站经营者的影响只存在理论上的可能性，

---

❶ 宋红娟，柳萌，蒋玉石.消费者屏蔽个性化网络广告的影响因素分析［J］.软科学，2017（12）.

并不会发生实际的损害结果。虽然屏蔽技术的使用会减少广告的点击量或阅读量，进而减少广告主对广告位的购买，降低视频网站经营者的广告收入，但广告收入仅仅是视频网站总收入的一部分，屏蔽软件对视频网站并不会造成致命影响，甚至不足以产生一般性市场阻碍。❶ 我们认为，互联网广告屏蔽虽然只是对视频网站经营者的潜在利益产生负面影响，但在客观上已然存在侵害可能性，《反不正当竞争法》所保护经营者的交易机会正是通过正当竞争行为达成商业交易的期待权。同时，侵权行为的成立与损害是否得到现实的体现并无直接关系，屏蔽技术提供者明知其行为会损害其他经营者利益仍实施侵权行为，符合责任成立要件，损害是否得到现实的体现则属于责任范围关系的内容。❷ 屏蔽行为产生的损害结果表现为，用户流量的减少降低了经营者对潜在广告主的吸引力，导致交易机会的流失。

（五）因果关系要件

互联网广告屏蔽与视频网站经营者广告收益的减少是否存在因果关系，与视频网站采取的广告定价模型息息相关。依据互联网广告定价与收益共享、互联网广告效果的评价标准等理论，广告定价模型可以分为基于过程与基于产出两大类。

CPM（Cost Per Mill）与 CPT（Cost Per Time）是基于过程的定价模型，即以过程为定价标准，只要广告被显示，则广告主应当按照广告显示次数或广告显示时间支付费用。❸ 例如，2017 年优酷视频内广告刊例中载明的贴片广告价格（15 秒）在不同的城市、载体上的价格为 45~270 元 /CPM 之间，通过统计发布广告的浏览量来收取广告费用，互联网广告屏蔽会明显减少网络广告的浏览量，网页被浏览的次数越少，视频网站以此获取的收益就会相应减少，此时经营者收益的减损与屏蔽行为可认定存在因果关系。

CPC（Cost Per Click）与 CPS（Cost Per Sale）是基于产出的定价模型，即以产出为定价标准，唯有广告被点击或发生相关交易时，广告主才需支付

---

❶ 陈末.恶意屏蔽广告行为侵权责任的认定［D］.武汉：武汉大学，2017.

❷ 王泽鉴.侵权行为法（第一册）［M］.北京：中国政法大学出版社，2001：186.

❸ 喻海飞，王佰荣.基于有效浏览的 CPV 网络广告定价模式［J］.系统管理学报，2014（6）.

费用。❶ 对于以过程为标准的定价方式，对于以产出为标准的定价方式，讨厌广告的互联网用户无论是否使用广告屏蔽软件，均不会对广告进行点击或者形成购买行为，因而可认定经营者收益的减损与屏蔽行为不存在因果关系。

三、互联网广告屏蔽不正当竞争行为的民事责任

（一）诉前禁令制度

互联网技术具有高速的传播性，因此互联网新型不正当竞争行为的危害结果波及范围与传播速度都远远大于传统不正当竞争行为。在互联网广告屏蔽中，屏蔽技术提供方往往提出管辖权异议，以故意延长诉讼周期，进一步扩大屏蔽行为的不良影响，甚至利用案件的影响力宣传其屏蔽软件，以吸引更多的用户流量。若是不能通过诉前禁令制度，在起诉前请求对侵权行为实施禁令，即使经营者最终获得胜诉，其所遭受的损失也终将难以挽回。

诉前禁令是指在诉讼程序开始之前，法院根据申请人的申请，禁止可能存在侵权行为的被申请人实施某种行为或要求被申请人停止某种行为的命令。❷ 诉前禁令能够及时、快速地保障申请人的合法利益，防止侵权行为的持续发生及损害结果进一步扩大等，是解决民事纠纷的一项重要的救济措施。❸ 2000 年《专利法》修正，首次引入诉前禁令制度，第 61 条第 1 款规定，"专利权人或者利害关系人有证据证明他人正在实施或者即将实施侵犯其专利权的行为，如不及时制止将会使其合法权益受到难以弥补的损害的，可以在起诉前向人民法院申请采取责令停止有关行为和财产保全的措施"；同时，第 2 款规定，"人民法院处理前款申请，适用《中华人民共和国民事诉讼法》第九十三条至第九十六条和第九十九条的规定"，即将诉前禁令与《民事诉讼法》既有的诉前财产保全予以链接，2017 年修正《民事诉讼法》第 101 条规定，"利害关系人因情况紧急，不立即申请保全将会使其

---

❶ 喻海飞，王佰荣. 基于有效浏览的 CPV 网络广告定价模式［J］. 系统管理学报，2014（6）.
❷ 胡充寒. 我国知识产权诉前禁令制度的现实考察及正当性构建［J］. 法学，2011（10）.
❸ 孙彩虹. 我国诉前禁令制度：问题与展开［J］. 河北法学，2014（8）.

合法权益受到难以弥补的损害的，可以在提起诉讼或者申请仲裁前向被保全财产所在地、被申请人住所地或者对案件有管辖权的人民法院申请采取保全措施。申请人应当提供担保，不提供担保的，裁定驳回申请。人民法院接受申请后，必须在四十八小时内做出裁定；裁定采取保全措施的，应当立即开始执行。申请人在人民法院采取保全措施后三十日内不依法提起诉讼或者申请仲裁的，人民法院应当解除保全"。目前，我国在知识产权有关立法中广泛建立诉前禁令制度，例如，2010 年修正《著作权法》第 50 条规定，"著作权人或者与著作权有关的权利人有证据证明他人正在实施或者即将实施侵犯其权利的行为，如不及时制止将会使其合法权益受到难以弥补的损害的，可以在起诉前向人民法院申请采取责令停止有关行为和财产保全的措施。人民法院处理前款申请，适用《中华人民共和国民事诉讼法》第九十三条至第九十六条和第九十九条的规定"，2019 年修正《商标法》第 65 条规定，"商标注册人或者利害关系人有证据证明他人正在实施或者即将实施侵犯其注册商标专用权的行为，如不及时制止将会使其合法权益受到难以弥补的损害的，可以依法在起诉前向人民法院申请采取责令停止有关行为和财产保全的措施"。

调查表明，在 137 件互联网新型不正当竞争案件中，仅有 2 件适用了诉前禁令制度，最终原告均获得胜诉判决。❶其中爱奇艺诉极科极客不正当竞争案发生在互联网广告屏蔽领域，北京市海淀区人民法院以《民事诉讼法》为依据向极科极客发出诉前禁令，责令极科极客立即停止屏蔽视频广告的插件安装、后台运行以及下载服务的提供，立即停止对其销售的路由器"屏蔽视频广告"功能的宣传。❷我国互联网广告屏蔽之所以对于诉前禁令的适用并不普遍，是因为相关案情复杂、专业性强等因素，法院对受诉屏蔽行为是否存在侵权可能性的判定存在极大困难，如果贸然裁定适用诉前禁令，一旦判定错误，损失无法估量。同时，对于保证金数额的确定，由于法院对于诉

---

❶ 吴太轩，王思思.互联网新型不正当竞争案件诉前禁令制度的适用研究——以 162 份司法文书为视角［J］.竞争政策研究，2017（4）.

❷ 北京市海淀区人民法院（2014）海民（知）初字第 21694 号民事判决书。

前禁令期间被申请人可能获得的收益数额难以准确认定，可能会出现保证金数额过低的情况，给那些为打击竞争对手而恶意申请禁令者提供了间接地鼓励，造成诉前禁令申请权的滥用。我们认为，最高人民法院应当积极总结诉前禁令适用的司法经验，借鉴英美法系中的临时禁令制度，对互联网广告屏蔽的诉前禁令适用条件、审查程序、担保与执行等制度做出明确、细化的规定。适用诉前禁令，应当充分考虑禁令的颁发能否对被申请人造成无法挽回的经济损失，全面权衡不颁发禁令对申请人造成的损害以及颁发禁令对被申请人的损害，适当参考申请人起诉时所主张的赔偿数额，同时听取被申请人的意见。

（二）民事赔偿责任

2019 年修正《反不正当竞争法》第 17 条规定："经营者违反本法规定，给他人造成损害的，应当依法承担民事责任。经营者的合法权益受到不正当竞争行为损害的，可以向人民法院提起诉讼。因不正当竞争行为受到损害的经营者的赔偿数额，按照其因被侵权所受到的实际损失确定；实际损失难以计算的，按照侵权人因侵权所获得的利益确定。经营者恶意实施侵犯商业秘密行为，情节严重的，可以在按照上述方法确定数额的一倍以上五倍以下确定赔偿数额。赔偿数额还应当包括经营者为制止侵权行为所支付的合理开支。经营者违反本法第六条、第九条规定，权利人因被侵权所受到的实际损失、侵权人因侵权所获得的利益难以确定的，由人民法院根据侵权行为的情节判决给予权利人五百万元以下的赔偿。"

互联网广告屏蔽有别于传统的不正当竞争行为，其发生在互联网领域，具有较高的专业性和技术性，导致经营者对其损失数额举证困难，法院亦缺少依据准确计算经营者的损失。屏蔽技术提供者通过开发并上传广告屏蔽软件而带来用户量的增加，由此所产生的利润也难以量化。在实践中，法院对互联网广告破冰的民事赔偿责任予以确定，呈现出赔偿力度较低的特点，例如，前述互联网广告屏蔽中，优酷获赔 50 万、百度获赔 23 万、爱奇艺获赔 40 万。互联网广告屏蔽只需将屏蔽软件上传至互联网，供用户下载便能吸引到大量用户，尔后基于用户流量的增多获得广告或者其他服务产生的巨大利益。在一定程度上，民事赔偿金额偏低，造成屏蔽技术提供者的违法成本低，更缺乏威慑作用，此乃互联网广告屏蔽屡见不鲜的原因之一。

我们认为，腾讯诉 360 不正当竞争案中确定赔偿数额的办法值得参考，❶广东省高级人民法院认为原告计算实际损失的方法和逻辑有误，原告所提供的原始数据缺乏真实性、客观性和精确性，仅具有参考价值，无法据此认定损失数额。根据相关法律及司法解释之规定并综合考虑以下因素，最终确定 360 公司应当赔偿腾讯公司经济损失的数额为 500 万元：（1）360 公司实施的不正当竞争行为对腾讯公司的业务收入、腾讯网流量造成的损失，以及腾讯新产品推广受到的阻碍等；（2）360 公司的不正当竞争行为造成的不利影响迅速传播且消除过程较为复杂；（3）腾讯公司商标及声誉的市场价值；（4）360 公司具有明显的侵权主观恶意；（5）腾讯公司为维护自身合法权益而支出的公证费、律师费、交通费等合理费用。最高人民法院在二审判决书中明确表示广东省高院确定赔偿数额并无不当。❷我们认为，此种方法以相关规定为依据，根据案涉证据，综合考虑相关因素确定赔偿数额较为合理，有利于提高经营者参与市场竞争的积极性，具体至互联网广告屏蔽中，应当全面考虑流量、用户数量、广告以及其他收益、互联网环境下屏蔽行为的持续时间及其危害范围的大小、维权支出的合理费用等多种因素，合理确定互联网广告屏蔽的民事赔偿责任。

（三）惩罚性赔偿

惩罚性赔偿作为一项特殊的损害赔偿制度，不仅能够补偿被侵权人的实际损失，惩罚与制裁侵权人的侵权行为，而且还可以加重侵权人的经济负担，防止其再次侵权。简言之，惩罚性赔偿制度具有补偿、惩罚和预防的功能。从公私法责任的角度分析，惩罚性赔偿制度的惩罚与预防功能需借助于公权力，本质上属于公法责任。惩罚性赔偿建立在补偿责任的基础上，其适用应由被侵权人主动提起，赔偿最终归被侵权人所有，形式上属于私法责任，因

---

❶ 广东省高级人民法院（2011）粤高法民三初字第 1 号民事判决书。此案虽然不涉及互联网广告屏蔽，但是涉案行为属于互联网领域不正当竞争行为，具有一定参考价值。

❷ 最高人民法院（2013）民三终字第 5 号民事判决书。

此惩罚性赔偿具有"公私结合"的特性，与《反不正当竞争法》特性不谋而合。❶2019年《反不正当竞争法》修正，第17条第3款首次规定侵犯商业秘密的不正当竞争行为适用惩罚性赔偿，"经营者恶意实施侵犯商业秘密行为，情节严重的，可以在按照上述方法确定数额的一倍以上五倍以下确定赔偿数额"。

当前互联网不正当竞争行为尤其是互联网广告屏蔽行为屡禁不止，经营者的损失范围在互联网环境下不断扩大，补偿性赔偿弥补不足，法律责任追究力度不够。我们认为，应当引入惩罚性赔偿制度，提高屏蔽技术提供者的违法成本，将有利于保护经营者权益、消费者权益，规范互联网领域竞争秩序，维护市场经济平稳运行。由于惩罚性赔偿与补偿性赔偿之间的特殊关系，在确定惩罚性赔偿时，应当将具体数额确定为与补偿性赔偿之间存在比例关系。❷我们认为，针对互联网广告屏蔽的违法成本较低的问题，《反不正当竞争法》为惩罚与遏制此类不当竞争行为，应当明确规定惩罚性赔偿与补偿性赔偿之间比例，由法院依据以下条件进行确定:（1）屏蔽行为的性质，（2）屏蔽技术提供者的主观态度，（3）屏蔽行为对视频网站经营者及互联网用户造成的影响，（4）屏蔽行为对市场秩序的影响，（5）屏蔽技术提供者因实施屏蔽行为引起行政或刑事处罚的数额能否有效地起到威慑作用，（6）屏蔽技术提供者的经济状况等。

---

❶ 蒋馨仪.论惩罚性赔偿在竞争法中的适用［J］.云南大学学报: 法学版, 2009（5）.
❷ 王利明.惩罚性赔偿研究［J］.中国社会科学, 2000（4）.

参考文献

▲著作类

1.弗里茨·里特纳，麦因哈德·德雷埃尔.欧洲与德国经济法［M］.张学哲，译.北京：法律出版社，2016.

2.索菲·杜布松 – 奎利埃.消费者在行动［M］.李洪峰，沈艳丽，译.北京：社会科学文献出版社，2015.

3.埃里克·A.波斯纳.法律与社会规范［M］.沈明，译.北京：中国政法大学出版社，2004.

4.查尔斯·R.麦克马纳斯.不公平贸易行为概论［M］.陈宗胜，王利华，侯利宏，译.北京：中国社会科学出版社，1997.

5.丹尼尔·卡尼曼.思考，快与慢［M］.胡晓娇，等译.北京：中信出版社，2012.

6.卡斯·桑斯坦.为什么助推［M］.马冬梅，译.北京：中信出版社，2015.

7.凯斯·R.孙斯坦.自由市场与社会正义［M］.金朝武，等译.北京：中国政法大学出版社，2002.

8.莱斯特·M.萨拉蒙.政府工具：新治理指南［M］.肖娜，等译.北京：北京大学出版社，2016.

9.理查德·塞勒，卡斯·桑斯坦.助推：事关健康、财富与快乐的最佳选择［M］.刘宁，译.北京：中信出版社，2018.

10.马克·艾斯纳.规制政治的转轨［M］.尹灿，译.北京：中国人民大学出版社，2015.

11. 史蒂芬·布雷耶. 规制及其改革 [M]. 宋华琳, 译. 北京：北京大学出版社，2008.

12. 唐·R. 彭伯. 大众传媒法 [M]. 13 版. 张金玺, 赵刚, 译. 北京：中国人民大学出版社，2005.

13. 河合弘之. 律师职业 [M]. 唐树华, 译. 北京：法律出版社，1987.

14. 植条则夫. 广告文稿策略——策划、创意与表现 [M]. 俞纯麟, 俞振伟, 译. 上海：复旦大学出版社，1999.

15. 切萨雷·贝卡利亚. 论犯罪与刑罚 [M]. 黄风, 译. 北京：中国法制出版社，2002.

16. 安东尼·奥格斯. 规制：法律形式与经济学理论 [M]. 骆梅英, 译. 北京：中国人民大学出版社，2008.

17. 杰里米·菲利普斯. 商标法：实证性分析 [M]. 马强, 译. 北京：中国人民大学出版社，2014.

18. 罗伯特·鲍德温, 马丁·凯夫, 马丁·洛奇. 牛津规制手册 [M]. 宋华琳, 李鸻, 安永康, 卢超, 译. 上海：上海三联书店，2018.

19. 温斯顿·弗莱彻. 广告 [M]. 张罗, 陆赟, 译. 南京：译林出版社，2014.

20. 曾陈明汝. 商标法原理 [M]. 北京：中国人民大学出版社，2003.

21. 陈碧. 谁为律师辩护：给所有喜欢律师、讨厌律师、想当律师、想请律师的人 [M]. 北京：中国法制出版社，2011.

22. 陈柳裕, 唐明良. 广告监管中的法与理 [M]. 北京：社会科学文献出版社，2009.

23. 陈年冰. 中国惩罚性赔偿制度研究 [M]. 北京：北京大学出版社，2016.

24. 陈甦. 民法总则评注 [M]. 北京：法律出版社，2017.

25. 陈肖盈. 日本广告行为行政规制研究 [M]. 北京：法律出版社，2016.

26. 程金福. 广告传播引论 [M]. 上海：复旦大学出版社，2016.

27. 程远 . 广告法理论与实务［M］. 北京：法律出版社，2018.

28. 邓宏光 . 商标法的理论基础——以商标显著性为中心［M］. 北京：法律出版社，2008.

29. 电子商务法起草组 . 中华人民共和国电子商务法条文释义［M］. 北京：法律出版社，2018.

30. 段礼乐 . 市场规制工具研究［M］. 北京：清华大学出版社，2018.

31. 范利平 . 侵权行为法中的因果关系：理论和实践［M］. 广州：中山大学出版社，2004.

32. 范志国 . 中外广告监管比较研究［M］. 北京：中国社会科学出版社，2008.

33. 关淑芳 . 惩罚性赔偿制度研究［M］. 北京：中国人民公安大学出版社，2008.

34. 国家工商总局广告监督管理司 . 中华人民共和国广告法释义［M］. 北京：中国法制出版社，2016.

35. 孔祥俊 . 反不正当竞争法创新性适用［M］. 北京：中国法制出版社，2014.

36. 孔祥俊 . 反不正当竞争法原理［M］. 北京：知识产权出版社，2005.

37. 孔祥俊 . 商标与反不正当竞争法：原理与判例［M］. 北京：法律出版社，2009.

38. 郎胜 . 广告法释义［M］. 北京：法律出版社，2015.

39. 李东进，秦勇 . 现代广告学［M］. 4 版 . 北京：中国发展出版社，2015.

40. 李亮 . 商标侵权认定［M］. 北京：中国检察出版社，2009.

41. 李淑芳 . 广告伦理研究［M］. 北京：中国传媒大学出版社，2009.

42. 李新颖 . 植入式广告法律规制研究［M］. 北京：知识产权出版社，2014.

43. 林溪声 . 广告语创作与评析［M］. 长沙：中南大学出版社，2007.

44. 刘德宽 . 民法诸问题与新展望［M］. 北京：中国政法大学出版社，2002.

45. 刘家林.中外广告史［M］.广州：暨南大学出版社，2004.

46. 刘金瑞.个人信息与权利配置——个人信息自决权的反思与出路［M］.北京：法律出版社，2017.

47. 刘茜.应用广告学［M］.北京：北京理工大学出版社，2016.

48. 刘双周，杨乐，等.互联网广告法律问题研究［M］.北京：中国政法大学出版社，2018.

49. 罗豪才，宋功德.软法亦法：公共治理呼唤软法之治［M］.北京：法律出版社，2009.

50. 马一德.消费者权益保护法专论［M］.北京：法律出版社，2017.

51. 齐爱民.拯救信息社会中的人格——个人信息保护法总论［M］.北京：北京大学出版社，2009.

52. 乔新生.消费者权益保护法总论［M］.北京：中国检察出版社，2018.

53. 水志东.互联网广告法律实务［M］.北京：法律出版社，2017.

54. 孙琬钟.反不正当竞争法实用全书［M］.北京：中国法律年鉴社，1993.

55. 汪进元.基本权利的保护范围构成、限制及其合宪性［M］.北京：法律出版社，2013.

56. 王波.规制法的制度构造与学理分析［M］.北京：法律出版社，2016.

57. 王桂霞.广告法律法规［M］.北京：清华大学出版社，2016.

58. 王宏.消费者知情权研究［M］.济南：山东人民出版社，2015.

59. 王进喜，陈宜.律师职业行为规则概论［M］.北京：国家行政学院出版社，2002.

60. 王清.中华人民共和国广告法解读［M］.北京：中国法制出版社，2015.

61. 王瑞贺.中华人民共和国反不正当竞争法释义［M］.北京：法律出版社，2018.

62. 王天雁 . 消费者运动的民法回应：理念、制度和立法技术［M］. 北京：中国社会科学出版社，2017.

63. 王卫国，王广华 . 中国土地权利的法制建设［M］. 北京：中国政法大学出版社，2002.

64. 王泽鉴 . 侵权行为法（第一册）［M］. 北京：中国政法大学出版社，2001.

65. 王志 . 广告文案［M］. 武汉：华中科技大学出版社，2014.

66. 王智斌 . 行政特许的私法分析［M］. 北京：北京大学出版社，2008.

67. 闫海，刘佳奇，韩英夫，等 . 美丽中国的环境行政法展开［M］. 北京：法律出版社，2019.

68. 闫海 . 食品法治：食品安全风险之治道变革［M］. 北京：法律出版社，2018.

69. 杨立新 . 电子商务侵权法［M］. 北京：知识产权出版社，2005.

70. 姚佳 . 消费者法理念与技术重构［M］. 北京：法律出版社，2019.

71. 药恩情 . 广告规制法律制度研究［M］. 北京：中国广播电视出版社，2009.

72. 应飞虎 . 信息、权利与交易安全——消费者保护研究［M］. 北京：北京大学出版社，2008.

73. 应飞虎 . 信息失灵的制度克服研究［M］. 北京：法律出版社，2004.

74. 应振芳 . 商业言论及其法律规制［M］. 北京：知识产权出版社，2016.

75. 于林洋 . 广告荐证的行为规范与责任解构［M］. 北京：中国书籍出版社，2013.

76. 张维迎 . 博弈与社会［M］. 北京：北京大学出版社，2013.

77. 张文显 . 法哲学范畴研究［M］. 北京：中国政法大学出版社，2001.

78. 张新宝 . 侵权责任构成要件研究［M］. 北京：法律出版社，2007.

79. 中国消费者权益保护法学研究会 . 消费者权益保护法学［M］. 北京：中国社会出版社，2017.

80. 吴宇飞. 虚假广告更正制度研究［M］// 张守文. 经济法研究（第 18 卷）. 北京：北京大学出版社，2017.

81. 钱明星. 论我国用益物权的基本形态［M］// 易继明. 私法（第 1 辑第 2 卷）. 北京：北京大学出版社，2002.

82. 钟瑞华. 消费者权益及其保护新论［M］. 北京：中国社会科学出版社，2018.

▲论文类

83. 毕思勇，张龙军. 企业漂绿行为分析［J］. 财经问题研究，2010（10）.

84. 曹丽萍. 技术运用与商业模式竞争的边界——评析浏览器过滤视频广告行为的不正当竞争性质［J］. 电子知识产权，2015（5）.

85. 陈耿华. 互联网时代消费者在中国竞争法中的角色重塑与功能再造——兼论《反不正当竞争法》的修改［J］. 江西财经大学学报，2018（2）.

86. 陈锦川. 著作权侵权诉讼举证责任的分配［J］. 人民司法，2007（5）.

87. 成靖. 论荐证广告的法律规制［J］. 政治与法律，2007（5）.

88. 程开源. 论对抄袭的认定［J］. 现代法学，1992（5）.

89. 程明，赵静宜. 论大数据时代的定向广告与个人信息保护——兼论美国、欧盟、日本的国家广告监管模式［J］. 浙江传媒学院学报，2017（4）.

90. 邓宏光，周园. 搜索引擎商何以侵害商标权？——兼论"谷歌"案和"百度"案［J］. 知识产权，2008（5）.

91. 杜颖. 广告语的商业标识功能及其法律保护［J］. 法学，2018（2）.

92. 段礼乐. 羞辱性执法的信息经济学阐释——以企业负面信息发布制度为分析对象［J］. 政法论丛，2018（1）.

93. 段芸蕾，谢晓尧. 广告语：短句中的法律复杂性［J］. 知识产权，2012（12）.

94. 郭琛. 更正性广告：一个应受重视的规制虚假广告的"良药"［J］. 西部法学评论，2013（5）.

95. 胡充寒. 我国知识产权诉前禁令制度的现实考察及正当性构建 [J]. 法学，2011（10）.

96. 胡海容，黄光辉. 天使与魔鬼之辩：第三方开发广告过滤软件引发的法学思考 [J]. 知识产权，2014（10）.

97. 胡洪. 法律视角下的竞价排名业务——从搜索引擎服务商角度出发 [J]. 网络法律评论，2010（1）.

98. 黄娟.《反不正当竞争法中》的一般条款研究 [J]. 山东社会科学，2013（1）.

99. 黄溶冰，赵谦. 演化视角下的企业漂绿问题研究：基于中国漂绿榜的案例分析 [J]. 会计研究，2018（4）.

100. 黄文艺，宋湘绮. 法律商业主义解析 [J]. 法商研究，2014（1）.

101. 黄武双，刘建臣. 中美屏蔽网页广告行为法律规制比较 [J]. 竞争政策研究，2015（1）.

102. 蒋馨仪. 论惩罚性赔偿在竞争法中的适用 [J]. 云南大学学报：法学版，2009（5）.

103. 焦海涛. 不正当竞争行为认定中的实用主义批判 [J]. 中国法学，2017（1）.

104. 焦洪昌. 论作为基本权利的健康权 [J]. 中国政法大学学报，2010（1）.

105. 解铭. 漂绿及其法律规制 [J]. 新疆大学学报：哲学·人文社会科学版，2012（2）.

106. 孔祥俊.《民法总则》新视域下的反不正当竞争法 [J]. 比较法研究，2018（2）.

107. 孔祥俊. 反不正当竞争法的司法创新和发展——为《反不正当竞争法》施行 20 周年而作（上）[J]. 知识产权，2013（11）.

108. 孔祥俊. 论新修订《反不正当竞争法》的时代精神 [J]. 东方法学，2018（1）.

109. 李本森. 国际法律服务自由化与我国法律服务业的对外开放 [J]. 中国司法，2005（6）.

110.李岑.竞价排名机制中搜索引擎服务商的侵权责任认定——以中外司法实践对比为视角［J］.电子知识产权，2015（1）.

111.李闯.明星代言的长效机制［J］.当代经济，2008（11）.

112.李大元，贾晓琳，辛琳娜.企业漂绿行为研究述评与展望［J］.外国经济与管理，2015（12）.

113.李国庆.美国商标法中的更正广告制度及其启示［J］.知识产权，2016（2）.

114.李明伟."更正广告"的法理研究［J］.国际新闻界，2009（5）.

115.李明伟.论搜索引擎竞价排名的广告属性及其法律规范［J］.新闻与传播研究，2009（6）.

116.李明伟.论中美更正广告的差异［J］.国际新闻界，2010（11）.

117.李卫刚，牛进原.植入式广告的法律规制——欧盟、美国的经验与启示［J］.西北师大学报：社会科学版，2013（6）.

118.李毅，戴林莉.论我国比较广告的法律规制——以立法衔接与补足为视角［J］.新闻界，2018（8）.

119.李雨峰.知识产权民事审判中的法官自由裁量权［J］.知识产权，2013（2）.

120.刘传红，王春淇.社会监督创新与"漂绿广告"有效监管［J］.中国地质大学学报：社会科学版，2016（6）.

121.刘乃梁.广告荐证者不能承受之重——针对《广告法（修订草案）》第39条第2款的思考［J］.北京理工大学学报：社会科学版，2015（5）.

122.刘瑞，许波，杨世民.对加强我国药品广告管理的研讨［J］.中国药师，2013（4）.

123.刘水林，芦波.消费者权益保护法范式转化的经济学解释［J］.上海财经大学学报，2016（6）.

124.龙成志，Jan C.Bongaerts.国外企业环境责任研究综述［J］.中国环境管理，2017（4）.

125.龙亦凡，曾渝，续鸣.大众媒体药品广告管理现状分析及整治措施［J］

中国药房，2009（13）.

126. 孟静，李潇湘. 商标混淆可能性认定问题探析［J］. 法学杂志，2011（4）.

127. 钱宇丹，徐卫东. 论我国中小企业的营业权制度［J］. 当代法学，2014（4）.

128. 邱本. 论市场竞争法的基础［J］. 中国法学，2003（4）.

129. 邱晓红. 城市户外广告设置规划初探［J］. 城市问题，2006（6）.

130. 屈茂辉. 论注意义务［J］. 北方法学，2007（1）.

131. 权鲜枝，周为. 法律视角下的药品虚假广告及其解决方案初探［J］. 中国食品药品监管，2018（1）.

132. 邵建东. 德国竞争法如何评价比较广告［J］. 南京大学法律评论，2001（1）.

133. 史欣嫒. 利益衡量方法在屏蔽视频广告行为正当性判定中的适用［J］. 中南大学学报（社会科学版），2017（1）.

134. 宋红娟，柳萌，蒋玉石. 消费者屏蔽个性化网络广告的影响因素分析［J］. 软科学，2017（12）.

135. 宋亚辉. 广告代言的法律解释论［J］. 法学，2016（9）.

136. 宋亚辉. 广告荐证人承担连带责任的司法认定——针对《广告法（修订征求意见稿）》第60条的研究［J］. 法学杂志，2009（5）.

137. 宋亚辉. 互联网广告规制模式的转型［J］. 中国市场监管研究，2019（2）.

138. 宋亚辉. 竞价排名服务中的网络关键词审查义务研究［J］. 法学家，2013（4）.

139. 宋亚辉. 网络干扰行为的竞争法规制——"非公益必要不干扰原则"的检讨与修正［J］. 法商研究，2017（4）.

140. 孙彩虹. 我国诉前禁令制度：问题与展开［J］. 河北法学，2014（8）.

141. 孙蕾，蔡昆濠. 漂绿广告的虚假环境诉求及其效果研究［J］. 国际新闻界，2016（12）.

142. 孙笑侠，郭春镇. 法律父爱主义在中国的适用［J］. 中国社会科学，2006（1）.

143. 唐明良. 从审监分离到统一规制——对药品广告规制改革走向的初步思考［J］. 中国处方药，2007（7）.

144. 田小军，朱黄. 新修订《反不正当竞争法》"互联网专条"评述［J］. 电子知识产权，2018（1）.

145. 王慧灵. 当代中国广告"漂绿"行为的分析和监管［J］. 江苏师范大学学报：哲学社会科学版，2014（4）.

146. 王进喜. 律师广告问题研究［J］. 当代司法，1997（10）.

147. 王磊，张昕竹. 论搜索结果操纵行为的限制竞争效应［J］. 财经问题研究，2012（4）.

148. 王磊. 法律未列举的竞争行为的正当性如何评定——一种利益衡量的新进路［J］. 法学论坛，2018（5）.

149. 王利明. 惩罚性赔偿研究［J］. 中国社会科学，2000（4）.

150. 王利明. 公众人物人格权的限制和保护［J］. 中州学刊，2005（2）.

151. 王利明. 空间权：一种新型的财产权［J］. 法律科学，2007（2）.

152. 王全弟，赵丽梅. 论网络隐私权的法律保护［J］. 复旦学报：社会科学版，2002（1）.

153. 王伟，刘传红. "漂绿广告"监管需要建立引爆机制［J］. 中国地质大学学报：社会科学版，2013（6）.

154. 文炯. 搜索引擎之竞价排名研究［J］. 江西图书馆学，2006（1）.

155. 吴晨. 律师业务推广行为规则剖析［J］. 中国司法，2018（3）.

156. 吴太轩，王思思. 互联网新型不正当竞争案件诉前禁令制度的适用研究——以162份司法文书为视角［J］. 竞争政策研究，2017（4）.

157. 吴元元. 信息基础、声誉机制与执法优化——食品安全治理的新视野［J］. 中国社会科学，2012（6）.

158. 夏金彪，张鲜堂. 一个假药企业为何十年不倒——绿谷集团狂骗癌症患者真相［J］. 中国乡镇企业，2007（8）.

159. 肖红军，张俊生，李伟阳. 企业伪社会责任行为研究［J］. 中国工业经济，2013（6）.

160. 肖顺武. 政府干预权力的边界研究——以消费者选择权为分析视角［J］. 现代法学，2013（1）.

161. 谢晨，吴登楼. 模仿广告特点的侵权行为［J］. 人民司法，2000（8）.

162. 谢晓尧. 一般条款的裁判思维与方法——以广告过滤行为的正当性判断为例［J］. 知识产权，2018（4）.

163. 徐敬宏，吴敏. 论搜索引擎竞价排名的广告属性及其法律规制［J］. 学习与实践，2015（8）.

164. 徐楠轩. 外国食品安全监管模式的现状及借鉴［J］. 中国卫生法制，2007（2）.

165. 颜全文. 完善和落实更正广告制度的几点建议［J］. 中国工商管理研究，2010（1）.

166. 杨彪. 广告法律规制的市场效应及其策略检讨——来自中国医药行业的经验证据［J］. 法学家，2016（4）.

167. 杨波. 商品漂绿的中国本土特征与治理［J］. 河南社会科学，2014（8）.

168. 杨立新，韩煦. 我国虚假广告责任的演进及责任承担［J］. 法律适用，2016（11）.

169. 杨立新. 多数人侵权行为及责任理论的新发展［J］. 法学，2012（7）.

170. 杨秀. 大数据时代定向广告中的个人信息保护——《中国互联网定向广告用户信息保护行业标准框架》分析［J］. 国际新闻界，2015（5）.

171. 姚鹤徽. 论商标侵权判定的混淆标准——对《商标法》第57条第2项的解释［J］. 法学家，2015（6）.

172. 姚辉，段睿. 产品代言人侵权责任研究［J］. 社会科学，2009（7）.

173. 姚辉，王莹. 论虚假广告的侵权责任承担［J］. 法律适用，2015（5）.

174. 姚志伟，刘润涛. 广告发布者的著作权审查义务问题研究［J］. 知识产权，2016（4）.

175. 易继明. 知识产权的观念：类型化及法律适用［J］. 法学研究，2005（3）.

176. 应飞虎. 消费者立法中的信息工具〔J〕. 现代法学, 2019（2）.

177. 于林洋. 完善虚假广告侵权的民事救济的法律思考——基于社会化责任的视角〔J〕. 云南大学学报: 法学版, 2007（4）.

178. 喻海飞, 王佰荣. 基于有效浏览的 CPV 网络广告定价模式〔J〕. 系统管理学报, 2014（6）.

179. 张玲玲. 竞价排名服务商侵权责任认定〔J〕. 知识产权, 2011（4）.

180. 章凯业. 虚假广告中的"引人误解"要件研究〔J〕. 汕头大学学报: 人文社会科学版, 2016（5）.

181. 赵慧. 欧盟新传媒法对置入式广告与广告法令的修改〔J〕. 新闻记者, 2008（6）.

182. 赵勋. 论搜索引擎服务的准公共产品属性与竞价排名〔J〕. 理论导刊, 2011（2）.

183. 赵赜. 名人广告探析〔J〕. 国际新闻界, 2000（4）.

184. 郑友德. 广告语的知识产权法律保护初探〔J〕. 华中理工大学学报: 社会科学版, 1995（2）.

185. 中国人民大学舆论研究所《植入式广告研究》课题组. 植入式广告: 研究框架、规制构建与效果评测〔J〕. 国际新闻界, 2011（4）.

186. 周樨平. 竞争法视野中互联网不当干扰行为的判断标准——兼评"非公益必要不干扰原则"〔J〕. 法学, 2015（5）.

187. 朱松林. 论行为定向广告中的网络隐私保护〔J〕. 国际新闻界, 2013（4）.

188. 朱芸阳. 定向广告中个人信息的法律保护研究——兼评"Cookie 隐私第一案"两审判决〔J〕. 社会科学, 2016（1）.

189. 邹子健, 胡天佑, 马爱霞. 浅谈我国虚假药品广告的监管对策〔J〕. 中国卫生事业管理, 2009（12）.

190. 左卫民. "诉讼爆炸"的中国应对: 基于 W 区法院近三十年审判实践的实证分析〔J〕. 中国法学, 2018（4）.

作者分工

绪　论　第一节　闫　海　王　洋
绪　论　第二节　闫　海
第一章　第一节　王　洋　隋贺同
第一章　第二节　闫　海　韩　旭
第一章　第三节　王　洋　吕　煜
第一章　第四节　闫　海　黄晏霞
第二章　第一节　闫　海　张华琴
第二章　第二节　闫　海　李秋慧
第二章　第三节　闫　海　孟　琦
第二章　第四节　闫　海　王　洋
第三章　第一节　王　洋　姜美琪
第三章　第二节　王　洋　满晓田
第四章　第一节　王　洋　王　磊
第四章　第二节　闫　海　韩　旭
第四章　第三节　闫　海　鞠　阳
第五章　第一节　王　洋　刘振敏
第五章　第二节　闫　海　孟　竹

闫海、王洋统稿，王天依、张华琴、李秋慧校稿。